尽　善　尽　美　　　弗　求　弗　迪

华为流程化组织

业务驱动的组织设计与标杆实践

孙科柳 王安辉 段伟 著

電子工業出版社
Publishing House of Electronics Industry
北京 • BEIJING

内容简介

任正非曾经说过："企业管理的目标就是流程化组织建设。"如何立足企业，实际推进流程化组织建设是很多企业面临的重要课题。本书遵循组织设计的理论逻辑，参照华为流程化组织建设的实践，同时融合阿里巴巴、字节跳动、小米、美团、美的等标杆企业的组织建设经验，深入浅出地阐述了业务驱动的流程化组织设计的方法。

本书包括认知组织、战略与经营、业务价值链、端到端拉通、流程化组织、定位组织权责、管控与沟通、组织绩效管理、组织的进化九个部分的内容，可作为企业中高层管理者、组织发展专家、流程管理者及管理咨询人员的参考用书。

图书在版编目（CIP）数据

华为流程化组织：业务驱动的组织设计与标杆实践 / 孙科柳，王安辉，段伟著. —北京：电子工业出版社，2022.8

ISBN 978-7-121-43576-8

Ⅰ.①华… Ⅱ.①孙… ②王… ③段… Ⅲ.①通信企业－企业管理－研究－深圳 Ⅳ.①F632.765.3

中国版本图书馆 CIP 数据核字（2022）第 090013 号

责任编辑：杨　雯
印　　刷：三河市鑫金马印装有限公司
装　　订：三河市鑫金马印装有限公司
出版发行：电子工业出版社
　　　　　北京市海淀区万寿路 173 信箱　邮编：100036
开　　本：720×1000　1/16　印张：19.5　字数：309 千字
版　　次：2022 年 8 月第 1 版
印　　次：2022 年 8 月第 1 次印刷
定　　价：79.00 元

凡所购买电子工业出版社图书有缺损问题，请向购买书店调换。若书店售缺，请与本社发行部联系，联系及邮购电话：（010）88254888，88258888。

质量投诉请发邮件至 zlts@phei.com.cn，盗版侵权举报请发邮件至 dbqq@phei.com.cn。

本书咨询联系方式：（010）57565890，meidipub@phei.com.cn。

前言

当今世界正处于百年难遇的大变局中，严峻的经济形势给企业带来了前所未有的挑战。很多企业的经营管理人员都深刻感受到了当下的艰难，并积极寻求对组织的优化与变革，以帮助企业打造新的竞争优势。

企业要做很多工作才能避免被边缘化。但在组织建设方面，无论组织建设的内容如何扩展，有一条核心原则是不变的，即流程是支撑组织运作的基础。对于企业来说，流程承载业务，对业务的管理是沿着流程进行的。

近 10 年来，笔者一直从事管理咨询工作，为数十家大中型企业及新兴创业公司提供管理改善服务，在流程优化与组织建设方面积累了丰富的实操经验。在管理咨询工作中，我和我的团队发现，无论是国有、民营企业还是著名上市公司都越来越重视流程建设和优化，希望通过重新打通流程、推进流程化组织建设来提高企业效率。

针对流程化组织建设，我和我的团队在咨询辅导实践中也有一些思考。首先，经营管理者必须明确一点，即流程化组织建设并不意味着仅仅是梳理一套流程图抑或是斥重金引进先进的流程管理体系和方法。如果仅仅让流程匹配业务，而组织依然保持不变的话，是没有意义的。事实上，流程化组织建设是一个包含流程体系端到端拉通、组织与流程匹配运作、管理体系集成运作、流程文化落实落地等的系统性工程。其次，基于流程搞建设，往往会面临来自各方的噪声、阻力，需要企业把握节奏，找准化解方法，持之以恒地推进。

但是，在咨询辅导的过程中我们发现，很多企业的经营管理者在如何做好流程化组织建设上存在诸多疑问，也尚未形成一套有效的解决办法。为了让读者清晰认知、掌握流程化组织建设的方法，我们策划、编写了本书。

在书稿的策划过程中，我们分析了国内众多标杆企业的组织建设历程，华为的流程化组织建设实践让笔者团队尤为推崇。正如任正非所强调的，组织管理的目标是构建流程化的组织，敬畏规则、制度和流程，建设科学的管理体系，让全体员工“正确地做事”。因此，本书的底层逻辑是以华为的流程化组织建设为蓝本，同时参考许多经典的组织设计、流程管理书籍，对标阿里巴巴、字节跳动、小米、美团、美的等优秀企业实践，系统、深入地梳理流程化组织建设的方法，旨在让广大读者通过用对方法、学通案例，帮助企业实现流程化组织建设的目标。

本书也融合了部分我们在管理咨询服务中的实战案例，以供广大读者共同交流探讨。在本书的创作过程中，我们获得了众多管理同行的帮助，大家提供的理论、方法、经验为编写本书带来了很大的启发，在此要对他们表达诚挚的谢意。

衷心希望本书能对读者有所启发，并能够提供切实有效的帮助。当然，我们自知水平有限，难免存在需要进一步推敲的观点和见解，希望读者不吝赐教，提出建议。

站在时代的风口浪尖上，我们希望每个企业都能拥抱变化，在错综复杂的经营环境中找到自己的位置！

孙科柳

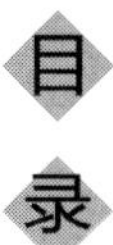

第1章 认知组织

第 4 章

端到端拉通

第 5 章 流程化组织

第 6 章 定位组织权责

第7章 管控与沟通

第 8 章 组织绩效管理

第 9 章 组织的进化

第 1 章 认知组织

为了能够更好地推进流程化组织建设，我们要对组织有系统的认知，了解组织的基本概念、组织发展的动因、组织设计的基本框架及权变因素、组织演变的趋势。

1.1 组织的基本概念

组织建设是组织管理中的重要一环。在实践中，很多管理者对组织缺乏系统认知，导致其在真正着手组织建设时显得不知所措。要认知组织，了解组织的基本概念是第一步。

1.1.1 组织的内涵与特征

组织是人们为实现一定的目标建立起来的集体或团体，包括工会组织、企业、军事组织、学校、医院、机关等。由于组织的复杂性和多样性，目前，业界也没有统一的标准来定义组织。

【管理研究】管理学大师理查德·L. 达夫特对“组织”的定义

理查德·L. 达夫特认为，从管理学的角度来说，组织是指这样一个社会实体：它具有明确的目标导向和精心设计的结构与有意识协调的活动系统，同时又同外部环境保持密切的联系。[1] 这一定义描述了组织的三个典型特征：第一，组织是一个有明确目标导向的实体；第二，组织有一个精心设计的结构并且有意识地进行横向与纵向协调；第三，组织不仅与内部的子系统相互联系，而且组织与外部环境也是有机统一的。

事实上，有关“组织”的观点在学术界也经历过不同学派的迭代与发展，包括古典组织理论、行为组织理论、系统组织理论等。

古典组织理论起源于20世纪初。古典组织理论的着重点是组织结构与组织管理的一般规则。那时候的研究内容更多地聚焦于组织中的秩序、稳定

1 达夫特. 组织理论与设计 [M]. 王凤彬，石云鸣，张秀萍，等译. 10版. 北京：清华大学出版社，2011.

性、目标、标准化及规章制度等。提出官僚组织模式的“组织理论之父”马克斯·韦伯是古典组织理论的代表人物。马克斯·韦伯认为理想的官僚组织具有六项基本特征：一是组织中的人员应有固定和正式的职责并依法行使职权；二是组织的结构是一层层控制的体系；三是组织中成员间的关系只有对事的关系而无对人的关系；四是组织中的每位成员都是根据其资格限制，按自由契约原则，经公开考试合格予以录用的；五是明确每位成员的工作范围及权责，并通过技术培训提高其工作效率；六是按职位支付成员工资，并建立奖惩与升迁制度。

20 世纪 30 年代后产生了第二波组织理论思想浪潮，其核心是行为组织理论。行为组织理论更加看重组织中的行为因素，如组织中的人际交往关系、协作关系、激励、参与等。行为组织理论的代表人物包括梅奥、马斯洛等。这一时期的组织结构理论强调人的参与性。因此，分权型层级制组织形式应运而生，包括事业部制、矩阵式等。

伴随着管理实践的发展，组织理论也发展到了第三阶段，即系统组织理论。系统组织理论把组织看成一个系统，以此来分析组织的内部结构、管理活动与环境的关系。系统组织理论的侧重点是组织与环境的关系，其研究内容主要考虑生命周期、技术等。系统组织理论的代表人物包括巴纳德、卡斯特、罗森茨韦克等。这一时期的组织结构形式变得更加灵活，强调有机式组织或协作系统。

总体而言，组织理论的发展是基于管理实践的发展不断演进的，从注重对“事”的研究到侧重对“人”的研究，进而强调“人与事”并重。不同的理论学派都有其合理之处和需要优化的地方，可谓“仁者见仁，智者见智”。为了更加清晰地认知组织，我们还需要进一步了解组织的构成要素、组织类型与功能等。

1.1.2　组织的基本要素

组织要素是组织的各个构成部分或成分，是组织的最基本单元。了解组织的基本要素构成有利于对组织形成更直观的认识。不同的理论学派对组织的要素划分也有所不同。

【管理研究】不同理论学派对“组织要素”的划分

古典组织理论代表人物马克斯·韦伯认为组织的本质构成要素就是权力。权力是组织管理活动的基础，而权力源于制度。因此，权力是组织的隐性构成要素，制度则是组织的主要显性要素。

社会系统学派创始人巴纳德认为社会各级组织都是一个协作的系统，不论其规模大小或级别高低，都包含了组织存续的三个基本要素：共同的目标、贡献的意愿、信息的沟通。其中，共同的目标是达成协作的前提，组织成员对共同目标的接受程度影响其对组织的服务；贡献的意愿决定组织是否能将不同的组织成员的个人行为凝结在一起，协调组织活动；而组织共同的目标、成员贡献的意愿只有通过信息的沟通才能联系在一起，形成动态的过程。

系统管理学派的代表人物卡斯特、罗森茨韦克从系统论的角度提出，组织要素就是组成组织系统的五个子系统：目标与价值子系统、技术子系统、社会心理子系统、组织结构子系统和管理子系统。

综合不同理论学派对组织要素的研究来看，尽管组织的构成要素多种多样，但在认识组织时，组织目标、组织人员、组织环境是三个基本的出发点。

1. 组织目标

共同的组织目标是组织存在的前提。就企业组织而言，企业在成立之初就会确立自己的组织目标。这个组织目标也会随着组织的发展而不断演进和变化。

微软 1975 年刚成立时，其目标是让每张办公桌上和每个家庭中都有一台计算机。2019 年，微软 CEO 萨提亚·纳德拉在微软 IT 大会上表示，微软未来的目标是让所有公司都成为软件技术型公司。和微软一样，美团网在成立之初就有明确的组织目标，即为消费者发现最值得信赖的商家，让消费者享受超低价折扣的优质服务；为商家找到最合适的消费者，向商家提供最大收益的互联网推广。

巴纳德指出，当两个人或更多的人为一个共同的目标而协作时，组织就形成了。组织目标是让组织统一起来的根本，没有组织目标，组织也就失去了存在的意义。

2. 组织人员

在任何组织中，人都是组织的主体。脱离了人这一基本因子，组织就无法形成。《管子 · 霸言》有云："夫争天下者，必先争人。"人是组织一切活动的载体。组织无论是求生存还是谋发展，人都是最关键的。

3. 组织环境

组织的环境可分为外部环境和内部环境。组织的外部环境包括宏观环境和微观环境。外部宏观环境分为政治法律环境、经济环境、技术环境和社会文化环境等；外部微观环境包括顾客、竞争者、供应商等利益相关者所构成的环境等。组织的内部环境包括物理环境、心理环境、文化环境等。

当然，除了组织目标、组织人员、组织环境这三个核心因素外，每个组织根据自身特性的不同还会有其他的构成要素。组织能否存续就取决于组织各要素能否良性、协调地相互作用，形成一个有序运转的系统，这也是组织建设需要关注的点。

1.1.3　组织的类型与功能

在实践中，组织的形式多种多样。那么，组织具体包括哪些类型呢？管理学界从不同的角度对组织进行了分类。

【管理研究】组织的分类

学术界有关组织的分类标准有很多，包括：

（1）按组织的规模程度分，可分为小型组织、中型组织和大型组织。例如，同是企业组织，可分为小型企业、中型企业和大型企业；医院也可以分为小型医院、中型医院、大型医院等。

（2）按组织的社会职能分，可分为经济性组织、政治性组织、文化性组织。

（3）按组织内部是否有正式分工关系分，可分为正式组织和非正式组织。如果组织内部存在明确的结构、权责关系、活动规范，那么它就是正式组织；反之，则是非正式组织。正式组织包括工商企业、政府机关等；非正式组织包括业余文体活动组织、学术沙龙等。

（4）按组织是否以营利为目的分，可分为营利组织与非营利组织。

不同的组织类型在功能上有所不同，但是也有其共性。总的来说，组织功能表现在两大方面：超越个体与持续稳定创造价值。

1. 超越个体

组织能够整合资源，汇众人之智、集众人之能，从而实现单纯依靠个体无法达到的目标。

任正非曾在《一江春水向东流》一文中感慨："一个人不管如何努力，永远也赶不上时代的步伐，更何况是在知识爆炸的时代。只有组织起数十人、数百人、数千人一起奋斗，你站在上面，才能摸得到时代的脚。"任正非刚创立华为时，已经进入不惑之年。用任正非自己的话说，在时代面前，他越来越不懂技术，越来越不懂财务，半懂不懂管理。面对瞬息万变的时代，任正非意识到，如果单靠一个人单打独斗，迟早会被时代抛弃。后来，从事组织建设成为任正非的追求。他通过集聚各路英雄，充分发挥他们的聪明才智，成就了华为的大事业。

任正非通过把"各路诸侯"集聚在一起共事成事，取得了仅仅依靠他个人难以达到的成绩，这也恰恰体现了组织的强大。组织的强大就在于能超越个体的能力和智慧。

2. 持续稳定创造价值

组织的另一功能是持续稳定创造价值。相对个体而言，组织内部有着强大的系统，支撑其持续创造价值，实现基业长青。

大众汽车成立于 1937 年，其成立之初的目标是要让每个德国人，至少是每个德国职工，都拥有一辆属于自己的汽车。1938 年，大众汽车公司开始建厂，是当时世界上最大的汽车厂。截至 2020 年，大众汽车已经成立 83 年。历经 83 年的风雨，大众汽车依然有着良好的发展态势。2020 年《财富》“世界 500 强公司”排行榜显示：大众汽车营业收入为 2827.602 亿美元，利润为 155.42 亿美元，位居世界 500 强第七位。

一般情况下，短时期内创造价值相对容易，但是要在长时间内持续稳定地创造价值就很难。大众汽车经过 83 年的发展，依然位居世界前列。与大众汽车类似，英国石油公司、三星电子等优秀的企业都历经几十年甚至上百年的风雨，这验证了组织相对个体而言的另一强大功能：持续稳定创造价值。

由于组织的分类标准多样，组织类型也多样，本书将聚焦企业组织这一组织类型，阐述组织建设相关的问题。

1.2　组织发展的动因

作为合作系统的组织，愿景、使命、价值观、战略目标及组织中的领导力是组织持续稳定向前发展的动力引擎。在组织建设中，我们要在这几个方面真正下功夫，以此牵引组织持久进化。

1.2.1　建立清晰的愿景和使命

清晰的愿景和使命在整个组织建设过程中发挥着重要的作用。它们就像灯塔，始终为组织指明前进的方向，当这种清晰的愿景和使命成为组织全体成员执着的追求时，它就成了企业凝聚力、动力和创造力的源泉。

【管理研究】企业使命的设定

企业使命是企业区别于其他类型组织而存在的原因或目的，它不是企业经营活动具体结果的表述，而是为企业提供了一种原则、方向和哲学。

德鲁克在《组织生存力》一书中，提出了一个简单却又深刻的问题：我们的使命是什么？它所拷问的是一个组织存在的理由——它为了什么而存在，而不是将以怎样的方式存在。使命能激发人们的热情，组织也将因其担负的使命而被人们所记住。企业如果没有清晰的使命，员工就只是在为老板打工，这样的企业很容易死掉。

在100多年前，发明电灯的爱迪生创立通用电气公司时立下的使命是“让天下亮起来”。迪士尼成立时立下的使命是“让天下快乐起来”。受通用电气公司、迪士尼公司的启发，阿里巴巴创始人马云将阿里巴巴的使命确立为“让天下没有难做的生意”。

20多年来，阿里巴巴始终坚守“让天下没有难做的生意”这一使命。在使命的感召下，阿里巴巴所有员工上下一心，帮助阿里巴巴在电子商务及其相关产业链上迅速发展，让阿里巴巴成为国内电子商务企业的领导者。

马云说：“我最怕阿里人进来是为我打工，那是很累的。我希望和员工共同确定为什么要有这家公司，所有人围绕这个使命去工作，我自己也一样，我在公司5年、15年，所做的一切都是围绕我们共同的使命展开。”有了使命之后，管理者就要思考企业在未来要达成的阶段性目标是什么，这就是企业的愿景。愿景不是简单的近期目标，而是对企业未来的规划，即企业10年、20年、30年后会是什么样。

美国学者金·佩雷尔说：“如果没有一个可视化和可感知的清晰愿景，你就不知道要设定什么目标和采取什么行动。”明确的愿景是通往成功的向导，是决定个人如何行动的北极星。企业在制定愿景时需要基于现实，但同时也要有一定的挑战性。

【管理研究】企业愿景的设定

企业在描述愿景时，需要回答清楚三个问题:（1）企业的经营领域是什么？即哪些业务属于企业的业务范围，哪些不是。（2）企业在行业中的地位是什么？（3）企业与利益相关者（外部客户、合作伙伴、内部员工、股东等）的关系是什么？

清晰的共同愿景为组织成员提供了工作目标和动力。共同愿景能让人们审视自己的固有思维方式，促使他们放弃成见，接受新的思维方式并采取行动。

1994 年，作为华为公司的创始人，任正非为员工描述了一个美好的愿景："10 年后，全球通信行业三分天下，华为必居其一。"当时很多人并不相信这个愿景能够实现，但是随着华为销售业绩逐渐增加，愿景变成了现实。愿景的实现也凝聚了更多的人心，促使员工自愿加入为愿景而奋斗的队伍中。

因此，在进行组织建设时，要建立清晰的共同愿景和使命，从而形成强大的组织凝聚力，助力企业获得长期的、可持续的盈利能力，实现商业成功。

1.2.2　明确企业的战略目标

战略是指企业先对自己在市场中的位置进行定位，然后明确未来的目标是什么，实现目标的路径是什么，自己与行业其他竞争对手存在哪些差异。换言之，战略就是企业利用有限的资源确保达成其愿景和使命的方法，包括一系列的目标与资源的分配。美国一项调查表明:"超过 90% 的经营者认为，其工作中最花时间、最为重要、最困难的事情，就是制定和实施企业战略。"战略是企业发展的方向与命脉。没有战略的企业，就像没有舵手的船，走着走着就会偏离原来的方向，找不到前进的路，更别说在激烈的市场竞争中活下来了。

近年来，不少在国内做得风生水起的企业，在国际化道路上却步履维艰。

2019 年，埃森哲与毕马威通过对中国国际化企业进行大量问卷调查后发现，没有清晰的战略目标是它们国际化失败的主要原因，如图 1-1 所示。

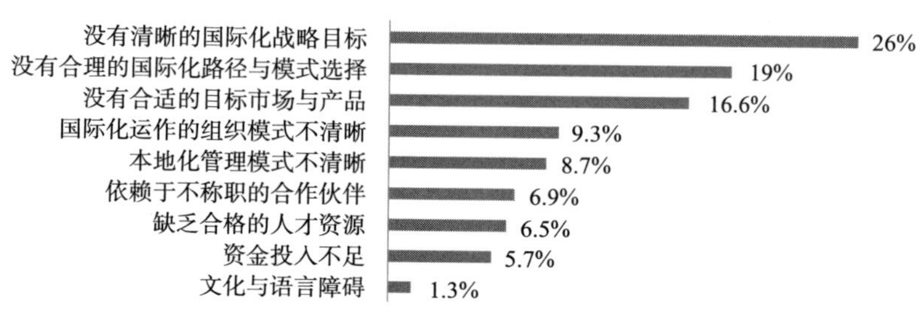

图 1-1　中国企业国际化失败的主要原因

国内外因战略目标不清晰而导致在市场上失去竞争力的企业比比皆是。例如，功能机时代的霸主诺基亚公司，就是因为没有看到电容屏未来对智能手机的优势而选择发展电阻屏。这一战略选择致使诺基亚的手机业务失去了往日的风光，不得不打包卖给微软公司。美国著名管理学家钱德勒指出："企业战略最重要的是目标的决策、相应的路线和资源配置。"成功的企业往往有清晰而明确的战略目标。

字节跳动成立于 2012 年，如今全球员工已经突破 10 万人，并入选"2020 福布斯中国最具创新力企业榜"。它的发展历程可以分为如图 1-2 所示的三个阶段，每个阶段都有特定的战略。

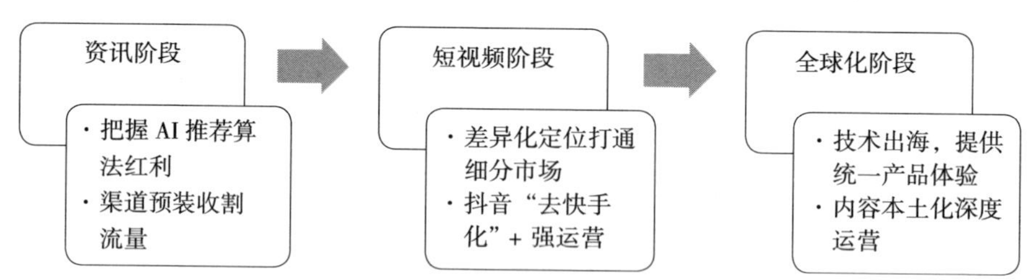

图 1-2　字节跳动不同发展阶段的战略选择

在资讯阶段，互联网移动化催生智能分发需求，再加上智能手机爆发式增长，字节跳动把握机遇，推出了"今日头条"产品，通过向用户智能化推荐新闻收获大批用户，同时与渠道合作，在手机预装 App 收割流量，使得今日头条成长为中国最热门的信息流 App 之一。

在短视频阶段，资本及平台的混战驱动了短视频行业的爆发，字节跳动先后推出了火山、西瓜、抖音三个短视频 App 并取得了巨大的成功。自此，“头条系”生态系统逐渐成形。

在全球化阶段，字节跳动以“技术出海＋内容本土化”打造竞争优势，获得了全球众多国家和地区用户的认可。

战略决定了企业的发展方向，是帮助企业获得商业成功的最佳方法。从字节跳动的发展历程中，我们可以看出：好的战略能帮助企业实现持续增长，压倒其他竞争者。

1.2.3　领导力是根本，价值观是基础

在组织发展的过程中，领导力和价值观也是推动组织前进的重要动力因素。其中，领导力的发展伴随组织成长的全过程，而价值观则是组织发展的核心竞争力。

1. 领导力与组织发展

德国军事理论家和军事历史学家克劳塞维茨在其《战争论》中指出：“要在茫茫的黑暗中，发出生命的微光，带领着队伍走向胜利。”任正非作为华为的创始人，在大的战略目标和企业追求上指引华为前行，并用自己的精神和行动聚集并激励无数华为人持续奋斗。这就是领导力的体现。

【管理研究】关于领导力的定义

北京大学国家发展研究院管理学教授杨壮认为：“领导力是职场人自身所渗透出的气质，而领导则是外界赋予的权力，当下中国职场人都面临着建立领导力的难题。”

那到底什么是领导力呢？简单来说，领导力就是指正确地规划个人或组织发展方向，有针对性地整合相关资源，并积极影响相关人员的决策与行

为，从而实现个人价值或组织效益最大化的能力。在管理实践中，公司各级管理者均需要一定的领导力来完成各项工作，以此共同推动组织向前发展。

但是，对组织中不同层级的管理者而言，领导力也各有侧重。对此，印度裔管理大师拉姆·查兰在《领导梯队——全面打造领导力驱动型公司》中指出："组织中不同层级的领导者都有对应的领导力描述——一是清楚地知道组织对他们所在层级的期望及他们应该扮演的角色；二是拥有承担这些责任所必需的关键核心能力；三是持续展现组织期望的领导行为并真正扮演好各自的角色。"

高层领导者要在大的战略方向和组织追求上引领企业方向，并用自己的精神和行动激励全体员工。在华为的组织发展历程中，任正非始终扮演者引领者的角色，引领华为前行。1998 年，华为正处于业务飞速增长的阶段，一时风光无限。但是作为领导人的任正非清醒地认识到华为内部存在诸多管理短板，如研发费用浪费比例高，产品开发周期长，产品毛利率逐年下降，客户需求与华为提供的产品差距在扩大等。为了让华为真正成长为"世界一流"公司，任正非决定带领组织"革自己的命"。他引进 IBM 咨询团队在华为内部推行包括 IPD（集成产品开发）在内的多项管理变革项目。在管理变革项目推进的过程中遇到了不少的挑战，"IBM 的管理流程不符合国情和华为司情"等反对的声音层出不穷。在此情景下，任正非顶着巨大的压力，领导全体华为人坚持推进变革。这一系列变革最终也带来了华为公司业绩的爆炸式增长。可以说，华为的成功离不开任正非的强大领导力。

除了企业领袖要发挥领导力作用，企业各级管理者都要具备领导力。在华为的干部绩效考核中，对组织长期成功的战略贡献是一项重要的考核指标。对此，任正非主张："根据当期产量多少来确定经济贡献，对土壤未来肥沃程度的改造来确定战略贡献。两者都要兼顾，当期贡献决定了员工奖金包的大小，没有战略贡献，员工就不能被提拔。"事实上，领导力不是组织赋予的权力，而是被用来检视管理者能否带领大家对影响公司未来发展的战略问题进行识别、剖析并顺利解决。因此，对干部的战略贡献考核也是以领导力驱动组织发展的体现。

从上述案例中我们可以看到，领导力是从集团最高领导人到员工都应具备和体现的，它贯穿组织发展的全过程。

2. 价值观与组织发展

价值观是组织的核心和灵魂。彼得·德鲁克认为，只有建立了共同的价值观，才算建立了企业，否则一个企业只是一帮乌合之众。

【管理研究】企业价值观的特征

价值观是企业决策层对企业的目标、经营方式等方面的取向所做出的抉择，是企业上下共同接受的某种观念。具体而言，它具有四个突出特征：

（1）价值观是企业所有员工共同持有的，而不是一两个人所有的。

（2）价值观是支配员工精神的主导思想。

（3）价值观是在企业内长期沉淀下来的结果，而不是突然产生的。

（4）价值观是有意识培育的产物，而不是自发形成的。

如图 1-3 所示的麦肯锡 7S 模型指出，企业在发展过程中必须全面考虑各方面的情况，包括结构（Structure）、制度（System）、风格（Style）、人员（Staff）、技能（Skill）、战略（Strategy）、共同价值观（Shared Value），其中共同价值观是影响企业成功的关键因素。

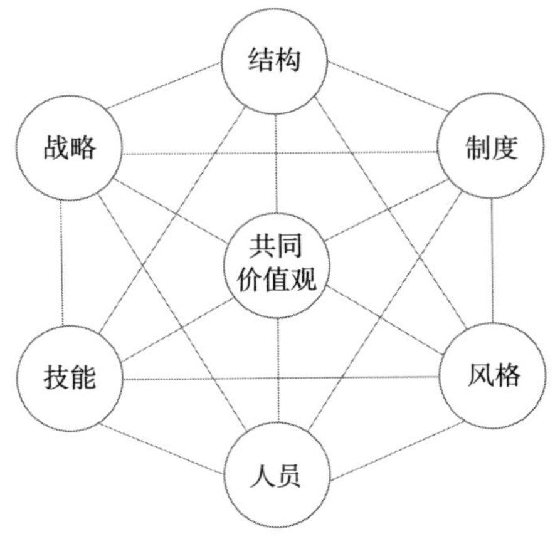

图 1-3　麦肯锡 7S 模型

正如麦肯锡7S模型所体现的那样，共同价值观是企业发展的黏合剂，凝聚结构、制度、风格、人员、技能与战略，为企业做大做强提供强大动力。

北京同仁堂是全国中药行业著名的老字号，创建于1669年（清康熙八年）。300多年来，同仁堂历经沧桑，保持“金字招牌”长盛不衰。仔细研究同仁堂的发展历程就会发现，独特的企业文化是同仁堂走向成功的重要“通行码”。同仁堂将中华民族的传统文化和美德熔铸于企业的经营管理中，并化为员工的言行，形成了具有中药行业特色的企业文化系统。历代同仁堂人始终恪守“炮制虽繁必不敢省人工，品味虽贵必不敢减物力”的古训，树立“修合无人见，存心有天知”的自律意识，造就了制药过程中兢兢业业、精益求精的严细精神。这促使同仁堂的产品始终保持高品质，进而赢得了消费者的青睐。

美国加利福尼亚大学教授菲利普·塞尔兹尼克说：“一个组织的建立，是靠决策者对价值观念的执着，也就是决策者在决定企业的性质、特殊目标、经营方式和角色时所做的选择。通常这些价值观并没有形成文字，也可能不是有意形成的。无论如何，组织中的领导者必须善于推动、保护这些价值，若是只注意守成，那是会失败的。总之，组织的生存其实就是价值观的维系，以及大家对价值观的认同。”可以说，企业价值观是企业的灵魂，有了它，才能保证员工向统一目标前进。

1.3 组织设计的基本框架

全方位了解组织的基本概念和组织发展动因，其目的是为了更好地设计组织。组织设计要符合公司业务发展需要，选择适宜的组织层级与结构，并明确组织的规则体系。

1.3.1 组织设计要以业务为导向

在进行组织设计时，要坚持业务决定组织。组织队形要灵活跟随业务变化，匹配业务发展需求。《华为公司人力资源管理纲要 2.0 总纲（公开讨论稿）》中指出，要洞察业务发展面临的内外变化与挑战，并思考三个问题：面向成熟的业务，如何简化管理，提高运作效率？面向成长业务与新发展业务，如何差异化管理，促进发展？面向未来的多业务管理，如何搭好管理架构？这正是华为坚持业务决定组织的体现。其实，纵观华为的发展历程，我们也能发现，华为的组织模式始终服从于公司的业务发展。

华为成立之初，采取的是单一产品的持续研发与生产，农村包围城市的销售战略。为了快速响应客户需求，华为采取的是直线职能式的组织结构，以便集中、快速调配资源，占领市场。

到了 1995 年，华为从单一研发生产销售程控交换机产品逐渐进入移动通信、传输等多类产品领域，并开始将重心拓展到国际市场。此时，华为面临的客户需求更加多样化，原有的直线职能式组织结构已经无法适应市场需求的变化。于是，华为开始进行管理变革，建立按战略性事业划分的事业部和按地区划分的地区公司的二维矩阵式组织结构。各事业部和地区公司承担华为的利润责任，华为总部则主要负责重大决策的控制和服务。二维矩阵式组织结构让华为的销售额有了爆发式的增长。

华为的组织模式在很大程度上受业务发展的影响：创立初期，公司规模比较小，战略重点在于扩大规模，此时的组织设计就只需要以职能划分明确的组织结构；当公司进入快速发展阶段，职能式的组织结构无法支撑业务发展，就需要随业务变化设计新的组织模式。

2020 年，笔者曾为 A 公司做过一次有关组织变革的咨询。变革前，A 公司的业务以传统的人力资源服务为主，各业务部门之间相互独立、各司其职。随着人力资源服务行业快速发展，客户需求变得多样化、复杂化，越来越多的新兴人力资源服务机构开始涌现，市场竞争日趋激烈。在这样的背景下，A 公司开始探索更多的成长业务和新发展业务。在现有的组织模式下，公司按不同的产品类型划分业务部门，各业务部门独立承担产品研发、销售、交付等任务。但是，随着公司业务的发展，现有组织模式的问题逐渐显现：各业务部门之间的“部门墙”厚重，各部门只顾维护现有业务，无心拓展新的业务增长点。为了让组织队形跟得上业务的发展需求，A 公司积极寻求组织变革，其变革前的组织结构如图 1-4 所示。

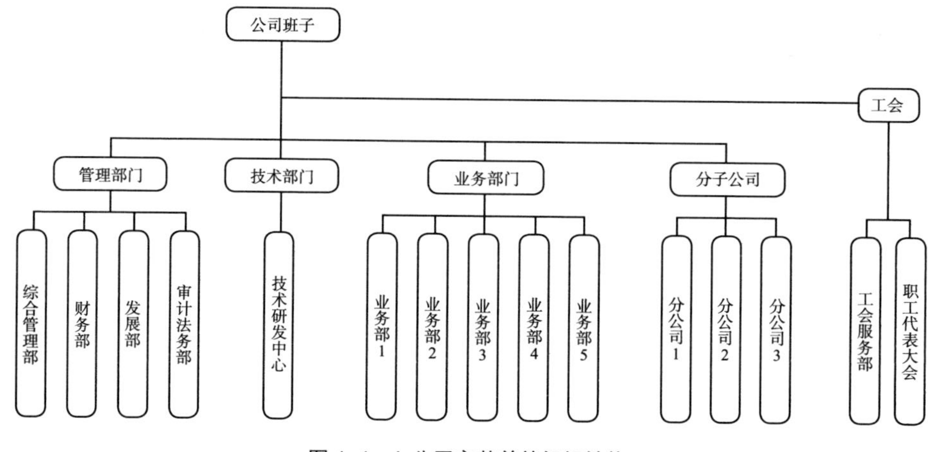

图 1-4　A 公司变革前的组织结构

通过调研发现，A 公司的组织设计存在的问题包括以下几点：一是组织结构缺少对业务开展的支撑；二是部分部门职能定位不明确；三是部门间的协同机制不畅；四是岗位设置缺乏合理性。明确了 A 公司在组织设计上的问题后，笔者和团队根据现代化企业管理要求，对 A 公司的业务及业务流程进行了详细的梳理，并结合 A 公司业务战略和重点业务需求，针对性优化了其组织结构，如图 1-5 所示。

1. 打造市场营销中心

市场部发挥作战指挥中心和使能中心的作用，贴近客户的各区域市场分公司则成为直接的市场抓手。这就将原先由各业务部门各自抓市场的分散模式改变为统一市场接口的模式，以此减少部门间的“本位主义”，增强公司的市场开拓能力。

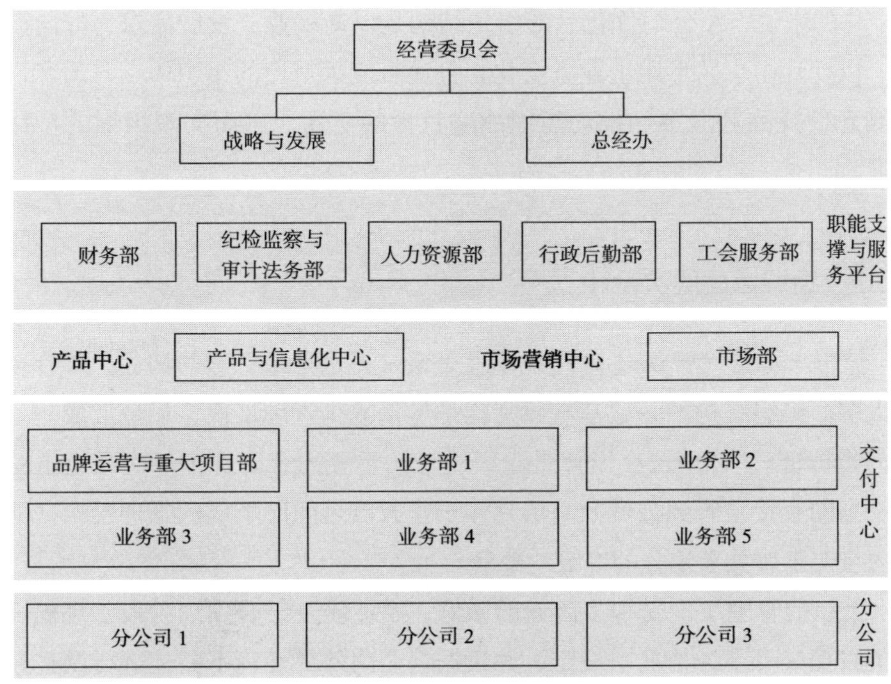

图 1-5　A 公司优化后的组织结构

2. 打造交付中心

成立品牌运营与重大项目部，与各业务部门共同成为公司的交付中心。在此模式下，各业务部门只承担交付角色。如果是常规项目，则由各业务部门牵头交付。如果是重大项目，则由品牌运营与重大项目部牵头交付，并由其负责拉通各业务部门，共同为客户提供及时、准确、优质的交付。

3. 打造技术中心

成立产品与信息化中心，一是强化公司的产品研发能力，二是打通产品需求和信息化平台建设之间的关系，让信息化真正成为服务于产品与业务的有效手段。

4. 打造职能支撑与服务平台

成立人力资源部，根据公司战略发展及公司价值观的引领要求，为公司可持续发展提供人力资源保障；在原有的审计法务部的职能中，增加纪检监察职能。人力资源部、行政后勤部、财务部等综合部门共同为公司提供职能支撑与服务。

总的来说，A 公司优化后的组织结构是以未来业务发展需求为导向设计的，以期让组织队形跟上业务变化，打通全流程贯通的组织体系，为客户提供满意的产品和服务，推动组织战略目标的实现，进而实现组织的可持续发展。

1.3.2 组织管理层次设计

彼得·德鲁克曾说过："组织不良是最常见也是最严重的病症，即管理层次太多。组织结构的一项基本原则就是尽量减少管理层次，尽量形成一条最短的指挥链。"管理层次设计是组织设计的重要内容。管理层次是指组织内从最高的直接主管到最低的基层具体工作人员之间所形成的管理层次，即组织内按照隶属关系划分的等级的数量。

组织的管理层次受很多因素的影响，企业需要结合发展阶段、规模、高层集权偏好等多种情况来设定，并根据企业内外部环境不断地进行调整和优化。那么，我们该如何设计组织的管理层次呢？

1. 设计管理幅度

在众多影响因素中，管理幅度是决定管理层次的基本因素。在进行管理层次设计时，首先要设计管理幅度。

【管理研究】管理幅度的定义

管理幅度是指一名管理者能够直接管理的下级人员人数。当组织规模一定时，管理层次和管理幅度之间存在着反比例的关系。管理幅度越大，管理层次越少；管理幅度越小，管理层次越多。

不同的组织，其组织管理幅度千差万别。20 世纪 70 年代，美国洛克希德·马丁公司对影响组织管理幅度的因素进行了广泛的实证研究，认为主要有六个因素对管理幅度有影响，如表 1-1 所示。

表 1-1　影响管理幅度的因素及权数[1]

影响因素	各因素在不同等级下的权数				
地点的邻近性	完全在一起	在同一办公楼	在同单位的不同办公楼	在同地区的不同办公楼	在不同地区
	1	2	3	4	5
职能的相似性	完全相同	基本相同	相似	基本不同	根本不同
	1	2	3	4	5
职能的复杂性	简单重复	例行性	稍具复杂性	复杂多变	高度复杂多变
	2	4	6	8	10
指导与控制的工作量	管理工作量少	有限的管理	定期性管理	经常持续管理	经常紧密管理
	3	6	9	12	15
协调的工作量	与别人工作不关联	与别人工作有一定关联	适度、易控的关联	相当紧密的关联	相互接触面广且情况多变
	2	4	6	8	10
计划的工作量	范围与复杂性小	范围与复杂性有限	范围与复杂性较广	在政策引导下需努力去制订计划	范围与政策均不明确，要求付出极大的努力
	2	4	6	8	10

在分析了各影响因素的等级和权数后，美国洛克希德·马丁公司也给出了管理幅度的参考值，如表 1-2 所示。

表 1-2　管理幅度参考值

影响管理幅度各变量的权数之和	管理幅度建议人数
40 ~ 42	4 ~ 5
37 ~ 39	4 ~ 6
34 ~ 36	4 ~ 7
31 ~ 33	5 ~ 8
28 ~ 30	6 ~ 9
25 ~ 27	7 ~ 10
22 ~ 24	8 ~ 11

1 朱勇国. 组织设计与岗位管理 [M]. 2 版. 北京：首都经济贸易大学出版社，2019.

除了美国洛克希德·马丁公司给出的六个影响管理幅度的因素，管理者的领导能力、下属的工作能力等也会对管理幅度产生影响。在进行管理幅度的设计时，要根据企业实际情况进行调整。

2. 分析组织纵向职能分工与组织效率

在确定了管理幅度后，还不能就此简单地确定管理层次。要完成管理层次的设计，还要考虑组织纵向职能分工与组织效率。

管理层次的实质是组织内部纵向分工的不同层次。通常情况下，在进行管理层次设计时，首先要根据纵向职能分工确定基本的管理层次，然后再根据有效的管理幅度推算具体的管理层次。

其次，管理层级设计必须有助于提高组织效率。当前市场环境要求企业具有高效率，如果组织中的管理层级太多，会导致决策流程过长，进而降低组织效率。

伯兰为了帮助 IBM 吸引客户，提出了企业联盟的构想，后发展成一个几百人的部门。企业联盟颠覆了传统的销售人员上门推销硬件的营销方式，它通过程序员主动向客户了解其真实需求，从而根据客户需求，在较短时间内研发出能够满足客户要求的软件，简言之，就是为客户提供定制化的服务。这种方式大大吸引了客户的眼球，许多客户都主动找上门来。尽管客户都想找企业联盟，但是伯兰的权力有限，无法向其他部门提出要求。再加上 IBM 组织庞大，经理人员非常多，想要推进一项工作十分困难，需要经过的层级太多。因此，伯兰认为如果 IBM 不进行全面改革的话，就会影响其当前取得的成绩。

随后，伯兰病倒了，他躺在病床上，每天花好几个小时、写无数的邮件去跟进他的计划进度。临死前，他说："我动弹不得，就像 IBM 一样。"

由此看来，组织中的层级关系过于复杂不利于组织效率的提升。在设计组织管理层次时，要综合考虑组织纵向职能分工、管理幅度、组织效率等多个因素。

【管理研究】管理层次设计的步骤

目前，学术界普遍认为管理层次设计主要分四个步骤展开：

（1）按照组织的纵向职能分工，确定基本的管理层次。

（2）按照有效的管理幅度推算管理层次。

（3）按照提高组织效率的要求，确定具体的管理层次。

（4）按照组织的不同部分的特点，对管理层次做局部调整。

管理层次设计是一项复杂的工程。首先，根据纵向职能分工确定基本的管理层次，如经营决策层、管理层、作业层等。其次，根据管理幅度推算管理层次，从而有效规避因管理幅度过大而导致的管理效率过低的问题。但是管理幅度并不是影响组织效率的唯一因素，所以还要根据提高组织效率的要求，来确定具体的管理层次。此外，组织中部分部门难免会有其特殊之处，需进行针对性的局部调整。

1.3.3　组织部门化设计

管理层次设计解决的是组织内部纵向结构问题，那组织内部横向结构问题如何解决呢？一般情况下，组织内部横向结构问题主要通过组织部门化设计来解决。

【管理研究】组织部门化设计的基本原则

学术界对组织部门化设计的基本原则已有较为成熟的研究，主要包括：

（1）因事设职和因人设职相结合的原则。

（2）分工与协作相结合的原则。

（3）精简高效原则。

实践中，部门化设计的方式多种多样，包括职能部门化、产品或服务部门化、地域部门化、顾客部门化、流程部门化。

1. 职能部门化

职能部门化是以组织职能为基础进行部门划分的，将具有相同职能的工作岗位划分为同一部门，如图 1-6 所示。

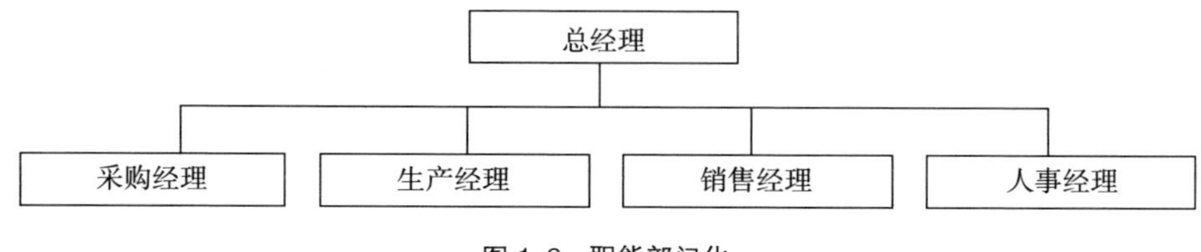

图 1-6 职能部门化

职能部门化的设计方式适用于所有类型的组织。职能部门化的优点是将有相似技能、知识和观念的人员组合在一起，有利于简化培训，强化控制，从而提高管理效率；缺点是容易滋生部门主义，形成“部门墙”，也不利于复合型人才的发展。

2. 产品或服务部门化

产品或服务部门化是按照组织提供的产品或服务来进行部门分工的，适用于大型、多元经营的企业，如图 1-7 所示。

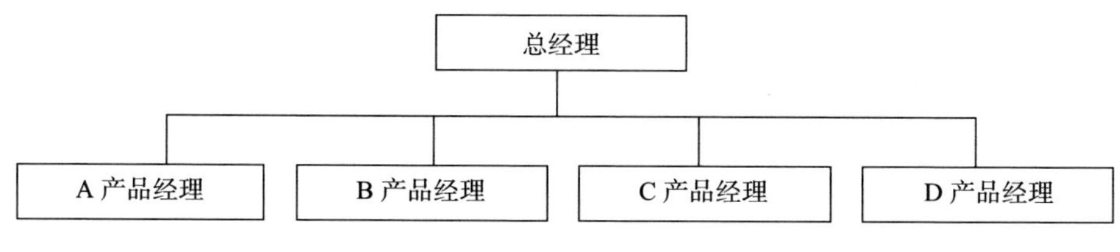

图 1-7 产品或服务部门化

在产品或服务部门化的方式下，每一类产品或服务的总经理不仅仅是其分管产品或服务线的专家，还要协调该部门的一切活动，这有利于培养组织的“多面手”人才。此外，在产品或服务部门化方式下，各部门会专注于产品经营，促进组织专业化经营效率的提升。产品或服务部门化的缺点是部门职能重复设置，导致管理费用增加、部门间协调困难等问题。

3. 地域部门化

地域部门化是按照地域来划分部门的，将同一地区内发生的各种业务活动划分到同一部门。地域部门化适用于地理位置比较分散的组织，如图 1-8 所示。

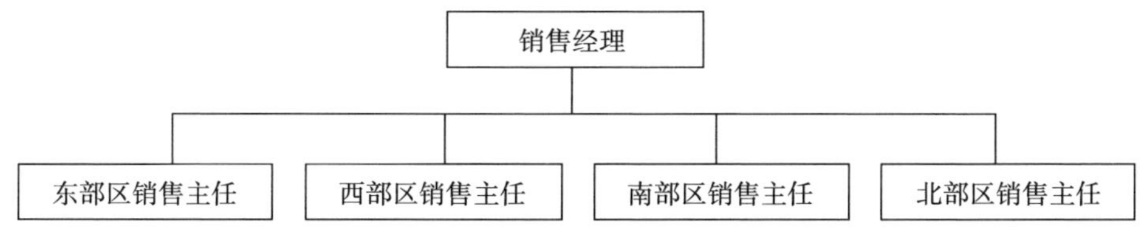

图 1-8　地域部门化

地域部门化的优点是将权力下放到地方，让地方管理者根据本地区市场需求灵活决策，更好地满足区域市场的客户需求；其缺点是各地区之间、地区与总部之间的协调困难，且各地区可能会因职能机构重复设置，造成管理成本过高的问题。

4. 顾客部门化

顾客部门化是按照目标顾客的不同利益需求来划分部门的，如图 1-9 所示。

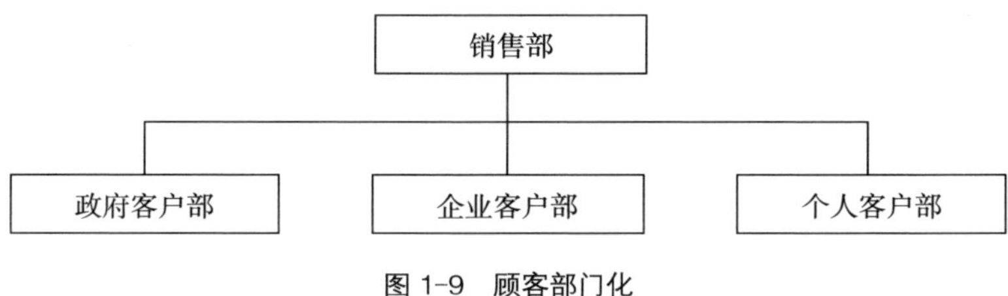

图 1-9　顾客部门化

顾客部门化的优点是能按照顾客的不同需求，提供相应的产品或服务来满足客户；其缺点是部门间的职能重复设置，容易出现“本位主义”，造成部门间的协调困难。

5. 流程部门化

流程部门化是按照工作或业务流程来组织业务活动的，如图 1-10 所示。

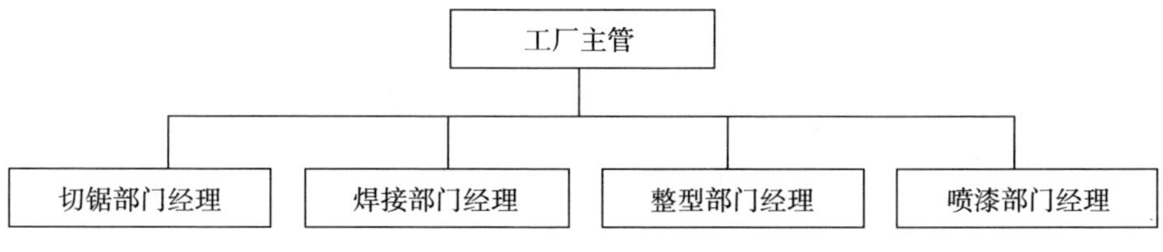

图 1-10　流程部门化

流程部门化的前提是组织人员、设备或业务流程等连续紧密。流程部门化的优点是能充分发挥人员集中的技术优势，提高效率；缺点是需要部门间紧密协作，容易出现部门间协调困难的问题。

在组织部门化设计中，常常不局限于使用某一种部门化设计方法。特别是对于大型组织而言，通常需要多种部门化方式结合使用。亨利·明茨伯格在《卓有成效的组织》一书中展示了某跨国公司结合使用多种部门化方式的实践，如图 1-11 所示。

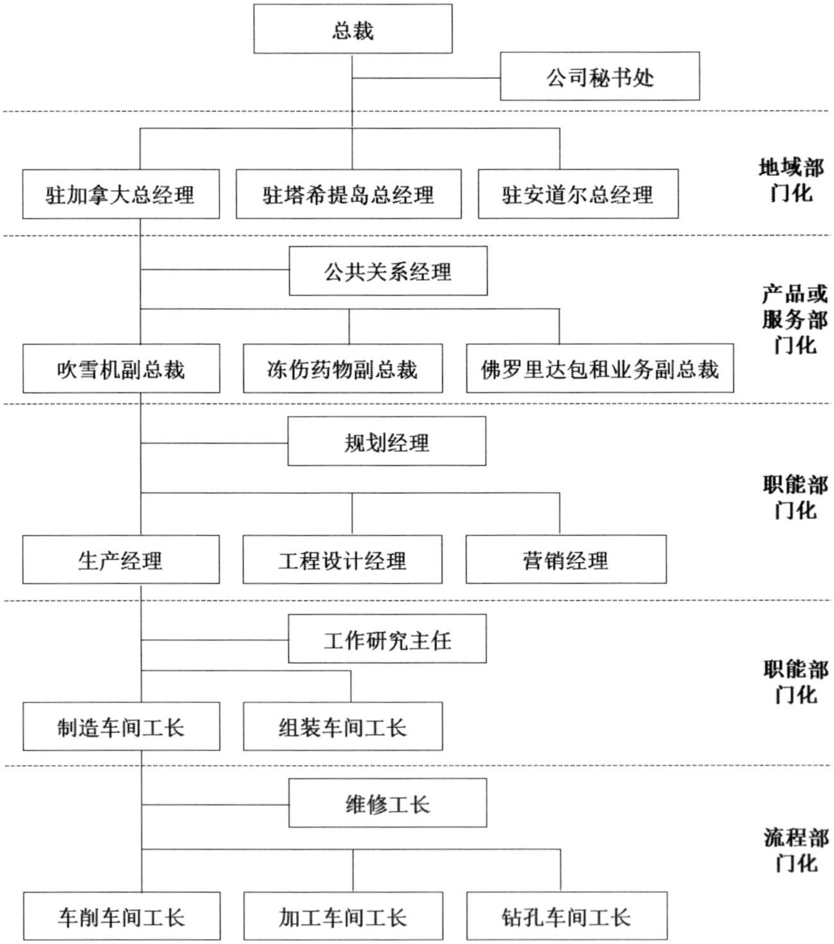

- 总裁
  - 公司秘书处
  - 地域部门化：驻加拿大总经理、驻塔希提岛总经理、驻安道尔总经理
    - 公共关系经理
    - 产品或服务部门化：吹雪机副总裁、冻伤药物副总裁、佛罗里达包租业务副总裁
      - 规划经理
      - 职能部门化：生产经理、工程设计经理、营销经理
        - 工作研究主任
        - 职能部门化：制造车间工长、组装车间工长
          - 维修工长
          - 流程部门化：车削车间工长、加工车间工长、钻孔车间工长

图 1-11　某跨国公司部门化方式的混合应用[1]

1 明茨伯格. 卓有成效的组织 [M]. 魏青江，译. 北京：中国人民大学出版社，2007.

1.4 组织设计的权变因素

组织设计受多种因素影响，包括业务、战略、环境、技术等。在进行组织设计时，要系统思考如何与这些权变因素相匹配，并跟随权变因素的变化不断调整组织。

1.4.1 组织结构要匹配企业战略

战略是组织设计的一个重要权变因素。1962 年，美国管理学家钱德勒在《战略与结构》一书中指出：战略决定结构，组织结构必须服从于战略。

【管理研究】组织结构必须服从于战略

美国管理学家钱德勒对杜邦公司、通用汽车、新泽西标准石油和西尔斯等美国 70 家大型公司进行研究后发现，在企业选择一种新的战略后，如果现行结构未能立即适应新的战略而发生变化，当行政管理出现问题、企业效益下降时，企业才会对组织结构进行调整。在组织结构改变后，保证了战略的实施，企业的获利能力大幅度提高。因此，钱德勒提出，组织结构必须因战略而异、服务于战略。

组织是战略实施的重要保障。企业的经营与发展战略决定着组织结构类型的变化，同时组织结构也反作用于战略的实施，适宜的组织结构会对战略实施起到极大的推动作用，与战略不匹配的组织结构将会成为战略实施的阻力。

2018 年，任正非带领华为高层经过近一年的酝酿和研讨，最终由人力资源委员会纲要工作组初步拟订了《华为公司人力资源管理纲要 2.0 总纲（公开讨论稿）》。《华为公司人力资源管理纲要 2.0 总纲（公开讨论稿）》中指出，经过 30 年持续努力取得伟大成就的同时，组织队形变化渐渐跟不上业务变化的速度，过度厚重的过程管控、过于复杂的责权分配严重影响了组织价值创造的能动性与运作效率。这揭露了当前华为组织结构与企业战略的不匹配性。为确保公司始终充满活力，华为强调要逐步构建聚焦客户、灵活敏捷、协同共进的组织以适应业务战略实施的需求。

正如彼得·德鲁克所言："组织结构是实现某一机构的各种目标的一种手段，为了确保效率和合理性，必须使组织结构与战略相适应，即战略决定结构。"企业要根据战略发展的需求，适时调整组织。

2018 年 9 月 13 日，小米创始人雷军发出内部邮件宣布了小米集团最新的组织结构调整。这是小米上市后的首次重大调整，也是小米成立以来最大的组织结构变革。

此次组织结构调整主要涉及两个方面：一是新设集团组织部，负责中高层管理干部的聘用、升迁、培训和考核激励，以及各个部门的组织建设和编制审批，这意味着小米成为我国第三家专门设置人力资源部以外的专设机构进行核心团队管理的企业；设立集团参谋部，协助 CEO 制定集团的发展战略，并督导各个业务部门的战略执行。二是将小米原有的电视、生态链、MIUI、互娱四大业务分拆成了十个部门，其中包括四个互联网业务部、四个硬件产品部、一个技术平台部和一个消费升级的电商部。

小米做出这样的组织结构调整，也是坚持组织结构要匹配企业战略的体现。在业务战略布局上，小米将重点放在了 IoT（物联网）和互联网服务业务上。因此，在新成立的十个业务部门中，有四个是互联网服务部门，有四个是 IoT 相关的部门，小米希望通过组织结构调整，为这两项业务发展赋予更多的资源加持，提供更加完善和牢固的后盾。

总的来说，战略决定组织结构，组织结构也反作用于战略。组织结构一定程度上决定了组织资源的配置、制度规范的制定，若组织结构与战略不匹配，战略也难以顺利实施。因此，在进行组织设计时，必须考虑组织结构与企业战略的匹配性。

1.4.2 组织要适应环境的变化

企业的战略要跟随环境的改变而调整，战略的改变又会带来组织结构的变化。如今全球市场正同步进入 VUCA 时代。VUCA 是指易变性（Volatility）、不确定性（Uncertainty）、复杂性（Complexity）、模糊性（Ambiguity）。这一概念源于 20 世纪 90 年代的美国军方，随后被广泛用于形容互联网时代的商业世界格局。如何使组织在 VUCA 时代不断适应环境变化，进而在市场竞争中立于不败之地？这是所有组织（无论大小）都要回答的问题。

【管理研究】环境与组织设计[1]

环境会对组织产生重要影响，主要体现在职位和部门、缓冲和边界联系、分化与整合、有机式管理和机械式管理、计划与预测等方面。

（1）职位和部门。当外部环境的复杂性增加时，组织中的职位和部门数量也要相应增加，以应对每一个方面的外部环境。

（2）缓冲和边界联系。应对环境不确定的传统方法是建立缓冲部门，以此吸收环境的不确定性。

（3）分化与整合。组织应对环境不确定性的另一个表现是部门间的分化与整合。

（4）有机式管理和机械式管理。机械式管理是集权的、规则与层级明确的。但是，随着环境不确定性的增加，组织管理要更加有机、更加灵活。

（5）计划与预测。在不确定性的环境下，计划与预测的重要性更加凸显，它能让组织提前做好准备，在不同的环境变化下采取有效措施迅速响应。

对比 20 世纪 60 年代与当下世界 500 强企业的名单，我们会发现很多曾经的世界 500 强企业都失败了，只有少数存活了下来。这些失败的企业大部分都是因为无法及时适应环境的变化，在环境的冲击中倒下的。彼得 · 德鲁克曾说过："在动荡的时代，动荡本身并不可怕，可怕的是延续过去的逻辑。"

---

1 朱勇国. 组织设计与岗位管理 [M]. 2 版. 北京：首都经济贸易大学出版社，2019.

如何在新的环境中打造新的组织是企业面临的永恒话题。

2021 年 3 月 14 日，趣头条对外发布 2020 年第四季度及全年财报。财报显示，趣头条第四季度经营性利润达 4250 万元，实现上市以来的首次季度盈利。作为新兴的流量入口，在经济下行的环境下，趣头条能在拥挤的互联网赛道中突围，很大程度上得益于其始终随着环境变化不断进行业务与组织创新。

2020 年，受疫情影响，广告主普遍对广告投放更加谨慎，这对以广告收入为主的趣头条来说无疑是极大挑战。与此同时，随着 5G 时代的到来，用户对短视频的消费需求不断强化。在此背景下，趣头条持续加码布局短视频内容。2020 年 1 月，趣头条旗下米读小说立项启动将原创 IP[1] 拍摄成短剧的项目。2020 年 4 月，米读小说的第一个 IP 短剧《权宠刁妃》一经上线即在全网斩获四亿次的播放量。未来，趣头条计划在短剧变现模式上进行更多尝试。

为了更灵活地应对新形势，持续提升业务变现能力，2020 年下半年，趣头条启动了组织层面的调整：一，趣头条 App 与短视频、小视频合并成为短内容 BU（业务单元），全力押注短内容突破；二，游戏升级为独立 BU，聚焦在互动内容和前向付费的突破上；三，创新 BU 改组为创新中心，负责新方向探索，采用小团队精益模式；四，增长和商业化将合并，建立广告及增长中台，以进一步提升广告变现能力，降低获客成本。事实上，这也是趣头条自 2016 年成立以来的第三次组织层面的调整。

在复杂的外部宏观环境以及激烈的市场竞争环境下，企业之间的竞争并非单一的产品竞争，更是组织的竞争。如何审时度势，在业务发展之余，不断适应环境变化推进组织能力的升级，或将成为决定企业能否长足发展的关键因素。

1.4.3 标杆企业不断进行组织变革

英国生物学家查尔斯·达尔文强调：“能生存下来的，并不是最强壮的，

---

1 这里的 IP 是网络用语，可理解为所有成名文创（文学、影视、动漫、游戏等）作品的统称，亦代表这些作品的产权。

也不是最聪明的，而是那些对变化适应能力最强的物种。”无论是一个物种，还是一个企业，只有不断适应变化的环境，才能在风起云涌中长久地生存下去。事实上，华为、阿里巴巴、腾讯等一众优秀企业都积极拥抱变化，不断进行组织变革。

华为在30几年的发展历程中，进行了多次组织变革。前面提到，华为创立初期采取的是直线职能制的组织结构。1995年，华为开始建立二维矩阵式组织结构，如图1-12所示。但是，随着公司业务的迅猛发展，客户需求与华为提供的产品差距在扩大，研发费用浪费比例和产品开发周期长，客户对研发产品的满意度出现下降等问题逐渐显现。为了突破公司瓶颈，华为开始进行流程化变革，并在2003年开始探索建立以客户需求为导向的产品线制组织结构，形成运营商业务、企业业务、消费者业务三大业务体系。

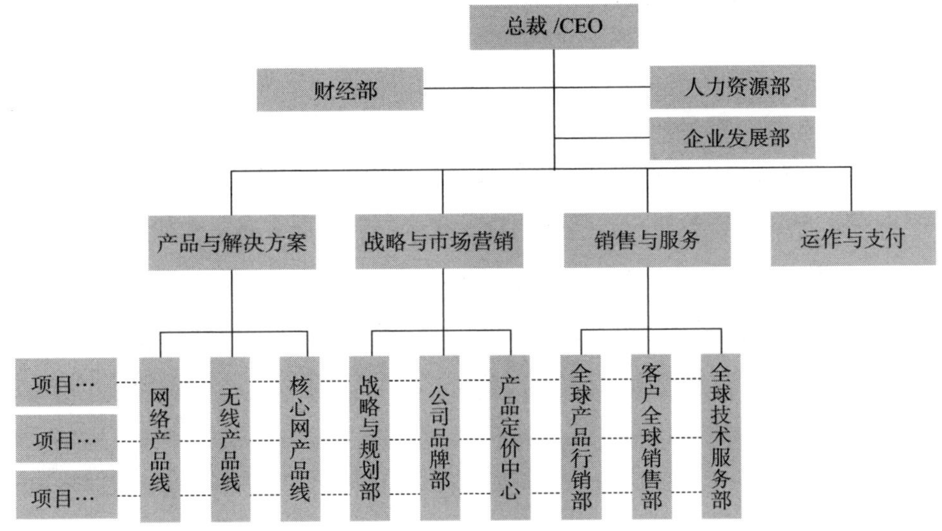

图 1-12　华为以产品为导向的矩阵式组织结构

2013 — 2017年，随着网络定制化解决方案、终端产品、云服务等多样化客户需求的出现，华为的组织结构又进行了多次变革。截至2017年，华为设计了基于客户、产品和区域三个维度的组织结构，共同为客户创造价值，如图1-13所示。其中，产品与解决方案负责产品规划、开发交付和产品竞争力构建；运营商BG（业务集团）和企业BG分别面向运营商客户和企业

/行业客户提供解决方案营销、销售和服务；消费者 BG 面向终端产品用户；Cloud BU 负责构建云服务竞争力。区域组织负责区域的相关资源、能力的建设和有效利用，并负责公司战略在所辖区域的落地。集团职能平台则是聚焦业务的支撑、服务和监管的平台。

集团职能平台
人力资源
财经
战略与市场营销
企业发展
质量与流程 IT
网络安全与用户隐私保护
总干部部
公共及政府事务
法务
内部审计
道德遵从
产品与解决方案
运营商 BG
企业 BG
消费者 BG
Cloud BU
2012 实验室
供应链、采购、制造
华为大学
华为内部服务
区域组织（地区部、代表处）

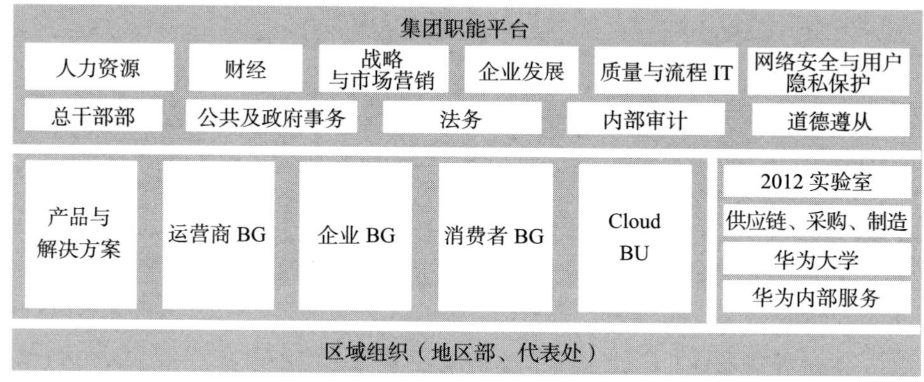

图 1-13　华为组织结构（2017 年）

为了适应业务的不断变化，2018 年，华为又开启了新一轮组织结构调整，将 2012 实验室、供应体系、华为大学和华为内部服务等原来的服务型事业部，全部划归到集团职能平台，以便更好地对资源进行统一管理，同时将消费者 BG 作为独立的区域组织，使其获得了更大的自主经营权，如图 1-14 所示。

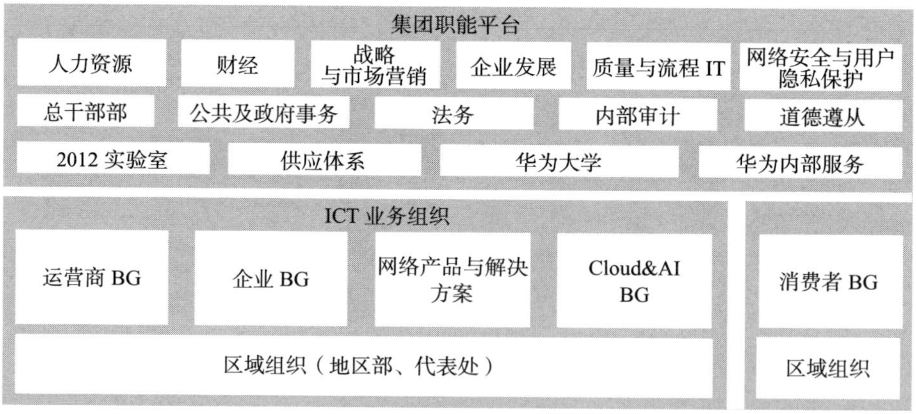

集团职能平台
人力资源
财经
战略与市场营销
企业发展
质量与流程 IT
网络安全与用户隐私保护
总干部部
公共及政府事务
法务
内部审计
道德遵从
2012 实验室
供应体系
华为大学
华为内部服务
ICT 业务组织
运营商 BG
企业 BG
网络产品与解决方案
Cloud&AI BG
消费者 BG
区域组织（地区部、代表处）
区域组织

图 1-14　华为组织结构（2018 年）

截至 2021 年 4 月，根据华为官网的资料显示，华为的组织结构中又增加了智能汽车解决方案 BU，将 ICT 优势延伸到智能汽车产业，如图 1-15 所示。

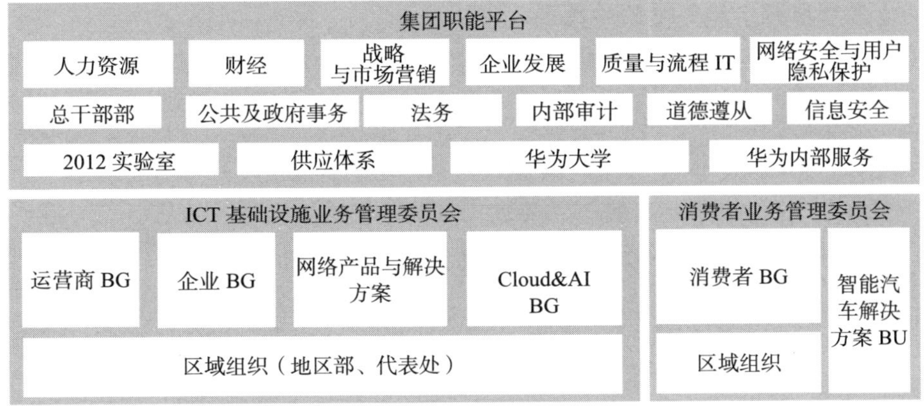

图 1-15　华为组织结构（截至 2021 年 4 月）

华为轮值 CEO 郭平曾公开表示："我记得在终端公司工作的时候，曾经有多少座大山和多少个'神一样的对手'。诺基亚、摩托罗拉、柯达这些曾经处于巅峰的企业，因为没有跟上时代变化的步伐而衰弱甚至灭亡了。面对未来，华为没有选择，必须不断适应变化的环境，顽强地生存与发展。"在 30 几年的发展历程中，华为多次进行组织变革，助力企业向新的发展阶段进化。

1.5　组织演变的趋势

彼得 · 德鲁克曾告诫企业，每隔 6 ~ 12 个月就要打开企业的天窗，看一看外面的世界。企业组织结构不是一日形成的，需要不断调整。在推进组织变革时，要准确把握组织发展的趋势和组织变革的方向。

1.5.1　组织结构类型及未来发展趋势

在企业的发展过程中，组织变革是必然的。那么，组织变革有无规律可循呢？一般来说，企业组织结构的类型包括直线型、职能型、直线职能型、事业部型、矩阵型、流程型等。

【管理研究】组织结构的类型

（1）直线型。直线型组织结构是最古老的组织结构形式，其特点是：组织中每一位主管人员对其直接下属拥有直接职权；组织中的每一个人只对他的直接上级负责或报告工作；主管人员在其管辖范围内，拥有绝对的职权或完全职权。它适用于规模较小、管理比较简单的企业。

（2）职能型。职能型组织结构是按职能来组织部门分工的，即把承担相同职能的管理业务及其人员组合在一起设置相应的部门及职务。

（3）直线职能型。直线职能型组织结构是在直线型和职能型的基础上，取长补短而建立起来的。它把企业管理机构和人员分为两类，一类是直线领导机构和人员，按命令统一原则对各级组织行使指挥权；另一类是职能机构和人员，按专业化原则从事组织的各项职能管理工作。

（4）事业部型。事业部型组织结构是指将一个公司按地区或按产品类别分成若干个事业部，事业部实行单独核算、独立经营，公司总部只保留人事决策、预算控制和监督大权，并通过利润等指标对事业部进行控制。它适用于规模庞大、品种繁多、技术复杂的大型企业。

（5）矩阵型。矩阵型组织结构是指既有按职能划分的垂直领导系统，又有按产品(项目)划分的横向领导关系的结构。其适用于一些重大攻关项目，企业可用来完成涉及面广的、临时性的、复杂的重大工程项目或管理改革任务。

（6）流程型。流程型组织结构是以客户为导向，通过业务流程搭建企业的运行秩序。流程型组织结构通过流程将不同的职能统一起来。

企业组织结构的演变过程本身就是一个不断创新、不断发展的过程。近年来，团队型组织、无边界组织、网络型组织、平台型组织、敏捷型组织、市场化生态组织等新型组织结构形式相继被提出。

2019 年，杨国安与美国密歇根大学罗斯商学院教授戴维·尤里奇在研究了阿米巴组织、学习型组织、指数型组织、网络型组织、扁平化组织等多种新兴组织模式后提出了市场化生态组织的概念。他们认为市场化是指这个新兴组织最核心的导向是鼓励大家聚焦外部市场；生态组织是指将资源与人员进行最高效的安排，并以此赢得市场的组织形式。

市场化生态组织由共享平台、业务团队和战略合作伙伴组成。其中，业务团队敏捷灵活，并保持紧密合作；共享平台将位于企业内外的团队和合作伙伴联系在一起，互联共生。杨国安与戴维·尤里奇指出，Supercell（芬兰移动游戏公司）、腾讯、阿里巴巴、谷歌、脸书、滴滴、亚马逊等优秀的企业都呈现了市场化生态组织的特点。杨国安与戴维·尤里奇认为市场化生态组织至少有三大组合类型：创意驱动型、技术或产品驱动型、效率驱动型。

1. 创意驱动型生态组织

创意驱动型生态组织的主要特点是由小而独立的团队和精简平台构成。组织中的所有职能都是为前端业务团队服务，共享平台则倾向于使用合作伙伴的资源。业务团队中不存在管理层级，每个团队独立运作。Supercell 的创意驱动型生态组织如图 1-16 所示。

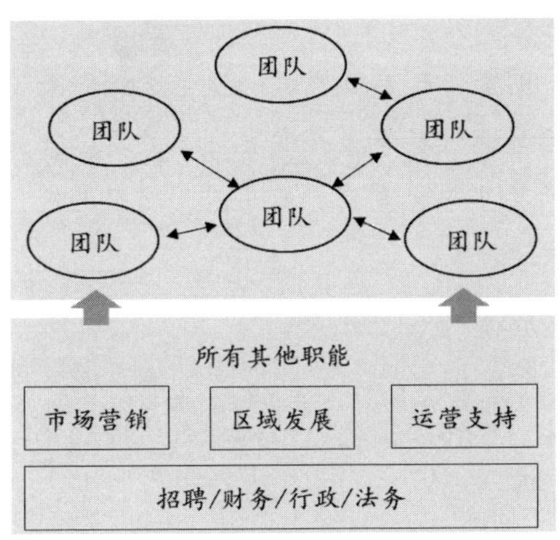

图 1-16　Supercell 创意驱动型生态组织[1]

2. 技术或产品驱动型生态组织

技术或产品驱动组织按产品领域进行组织设计。业务团队通常由 6 ~ 7 个人组成敏捷项目团队，从事产品的研发与迭代。谷歌、脸书、腾讯、华为

---

1 杨国安，尤里奇. 组织革新：构建市场化生态组织的路线图 [M]. 袁品涵，译. 北京：中信出版社，2019.

是技术或产品驱动型生态组织的代表。脸书的产品驱动型生态组织如图 1-17 所示。

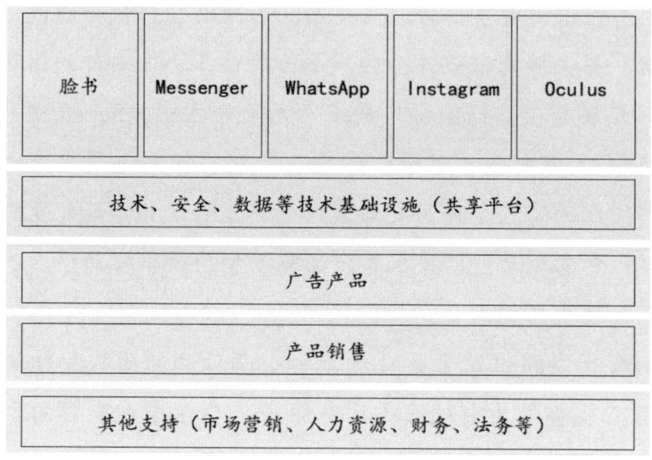

图 1-17　脸书产品驱动型生态组织

3. 效率驱动型生态组织

杨国安与戴维·尤里奇认为效率驱动型生态组织着重提升把用户流量变成有效销售的转化率，通过共享服务实现成本效率以及业务的快速规模化成长，其需要强有力的共享平台支撑。亚马逊、阿里巴巴、京东、滴滴等都是效率驱动型生态组织的代表。

随着经济生态不断向前发展，企业组织结构发展呈现出重心两极化、外形扁平化、无边界化、运作柔性化、结构动态化等趋势。未来，相信会有更多新型的组织结构涌现。

1.5.2　组织变革方向：多产粮食和增加土地肥力

组织结构类型的演变体现了组织通过变革适应新形势的努力。随着社会的发展和时代的变迁，当组织原有的稳定和平衡不能适应新形势的要求时，就要通过变革来打破原有的稳定和平衡。但是打破它们本身不是目的，目的是建立适应新形势的新的稳定和平衡。变是必然，但在推动组织变革前一定要想清楚组织变革的目的是什么。

一般来说，组织变革的主要目的包括：优化组织功能，提升组织的人力资源管理效能，为组织目标的实现打下坚实基础；既实现组织管理改进和提升，又实现组织经营业绩的大幅度提高；使组织更富有竞争性，让组织得以重塑和巩固组织的市场地位。华为多年来一直强调组织变革的方向就是“多产粮食”和“增加土地肥力”。

2000 年，在华为以 29 亿元人民币的利润位居全国电子百强首位之时，任正非发表了《华为的冬天》一文，文中指出：“在管理改进中，一定要强调改进我们木板最短的那一块。各部门、各科室、各流程主要领导都要抓薄弱环节。要坚持均衡发展，不断地强化以流程型和时效型为主导的管理体系的建设，在符合公司整体核心竞争力提升的条件下，不断优化你的工作，提高贡献率。”

到了 2013 年，华为超越爱立信成为全球第一的电信设备制造商。华为内部一直强调未来将持续推行管理变革，变革的目的是要“多产粮食”（销售收入、利润、优质交付、提升效率、账实相符……），以及“增加土地肥力”（战略贡献、客户满意度、有效管理风险），这样才能持续保持竞争的优势。

组织变革不能搞假动作、不能流于形式，无论变革在什么时间段，以什么样的形式进行，组织变革的方向就是要对准“多产粮食”和“增加土地肥力”。不瞄准方向，盲目变革，只会适得其反。

2021 年 1 月，香港联交所发布通告称，汇源果汁在香港上市的地位被取消。这意味着汇源果汁将告别资本市场。这一结果，令人唏嘘。我们不禁要问，这个曾经的饮料行业“巨头”是如何跌下神坛的？这个问题的答案有很多，但是汇源果汁内部失败的组织变革是其中的一大重要因素。

汇源果汁由盛转衰的关键转折点是 2008 年的可口可乐收购案。2008 年 9 月，可口可乐向汇源果汁提出以 12.2 港元 / 股，总价约 179.2 亿港元收购汇源果汁所有股份。为了提高自身估值，在收购事宜尚未敲定时，汇源果汁于

2008年下半年投入20多亿元在广东、湖北、安徽、河北、宁夏等地投资建厂，这为日后汇源果汁的设备产能过剩埋下了隐患。与此同时，汇源果汁考虑到合并后可口可乐公司有大量销售人员，于是在2008年，汇源果汁大量裁撤销售团队。汇源果汁的销售人员从2007年的3926人减少到2008年的1160人。这对汇源果汁的下游销售影响巨大。2009年3月，可口可乐收购汇源果汁一案未获商务部通过，被叫停。但是，此前汇源果汁的一系列盲目变革已对公司发展造成了不可逆的影响。

此外，家族式管理日益成为制约汇源果汁发展的关键因素。汇源果汁从成立之初采取的就是家族式管理，公司各个要职都有家族身影。这种依托“血缘”或“乡缘”搭建的组织结构难以跟上公司业务的发展。为了“去家族化”，汇源果汁创始人朱新礼也做了很多努力。2013年，朱新礼邀请前李锦记酱料集团CEO苏盈福空降到汇源果汁。上任两个月，苏盈福就撤掉了所有事业部，重新将市场划分为七个大区。苏盈福还自带团队，让职业化的经理人负责销售管理、营销策划、人力资源管理等关键模块的工作。可惜好景不长，风风火火的“去家族化”改革不到一年就不了了之了。直到如今，如何突破“家族式”管理带来的发展瓶颈仍然是汇源果汁面临的棘手难题。

从汇源果汁的几次组织变革历程中，我们就可以发现，汇源果汁的组织变革总是无法聚焦“多产粮食和增加土地肥力”的目标并坚定不移地进行下去。其组织变革缺乏明确的方向和改革的决心，致使组织无法依靠变革获得新的生命力。与汇源果汁相反，华为对于变革的方向始终有着一个明确的认知：增加收入、多产粮食。例如，对于成熟业务的管理费用率，华为要求每年改进5%；对于产品线成本，华为要求每年下降20%。华为也正是通过持续的管理变革，让组织始终充满活力。

1.5.3 以客户为中心，推进流程化组织变革

在以“多产粮食和增加土地肥力”为方向推进组织变革的过程中，流程化组织变革是很多组织都会面临的问题。从本质上来说，企业中以客户为导

向的价值创造活动是在业务流程上进行的。有人把组织的业务活动看作地面上的“雨”，这时组织中的流程体系就相当于一条条“河沟”，承载着“雨水”有序地流向大海。如果“河沟”流通不畅，就会导致“雨水”到处泛滥。因此，建立在业务流程基础上的管理变革是企业发展到一定阶段后必然会面临的问题。

事实上，为了更好地满足客户需求，很多优秀的企业都在尝试进行流程化变革，却往往有其形而无其效。美国百年企业杜邦公司在向流程化组织进化的过程中也经历了漫长的变革。

杜邦公司成立于1802年，迄今为止已有200多年的发展历史。2013年4月，美国著名的《城市与乡村》杂志评选出当前美国50个“最卓越的家族”，其中杜邦家族领衔“最持久不衰家族”称号。在200多年的发展历程中，杜邦公司的组织结构经历了直线型、职能型、事业部型、矩阵型等组织结构形式。直到20世纪末，杜邦公司开始向流程型组织转变。

杜邦公司成立之初主要制造黑火药，而后成为高性能的炸药制造商。在第一个100年中，杜邦公司出现了第一位标志性人物：亨利·杜邦。亨利毕业于西点军校，对公司实行军事化管理。在亨利长达39年的任期中，杜邦公司采取的是直线型组织结构，权力高度集中，所有决策均由厂长亲自决定。

1889年，亨利逝世，尤金·杜邦继位。尤金与亨利相比，其管理能力弱，致使公司一度陷入混乱。1902年，在杜邦公司百年大庆之际，尤金突然去世。于是艾尔弗雷德·伊雷内.杜邦与另外两位堂兄弟携手接班。在艾尔弗雷德任职时期，杜邦公司开始探索集团式经营管理体制，打造直线职能型组织结构。在此管理系统的保障下，杜邦公司进行了多元化拓展。随着多元化经营范围的不断扩大，1920年杜邦公司设计了多分部组织结构，即按不同产品划分事业部，这也是事业部型组织结构的来源。

随着杜邦公司的产品数目和业务范围的不断扩大，事业部数量随之不断增加。在此背景下，各事业部各自为政的现象日益凸显，这严重降低了公司的运营效率。为了提升组织的灵活性，1954 — 1956年，杜邦公司设计了事业部制矩阵组织结构，以此加强事业部之间的横向联合，这也促使公司的管理模式由垂直管理向横向管理演进。此时，流程化运行开始在杜邦公司发挥作用。

进入 21 世纪后，为了满足不断变化的市场需求，杜邦公司确立了以客户为中心的发展理念，并推进流程化组织变革。杜邦公司在内部通过业务流程将不同的价值创造团队连接起来，共同为客户创造价值。流程化组织结构使杜邦公司的管理更加扁平化、灵活化，有效提高了对客户需求的响应速度。

杜邦公司的组织形态演进过程在一定程度上反映了组织演变的规律：一，组织形态会跟随组织发展的需要不断演变；二，当组织发展到一定阶段时，流程化的组织变革成为企业不得不面对的问题。在实践中，很多企业在探索流程管理，但不得其法。一位著名企业家曾说："上 ERP 找死，不上 ERP 等死。找死是因为 ERP 与垂直型管理模式不兼容，属于自寻死路。等死是因为垂直型的管理模式在日益变化的市场中内耗严重，最终将导致灯尽油枯。"[1] 因此，如何打破垂直型管理模式，建立与流程相匹配的组织模式成为企业流程化变革的关键。

1 杨少杰. 进化：组织形态管理 [M]. 北京：中国法制出版社，2019.

第2章 战略与经营

战略、流程、组织是流程化组织建设中的“三驾马车”。战略决定业务流程，业务流程决定流程组织。在进行流程化组织建设时，要明确企业战略目标，厘清关键业务流程，并基于业务流程设计组织。

2.1 企业战略与组织

战略是企业驶向商业成功的导航仪。前面提到，企业战略决定组织结构，组织结构是企业战略实施的重要支撑。要做好流程化组织建设，首先要明确企业的战略需求。

2.1.1 战略是驶向商业成功的导航仪

对于战略，杰克·韦尔奇强调："我每天想的事情都是在规划未来。"战略决定了企业的发展方向，是帮助企业获得最佳商业成功的方法。

1991 年，史玉柱成立了巨人公司，通过销售其主要产品中文电脑软件获得了巨大的利润。不到两年时间，巨人成为中国极具实力的计算机企业。1993 年，随着国际电脑公司进入国内市场，巨人公司受到重创。此时，国内兴起房地产和生物保健品热。为了走出困局，史玉柱决定跳出电脑行业，走多元化的发展道路：计算机、房地产、生物工程。在多元化发展之前，史玉柱的设想是：房地产与生物工程行业的利润可以相互支撑各自的发展。1996 年，巨人大厦资金告急，史玉柱不得不将生物工程业务的全部资金调往巨人大厦。因资金"抽血"过量，巨人公司的生物工程业务迅速衰退。1997 年，巨人公司大厦未按期完工，旗下所有产品也一蹶不振，巨人公司因此名存实亡。

此后，史玉柱痛定思痛，开始聚焦保健品业务。1998 年，"脑白金"横空出世。2000 年，"脑白金"年销售额达到 12 亿元。这一销售额超越了巨人公司鼎盛时期的年营业额。巨人公司凭借"脑白金"再度崛起。

通过巨人公司的案例，我们可以发现，在组织发展的过程中，战略就是方向和节奏。好的战略能帮助企业到达巅峰，而一旦战略失误，企业也会陷入困境。战略十分重要，几乎所有企业家都承认这一点。然而，实践中却有很多企业因聚焦短期成长、无法适应环境变化、缺乏清晰定位、盲目跟风等各种各样原因，像早期的巨人公司一样因战略定位不准确，付出了惨重的代价。

HTC公司曾经于2006年被美国《商业周刊》评为世界第三的科技公司，可以说，它是一家曾被寄予厚望的科技企业。

2008年，HTC准确捕捉到Android手机市场商机，推出世界第一款由T-Mobile定制的Android智能手机。随后，HTC的战略布局聚焦于推出大量基于Android平台的产品。这样的布局让HTC占据了先发优势，在2010年的业绩飙升了160%。但是，随着众多竞争对手加入Android智能手机的市场，HTC的业绩却开始一路下滑。

究其失败的原因，其中最显著的就是HTC的战略定位与市场脱节。2013年，HTC中国区总裁表示HTC的战略定位是中小品牌，但是HTC推出的智能手机机型HTC One系列的售价高达4888元。当时同等价位的手机还有三星的GALAXY S4等，与之相比，HTC One系列并没有压倒性的优势，在销量上远远比不上其他品牌。

在HTC定位的中小品牌中，高性价比的产品才是市场的主流。如小米、魅族等厂商可以在大幅压缩成本的基础上，提供给用户配置强劲的产品。同等配置的产品，小米的四核红米手机价格仅699元，而HTC手机的售价则超过2000元。由此看来，HTC并没有准确的战略定位，推出的产品硬件配置低于市场水准，价格却相当高。它既不能媲美高端品牌，同时在中低端市场也毫无竞争力，导致其销量一降再降。

2019年5月，HTC官方微博宣布将暂时关闭HTC京东和天猫旗舰店。HTC的故事就这样暂时告一段落了。

俗话说“方向不对，努力白费”。战略的设计与选择是企业最重要的决策，战略的正确性影响企业的经营绩效。在企业管理中，永远不会有机会主义，企业获得持续成功的关键在于战略正确，即在“做什么、怎么做、为什么做、什么时候做”中有着一套科学的逻辑与思考。

2.1.2 跟随市场环境及时调整企业战略

制定了战略后，并不意味着企业可以一劳永逸。对此，彼得·德鲁克指出:“管理者不能想当然地以为明天就是今天的延伸。”

【管理研究】不能想当然地以为明天就是今天的延伸

彼得·德鲁克在其《动荡时代的管理》一书中写道:“管理者不能想当然地以为明天就是今天的延伸。正相反，他们必须面向变化进行管理；变化既是机会也是威胁。”为此，企业应该采取一系列有效的措施，包括把资源向成果集中、抛弃昨天、管理增长、管理创新和改变、面向明天的经营战略、给管理者的记分卡等。

当企业发展到一定程度时，很多管理者容易形成惯性思维，认为过去的成功路径可以帮助企业实现持续成功。事实上，无论企业当前取得了多么伟大的成就，如果陷入故步自封的困局，不能及时地针对变化做出战略变革以适应未来的市场需求，就会阻碍企业发展。

柯达公司由发明家乔治·伊士曼始创于1880年。公司成立之初，伊士曼就意识到全球民用摄影市场的巨大潜力。1880年，伊士曼利用自己发明的专利技术批量生产摄影干版，大获成功。随后，伊士曼潜心研究简化摄影术的方法。1883年，伊士曼发明了胶卷，摄影行业发生了根本性的变化。1888年，柯达照相机推出。随后，柯达公司凭借胶片技术一直在全球影像行业保持领先。

但是，随着数字时代的来临。影像行业也从“胶卷时代”步入“数字时代”。富士、索尼、惠普、佳能、爱普生等大公司纷纷进行数字化战略转型。此时的柯达却依然眷恋传统胶片技术，满足于传统胶片产品的市场垄断地位，未及时调整经营战略，具体表现为2002年柯达的产品数字化率仅占25%，而同一时间，竞争对手富士的产品数字化率已达 60%。因对数字技术和数字影像产品的冲击反应迟钝，柯达逐渐陷入危机。2012 年 1 月 19 日，柯达正式宣布破产。

企业在快速变化的环境里面做正确的事，比正确地做事更加重要。因此，企业必须拥抱变化，抓住发展机遇，及时调整企业战略，以此培育未来长久的竞争力。

1975 年成立的微软公司，一度凭借 Windows 操作系统和 Office 系列软件成为行业巨无霸。但是，随着市场环境的不断变化，微软由于固守传统，持续啃 Windows 操作系统及 Office 办公软件的老本，对移动互联网反应迟缓，逐渐落后于竞争对手，甚至一度被定义为“专门给电脑打补丁”的夕阳企业。

2014 年，萨蒂亚·纳德拉上任。纳德拉上任不久就大胆引领微软进行战略变革与调整。纳德拉抛弃之前微软对存量市场的执念，确定“移动为先，云为先”的战略。之后，云计算成为微软发展的重中之重，所有产品开发重点均转移到移动平台。与此同时，微软将组织调整为三大事业部：体验及设备、云计算及人工智能、人工智能及研究。2018 年，微软改组 Windows 事业部门，将其核心开发团队转移至云计算和人工智能。

在大刀阔斧的战略改革后，微软再度崛起。2019 年 6 月，微软的市值超过了 1 万亿美元，重新成为全世界最有价值的公司之一。

微软的再度崛起得益于及时摆脱画地为牢的现状。通过跟随市场环境刷新战略，微软弥补了在移动互联网时期与其他公司之间形成的差距，一举成为智能时代的新王者，重新定义了商业未来。

2.1.3　组织设计始于明确的战略需求

战略决定了企业经营运作的根本和方向，需要跟随市场环境不断调整。与此同时，战略直接影响和决定组织、流程的最终实现目的。因此，组织设计的第一步是要明确企业战略需求。

【管理研究】战略、流程与组织的关系

战略是组织和流程运作的根本，企业的相关流程运作、组织设计都受战略影响；组织是战略实施和流程运作的基本平台，搭建起相应的组织机构后，企业才有落脚点进行相关战略和流程优化的贯彻落实；而流程则是战略实施和组织运作的载体和方式，它按照战略运作的要求，在不同的组织平台之间穿插运行，从而实现企业的价值增值过程。[1]

要明确企业的战略需求并非易事。国内很多企业自称有战略，但仔细梳理就会发现它们在战略制定上存在诸多误区。在战略制定中，常见的误区包括“战略等于目标”“战略等于运营效益”“战略等于关键任务”“战略就是时髦的标语口号”“战略在取胜之后就失去意义了”等。

例如，在一些企业领导者的认知里，战略就是公司的目标。他们会在公司会议上向员工宣布：“今年我们的战略目标是实现八亿元的销售收入。”其实不然，这只是领导者为公司制定的业绩目标而已，并非战略。华为在早期发展的过程中也犯过类似的错误。

华为真正从上到下地制定战略规划是从 2003 年开始的，当时叫“801”计划。为什么叫“801”？ 2003 年，华为销售收入大概是 40 多亿美元，“801”的内涵就是 2008 年实现销售收入 100 亿美元，是比 2003 年销售收入翻一倍还要多的规划，从此“80×”就沿用下来了。

2004 年，华为与英国电信、沃达丰开展合作的时候，它们看到华为的战略规划，说：“这不是战略规划，只能算是明年的重点工作，甚至是一些工作方向。”此时，华为才意识到这几年做的战略规划都不是战略规划。事实上，战略并非简单制定的业绩目标，而是包括一系列连贯性的分析、理念、方针、论证和行动。那么，我们到底该如何准确制定企业战略呢？

1 水藏玺. 业务流程再造 [M]. 5 版. 北京：中国经济出版社，2019.

工欲善其事，必先利其器。企业在确立战略目标时，需要选择合理有效的战略制定方法和工具。这样可以帮助企业系统且科学地对战略进行梳理与思考，避免陷入战略误区。战略规划的方法、工具、模板有很多，BLM（业务领先模型）是当下业界做战略规划的一个最佳实践工具，如图 2-1 所示。

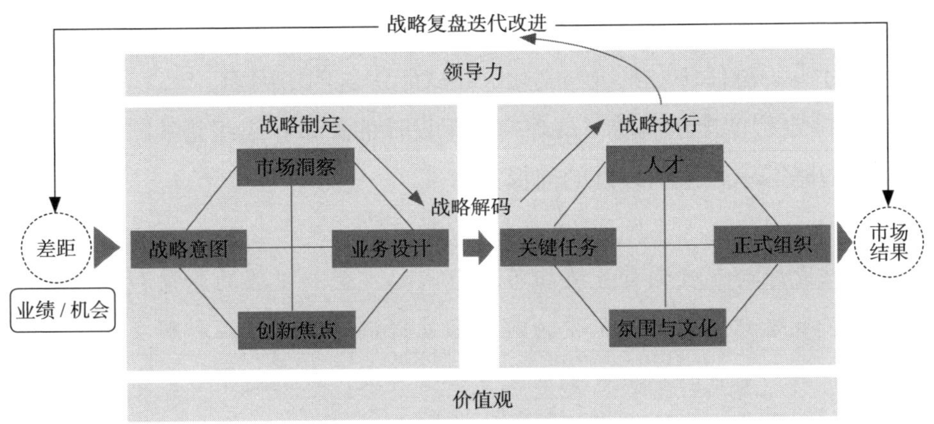

图 2-1 BLM

BLM 是 IBM 在总结自身多年经营管理经验后，于 2003 年研发的，后被华为引入并实施。华为从 IBM 引进 BLM 主要是基于两方面的考虑。

一是保证业务部门的战略落地。过去，华为各部门的业务战略规划在讨论后，往往就束之高阁了，具体的落实计划和行动是缺失的。而 BLM 的核心在于战略制定后要通过组织、人才、氛围与文化来支撑战略的执行，包括组织是否有效匹配战略，人才的数量和质量是否匹配战略需求，组织氛围与文化是否能够支撑战略落地。

二是保证人力资源和业务紧密关联。过去业务部门做“80×”计划时，人力资源是不参与规划过程的，只在业务战略中进行人力资源规划的补充。在使用 BLM 后，人力资源需要主导参与战略规划过程，业务管理和人力资源管理不再是独立的两张皮。

从图 2-1 中可以发现，BLM 包括五个模块。第一个模块是看市场结果、看差距。差距是战略管理的终点，也是起点。战略执行产生差距，所以它是战略管理的终点，而战略制定的基础是为了弥补现有的差距，所以它是整个模型的起点。战略是由不满意触发的，不满意是对现状和期望业绩之间差距的一种感知，它包括业绩差距和机会差距。第二、三个模块就是整个战略制定中间两边的两道堤坝，一道是领导力，一道是价值观。领导力和价值观贯穿从战略到执行的全过程。第四个模块是战略制定，它需要考虑市场洞察、战略意图、创新焦点、业务设计这四个因素。第五个模块是战略执行，它需要考虑人才、关键任务、氛围与文化、正式组织这四个因素。

BLM 一定程度上也反映了战略与组织设计的关系：组织是战略执行的保障，明确战略需求是组织设计的前提。

在组织设计前，我们首先要回答几个问题：企业发展的愿景和中长期目标是什么（战略意图）？我们要为哪些客户提供怎样的产品和解决方案（业务设计）？我们靠什么取胜（创新焦点）？其次，我们要明确：为了取胜，需要具备哪些关键的组织能力？

例如，华为在 2002 年左右确立了“成为通信领域的 TOP3 设备供应商，将公司的业务拓展到全球”的中长期目标。基于这样的目标，华为明确了其目标客户是全球 TOP50 的运营商，并将为客户提供包括无线通信设备、固网设备、数据通信设备、终端等在内的产品。在这样的业务布局下，华为靠什么取胜？在当时，华为的核心点就是提供客户满意的产品与服务，并采用直销模式。为了支撑战略目标的实现，华为进一步明确了需要构建的关键组织能力：贴近客户的组织运作、市场拓展能力、整体解决方案能力、项目交付能力、跨文化沟通能力、大项目运作能力等。为此，华为探索设计了有利于组织能力发展的组织结构：以客户需求为导向的产品线制组织结构，并与 IBM 合作持续推行管理变革。

组织设计受战略影响，一旦战略制定不准确，组织这艘“大船”也会迷失方向，难以支撑企业成功。在战略执行的过程中，企业也需要建立与战略相匹配的组织结构、管理制度、管理系统及考核标准，否则战略执行效果会大打折扣。

2.2 战略设计与规划

任正非说："企业抓住了战略机会，花多少钱都是胜利，抓不住战略机会，不花钱也是死亡。"企业可以利用 BLM 模型对组织战略进行深度思考和探索，确保战略的准确性和适用性。

2.2.1 洞察市场，厘清战略意图

没有前瞻的市场洞察，企业就没有真正的战略。做好市场洞察，才能从起点保证战略成功的可能。"五看"模型是企业进行市场洞察常用的模型之一。所谓"五看"是指看行业趋势、看市场和客户、看竞争、看自己、看机会。

1. 看行业趋势

看行业趋势就是从宏观的角度，分析研究行业发展趋势对企业的影响，洞悉未来的价值转移趋势。

随着"互联网 +""VR+"和"大数据 +"技术的不断发展，在线教育规模不断增长。但是，受传统教育观念的影响，很多家长并不认可在线教育的效果。因此，线下培训依然是很多培训机构的主要方式。2020 年年初，受新冠肺炎疫情的影响，线下培训全面停摆。与此同时，教育部实施"停课不停学"的政策。为此，2.65 亿名在校生转向线上课程，在线培训模式也越来越被家长所接受。在此背景下，各大培训机构也不得不紧跟形势开发线上课程，探索直播教学、视频点播、在线作业答疑等多种线上培训模式。

伴随着外部宏观环境的变化，企业也会面临相应的机会和威胁。企业要系统地洞悉外部环境会给企业带来什么变化，并做好应对准备。当然，看趋势不是简单地进行环境分析，而是要看这些趋势如何影响企业的客户市场，明确未来企业的客户市场将会发生什么样的变化，是否会发生利润转移，如果发生了利润转移，这些利润将流向何处。

【管理研究】行业趋势的分析角度

为了对未来行业发展趋势有更清楚的判断，企业可以从以下角度开展分析。

（1）行业规模：当前行业的市场规模有多大？

（2）行业政策趋势：行业相关的政策有哪些？

（3）行业技术趋势：行业内有哪些新的技术？

（4）经济发展趋势：经济趋势、贸易趋势对企业业务的影响是什么？

（5）产业链趋势：目前的产业链发生了哪些变化？

……

通过分析这些趋势，企业可以了解外部环境中的机会和威胁，进而做出相应的应对措施。

2. 看市场和客户

看市场和客户就是以客户为中心，分析客户当前的需求与变化，发现战略机会点。看市场和客户主要是从客户行为和客户系统经济学两个方面来分析。

（1）分析客户行为，包括对客户采购行为、客户交易行为和客户购买倾向的变化分析。通过对客户行为进行分析，可以让企业决定选择哪个市场作为产品与服务的切入点。企业对客户行业的分析示例如表 2-1 所示。

表 2-1　B 市场客户行为分析表（A 企业）

B 市场容量	客户 1	客户 2	客户 3	客户 4	……
客户需求 / 公司名称	消费量 ××	消费量 ××	消费量 ××	消费量 ××	
A 企业					
竞争对手 1					
竞争对手 2					
……					
总计	100%	100%	100%	100%	
应对策略					
考虑因素					

注：消费量表示的是对应客户在 B 市场购买的产品与服务的数量。

（2）基于客户系统经济学去看客户和需求。客户和需求是在不断变化的。从客户的系统经济学角度看，未来影响企业的 TOP5 问题是什么？对于 2B（对企业）行业，要看大客户、价值客户，看客户未来的发展和需求；对于 2C（对客户）行业，要看客户喜好的变化。

通过洞察市场和客户，企业能清晰地了解以下内容：它的客户有哪些？这些客户购买了它什么产品与服务？影响客户购买这些产品与服务的决定性因素是什么？在客户中是谁决定了购买企业的产品与服务，也就是客户内部的关键决策链是怎样的？客户是通过什么渠道来购买的？等等。

3. 看竞争

看竞争就是全方位分析主要竞争对手的所有要素，做到知己知彼、百战不殆，主要基于以下两个方面来分析。

（1）识别主要竞争对手。企业要知道主要竞争对手有哪些，以及还有哪些潜在的竞争参与者、替代者。在分析竞争对手时，企业可以参照表 2-2 对竞争对手的重要性进行分析和排序，快速识别出主要竞争对手。

表 2-2　主要竞争对手分析表

评估维度（每项 10 分）	权重	企业竞争对手				
		企业 A	企业 B	企业 C	企业 D	……
战略相似性						
竞争环境						
市场占有率						
客户关系						
产品质量						
价格与成本						
财务状况						
营销						
伙伴与盟友						
组织管理与激励						
总计（满分 100 分）						
竞争对手类别（领先者 / 挑战者 / 追随者 / 替补者）						

注：企业可以结合自身实际情况选择评估维度，评估维度的数量一般在 8 ~ 10 个。

（2）全方位分析竞争对手的所有要素，主要包括竞争对手总体发展到什么程度，它的战略意图、市场战略、财务状况、市场占有率、产品优势分别是什么，等等。如今的市场竞争越发激烈，要战胜竞争对手，企业就需要评估好主要的竞争对手。企业在分析主要竞争对手的所有要素时，可以结合企业自身实际情况选择三到五个要素来分析。

4. 看自己

看自己是企业基于对市场和客户及主要竞争对手全面分析的基础上，对自身的经营状况与核心竞争力进行分析。

（1）企业的经营状况分析。主要是分析企业产品与服务的销售计划完成率、销售增长率、利润率、市场占有率、市场覆盖率等。

（2）企业核心竞争力分析。与竞争对手相比，企业在哪些环节有很强的竞争优势（如研发、生产、销售、品牌等）？在这些竞争优势中，哪些是确保企业业务领先的关键?

5. 看机会

看机会就是寻找企业未来有什么样的投资机会，并了解该投资机会的市场空间有多大。通过看行业趋势、看市场和客户、看竞争对手、看自己等一系列动作，企业可以从中发现很多战略机会点，但是，如何才能把握战略机会点和发展主动权对企业管理者来说是个更为关键的问题。

通过“五看”进行全面的市场洞察后，企业可以基于了解发展趋势与战略机会，确定公司战略与业务发展的重点与方向，从而推导出合理的战略意图。

【管理研究】战略意图的定义

所谓战略意图指的是企业或者部门的发展方向与希望实现的目标，或者说想要做成什么样的事，达成一个什么样的结果，是基于市场洞察的结果对未来机会的判断，将机会量化成一个雄心目标，体现的是管理团队的追求。战略意图主要包括企业的中长期战略愿景、战略目标及近期目标三个方面。

通常战略意图是描述企业未来 3 ~ 5 年的发展方向与希望达成的目标，涵盖财务目标、客户目标、区域目标、产品目标、运营目标，如销售收入、目标客户人群占比、市场份额、产品复合增长率、人均效率等。

2.2.2　思考未来业务组合，明确创新焦点

企业竞争优势塑造的关键在于匹配战略机会点来管理业务组合。企业需要对不同层面的业务类型进行组合管理，即确定未来的核心业务及为追求规模和盈利需要为未来培育哪些业务，并使其在一定的时间内成为主力业务等。通过设计未来业务组合，一方面可以满足现有产品的运营要求，另一方面能为企业培育未来的新兴战略机会点。

【管理研究】企业业务构成的三个层面

麦肯锡公司通过对全球不同行业的 40 个处于高速增长的企业进行研究后，提出了企业业务构成的三个层面：第一层面是“守卫和拓展核心业务”；第二层面是“建立即将涌现增长动力的业务”；第三层面是“创造有生命力的未来业务”。麦肯锡公司强调，企业要保持高速增长，就必须协调好三个层面业务的关系。

1. 守卫和拓展核心业务

第一层面的业务是公司当前的核心业务，这一业务为公司带来大部分的营业收入、利润和现金流。因此，对于核心业务，企业关注的是利润、投入资本回报率（ROIC）、生产效率等指标。

2021 年 3 月 23 日，百度在港交所敲锣上市。作为曾经的互联网三巨头之一，百度的二次上市标志着百度正努力改变人们对其“落后互联网公司”的固有印象。李彦宏在现场致辞中表示：“回到香港二次上市，是百度的再次出发，是百度的二次创业。百度最初 10 年专注搜索引擎开发，最近 10 年则专注于深度学习、对话式人工智能操作系统、自动驾驶、AI 芯片等前沿领域投

资，成为一家 AI 公司。”

从百度的基本面来看，目前百度建立了清晰的三大业务组合。其中，百度核心业务是移动生态业务。近年来，百度的核心业务不断延伸，包括百度App、智能小程序、百家号、百度直播、百度健康、百度网盘、知识垂类业务与好看视频等。百度 2020 年第四季度财报显示，百度实现营收 303 亿元，其中其核心业务（搜索服务与交易服务的组合）实现营收 231 亿元，这就说明移动生态业务仍然是百度最基础的收入和利润来源。

在核心业务方面，企业的经营原则是尽可能地延伸、捍卫现有的业务，增加生产能力，扩大其利润贡献，确保企业可以继续参与市场竞争不出局。

2. 建立即将涌现增长动力的业务

第二层面的业务是已经经历了经营概念和经营模式探索的业务，基本确立了盈利模式，具有高成长性，并且已经产生了收入或利润，在不久的将来会像第一层面的业务一样带来稳定的盈利。对于成长业务，企业关注的是收入的增长和投资回报，如收入增长、新客户 / 关键客户获取、市场份额增长、预期收益、净现值等。

在守卫和拓展核心业务之余，百度积极建立即将涌现增长动力的业务：智能云业务。百度智能云专注云计算、智能大数据、人工智能服务。凭借先进的技术和丰富的解决方案，百度智能云全面赋能各行业，加速产业智能化。百度 2020 年第四季度财报显示，百度智能云凭借差异化的 AI 解决方案优势实现同比增长 67%，年化收入约 130 亿元。百度智能云商业化之路正在加速。

对于即将涌现增长动力的业务，企业的经营原则是逐步扩大其规模，增加市场份额，将其培养为新的市场机会点，使企业获得竞争优势地位。

3. 创造有生命力的未来业务

第三层面的业务是处于探索阶段的未来业务，它们应当不仅仅是企业领导人的想法，而是具有实质性运作或投资的小型项目，这些项目在将来有可能发展成第二层面业务，甚至成为第一层面业务。对于新兴机会，企业关注的是回报的多少和成功的可能性，如项目进展关键里程碑、机会点的数量和回报评估、从创意到商用的成功率等。

百度的未来新兴业务包括智能驾驶、小度助手、芯片等前沿业务。相关数据显示，2020 年 12 月，小度助手月语音交互总次数达 62 亿次，小度助手第一方硬件设备月语音交互次数达 37 亿次，比去年同期增长 66%。无论是智能驾驶、小度助手还是芯片，都是未来百度坚定长期投入的前沿业务，这是未来百度实现长期增长的机会。

对于新兴机会，企业的经营原则是培养能力和价值，播种成长的机会，使企业改变现有的行业地位，获得颠覆性的发展。

总的来说，企业要建立平衡的业务组合，即把增量业务和存量业务恰当地组合在一个体系里，塑造企业的核心竞争力。而核心竞争力的塑造来自持续创新。因此，在这个过程中，企业还要思考两件事，即企业的创新模式是什么，组织中的资源该如何分配。

【管理研究】企业的创新模式

一般来说，企业创新包括三种典型模式：产品、服务和市场创新，业务模式创新，运营创新。

（1）产品、服务和市场创新。产品创新是指创造某种新产品或对某一新或老产品的功能进行创新；服务创新就是使潜在用户感受到不同于从前的崭新内容，是指新的设想、新的技术手段或改进的服务方式；市场创新是通过产品创新、服务创新、价格创新等创新方式来开辟一个新的市场。

（2）业务模式创新是指企业对其以往的基本经营方法进行变革，包括改变盈利模式、改变企业模式和改变技术模式。

（3）运营创新是指通过理顺流程、简化工作程序等，不断提升企业的运作效率。

好的战略必须是战略聚焦的。全方位思考未来的业务组合，明确了企业创新模式后，企业就可以针对性地将资源投入关键创新点上，避免在非战略机会点上消耗资源和力量。在完成市场洞察，厘清战略意图，明确了企业未来业务组合和创新模式后，就需要思考如何利用企业内部现有资源来进行一个好的业务设计了。

2.2.3 聚焦目标客户，做好业务设计

战略制定的落脚点是业务设计，即企业实现战略目标的方式。业务设计包含六个战略要素：客户选择、价值主张、价值获取、业务范围、战略控制与风险管理。

1. 客户选择

客户选择即定位目标客户。企业设计的产品是为了满足哪类客户的需求？这类客户在所处行业的位置是怎样的？客户市场很大，企业不能满足每个客户的需求。因此，企业需要确定选择客户的标准和优先级，以及在该细分市场下，客户的特定需求是什么，在此基础上有针对性地去做产品设计和定位。

1990 年，“体操王子”李宁创立了“李宁”运动品牌，聚焦篮球、跑步、训练、羽毛球及运动时尚五大核心品类。“李宁”的不同产品，其目标客户是不同的。就女童、男童的鞋类和服装而言，“李宁”推出了 KIDS 系列和 YOUNG 系列。其中，KIDS 系列定位的目标用户是 3 ～ 6 岁的儿童，YOUNG 系列定位的目标用户则是 7 ～ 12 岁的儿童。

2. 价值主张

与竞争对手相比，企业能够为目标客户提供什么独特的价值？简言之，价值主张就是客户发自内心想要的东西。

2021 年 3 月，知名手机市场调研机构 Counterpoint Research 发布了 2020 年全球智能手机出货报告，报告显示 OPPO 成功稳居全球智能手机出货量前

五名。OPPO 能有如此出色的市场表现，与其精准定位的价值主张息息相关。一直以来，OPPO 的目标客户都是年轻人。向下延伸到学生，向上延伸到年轻白领。在年轻的白领中，OPPO 的品牌定位偏向女性。为此，OPPO 迎合年轻女性比较爱美、热爱生活的需求，一直专注手机拍照的技术创新，开创了“自拍美颜”时代。“这一刻更清晰”“2000 万柔光双摄，照亮你的美”“AI 智能拍照，让美更自然”等广告语更是深入人心。

3. 价值获取

价值获取是指企业如何通过满足客户需求来赚钱，即企业的盈利模式是什么：是靠销售传统的产品？或是“产品 + 服务”？还是知识产权？

国内知名潮玩公司泡泡玛特成立于 2010 年。11 年的时间里，泡泡玛特从“一家线下玩具店”成长为中国最大且增长最快的潮流玩具公司。2020 年 12 月 11 日，泡泡玛特登陆港交所。招股书显示，泡泡玛特的营收从 2017 年的 1.58 亿元增长至 2019 年的 16.83 亿元，其营收增幅连续两年突破 200%。泡泡玛特爆发式增长的法宝之一就是“IP + 盲盒”。泡泡玛特披露的数据显示，其运营的最大自有 IP Molly 在 2019 年的销售额为 4.56 亿元。

4. 业务范围

业务设计的第四个部分就是选择经营范围，对企业而言，在产业链上做什么与不做什么是非常关键的。每个企业都生存在一条庞大的产业链甚至多条产业链中，选择经营范围就是要全面审视企业所在的整个产业链条，明确与企业相关的产业链成员的经营状态，确定与产业链成员的合作策略。哪些业务是可以自己做的，哪些必须要通过合作来完成，都需要做出清晰的选择。

同样是手机产业，苹果的经营范围就是手机研发和营销及关键零部件的供应链管理，而华为的经营范围是研发设计、营销和核心制造。这两者的区别在于华为是有制造的，而苹果没有制造，这就是业务范围的不同选择。到底应该做出什么样的选择，这取决于企业自己的战略。

5. 战略控制

战略控制就是面向未来找到整个产业链和产业链发展演变趋势中那些最为关键的价值点，也就是竞争壁垒。企业必须建立起自己的竞争堡垒和“护城河”，避免竞争对手对企业的冲击，保护自己的地盘不被竞争对手侵蚀掉。企业可以用 VIRO 分析模型评价企业资源和能力的价值性（Value）、稀缺性（Rarity）、不易复制性（Inimitability）和组织性（Organization），并据此来确定企业的战略控制点，如表 2-3 所示。

表 2-3　VIRO 分析模型

资源或能力	价值性	稀缺性	不易复制性	组织性
财务管理能力				
新产品开发				
组织管理能力				
……				

6. 风险管理

战略规划是面向未来进行提前布局，因此它存在很大的不确定性，企业需要进行风险研究，梳理可能的风险点，评估这些风险因素的影响程度，并提前制定好相应的应对策略。

在完成上述六个步骤后，可以输出一张业务设计表，如表 2-4 所示。

表 2-4　业务设计表

业务设计六要素	当前的业务设计	期望的业务设计	备注（可能遇到的挑战）
客户选择（企业的目标客户是谁）			
价值主张（独特的价值是什么）			
价值获取（盈利模式是什么）			
活动范围（经营活动的角色与范围）			

续表

业务设计六要素	当前的业务设计	期望的业务设计	备注（可能遇到的挑战）
战略控制（让竞争对手难以攻克的竞争堡垒是什么）			
风险管理（存在哪些潜在风险？如何管理）			

当完成业务设计模块后，整个战略规划部分就完成了。具体来说，这个部分的逻辑过程就是企业通过研究发现未来的市场机会，明确自身的定位和角色及与产业链上其他企业的关系，找准企业的目标客户及其需求，确定价值获取方式，构建为获取持续价值的战略控制手段，并对其中的风险进行识别和防范。

2.3　战略澄清与流程梳理

战略设计出来后，需以战略为导向搭建健全的流程体系，保证企业“正确地做事”。以战略为导向的流程体系设计要澄清战略目标，识别并提炼关键成功要素，以此厘清关键业务流程。

2.3.1　明确战略方向及其运营定义

要厘清关键业务流程，就要对战略做好解码。战略解码的第一步是要明确战略方向及其运营定义。这一步重复了战略规划制定的过程，意在进一步理解和澄清战略方向和战略目标，通过这个过程进一步达成战略共识。

战略方向是为了牵引组织去达成战略目标的一系列行动而给出的方向性指引，一般采用一个含义明确的短语进行描述，如“有效增长”“卓越经营”“引领行业”等，其目的是便于在组织内部进行一致性理解和便捷沟通，如表 2-5 所示。而战略方向的运营定义是指对战略方向的具体化、可衡量的描述，其目的是保障战略方向的范围，保障内涵得到准确、一致的定义，以避免对战略方向的理解偏差。

表 2-5　战略方向及其运营定义

战略方向	战略方向的运营定义
有效增长	（1）通过为客户提供创新和集成的解决方案，持续提升客户满意度，实现差异化、精细化的格局管理 （2）打造中、欧两个本土市场，亚非拉成熟市场做厚；欠开发市场快速增长 （3）收入增速达到行业 × 倍，收入年增长 ×%，贡献利润率 ×%
卓越运营	（1）通过流程集成，加大对一线的授权及授权后的管理与监督，完善管控模式，促进组织间协同，优化区域组织结构，健全全球整合型组织，提升合同质量，促进契约化交付，实现 2017 年 SG&A 达到 ×%（坏账率，交付成本率） （2）通过“赋”与“促动”，创造一个能让员工相互协作、自主解决问题的轻松环境，激励员工勇于担责
引领行业	（1）通过打造管理操作系统，分几段投入，构筑未来控制点和领先优势 （2）优化与客户做生意的方式，将价值构筑在软件与服务上，把软件和服务打造成核心竞争力 （3）主动开展产业链管理，构建有效竞争及利益分配的商业生态环境。通过影响频谱、国家宽带等产业政策，帮助运营商做大蛋糕

明确战略方向及其运营意义的目的在于清晰战略方向，达成战略共识。为什么要对战略方向达成共识呢？我们可以借助一个矩阵来理解。如图 2-2 所示。

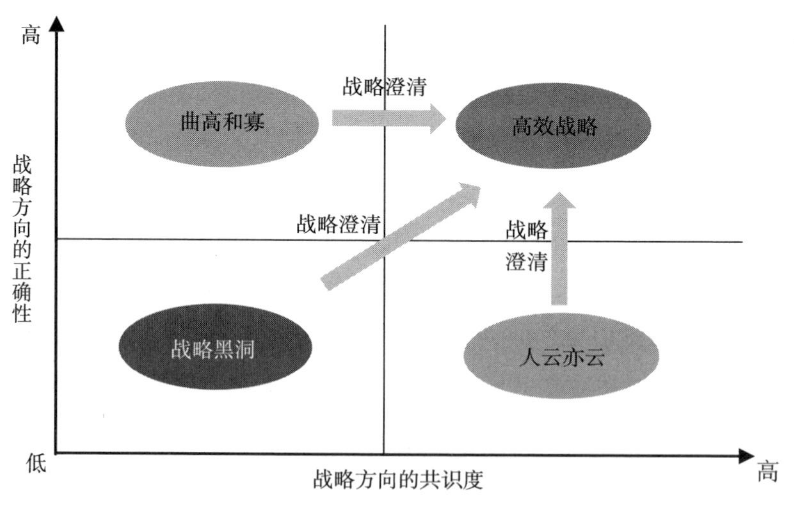

图 2-2　战略有效性矩阵[1]

1 王钺. 战略三环：规划、解码、执行 [M]. 北京：机械工业出版社，2020.

如果一家企业的战略既缺乏正确性，也没有对战略达成共识，那么这家企业可以说完全没有进行战略管理；如果战略方向是正确的，但没有对战略方向达成共识，这样的战略是无法有效落地的；如果大家对战略方向达成高度共识，但是战略却无法帮助趋于获得竞争优势，这样的战略只能算是人云亦云的。只有战略方向正确，并达成高度共识，才能称得上是高效战略。

2.3.2　识别并提炼关键成功要素

通过明确战略方向的运营定义，战略方向和战略目标得到了澄清。接下来，就要识别关键成功要素（Critical Success Factors，CSF）。

【管理研究】关键成功要素定义

关键成功要素是指为达成企业的愿景和战略目标，需组织重点管理的、以确保竞争优势的差异化核心要素。

一般来说，关键成功要素是指一些特性、准则或能力，如果能够适当且持续地维持和管理，就能对公司在特定产业中竞争成功产生显著的影响。

关键成功要素提炼是否到位是战略目标能否达成的关键。在实际操作中，明确关键成功要素通常采取研讨会的方式，召集公司的高管和相关核心人员参与，经过“分组讨论—小组代表分享—现场归纳总结达成共识”的流程，在有限的时间内最大限度地萃取参加会议人员的个体智慧，并获得成果。那么企业如何提炼并识别它的关键成功要素呢？首先，需要对关键成功要素的主要特征有一定的了解，具体如下。

（1）关键成功要素是对企业成功起决定作用的某些战略要素的定性描述。

（2）关键成功要素能够辨别那些决定组织健康发展和生命力的问题。

（3）关键成功要素就是那些管理层必须经常关注的区域，对这些区域的运行情况要经常进行度量，并提供这些度量信息以供决策使用。

（4）不论组织的规模有多大，它的关键成功要素一般在五到八项之间。不过通常在提炼时会先提炼不少于20项主要成功要素，然后再进行针对性优化。

企业可以按照平衡计分法的方法，从财务、客户、内部运营和学习与成长四个维度识别并提炼关键成功要素。选择从财务、客户、内部流程、学习与成长四个层面来提炼，可以保证关键成功要素的平衡性。如果关键成功要素之间存在不平衡，或缺乏因果关系，可以重新审视关键成功要素。表2-6列举了某企业提炼的关键成功要素。

表2-6 关键成功要案（示例）

维度	关键成功要素				
财务	企业价值增大	利润最大化	销售增大	成本领先	资产利润率最大化
客户	市场份额提升	产品价值最大化	品牌形象提升	构建与客户/渠道商亲密关系	品质提升
内部流程	符合客户需求的新产品	建立高品质柔性的市场机制	采购流畅效率化	交期管理改善	SCM（供应链管理）优化
学习与成长	人才培养	构建先进企业文化	知识管理	构建技术壁垒	扩大IT基础

企业在提炼关键成功要素时，可以结合以下问题来思考，确保提炼的关键成功要素的准确性。

（1）影响企业战略目标达成的最关键因素是什么？（如客户满意度、费用控制、技术创新等）

（2）什么因素给企业带来了最大的困扰？

（3）企业应该给客户提供什么样的产品或服务？

（4）哪些因素决定客户的满意度？

（5）企业已经认定哪些明确的组织问题？

（6）企业的哪些部分已经感受到竞争压力？

（7）企业的主要成本是什么？

（8）哪些环节所占的成本百分比最高？

（9）哪些环节最有改善的空间？

（10）要使企业在市场上具备竞争优势，赢过竞争对手，从哪些环节着手效果最佳（或最具潜力）？

不同企业的关键成功要素各不相同。即使是处于同一个行业中的企业，由于所处外部环境的差异及内部条件的不同，它们的关键成功要素也是不尽相同的。企业需要结合自身实际情况来识别并提炼出对战略目标起关键作用的关键成功要素，以确保企业资源投入到经营管理的重点上，避免资源的浪费。

2.3.3 绘制战略地图，厘清核心业务流程

在识别并提炼了关键成功要素后，企业可以依据它们明确战略实施路径，从而制定战略地图，以清晰描述企业是如何创造价值的，如图 2-3 所示。

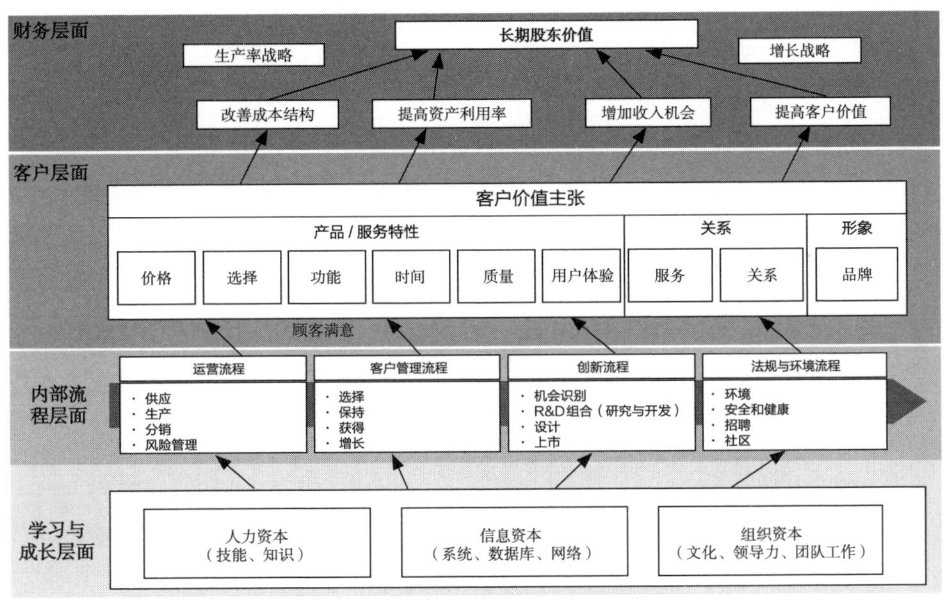

图 2-3 战略地图描述企业如何创造价值

谈及战略地图，哈佛大学商学院教授罗伯特·卡普兰（Robert S. Kaplan）和波士顿咨询公司的咨询顾问诺顿（David P. Norton）所著的《战略地图》中明确提到："你无法描述的，就无法衡量；你无法衡量的，就无法管理。"

战略地图被称为“企业战略执行的降落伞”，其核心是明确企业有什么样的战略，然后把它们用战略地图的形式呈现出来。通过战略地图，企业不仅可以让公司上下共识战略目标，还能厘清核心业务流程，进而明确支撑流程运作的组织建设要求。

图 2-4 所示的是一家 OEM（Original Equipment Manufacturer，代工厂商）转型的战略地图。从图中可以看出，企业为实现从 OEM 向品牌制造商的战略转型，在财务层面的关键指标是品牌产品销售收入及在总收入中的占比，以及品牌产品的盈亏平衡点。

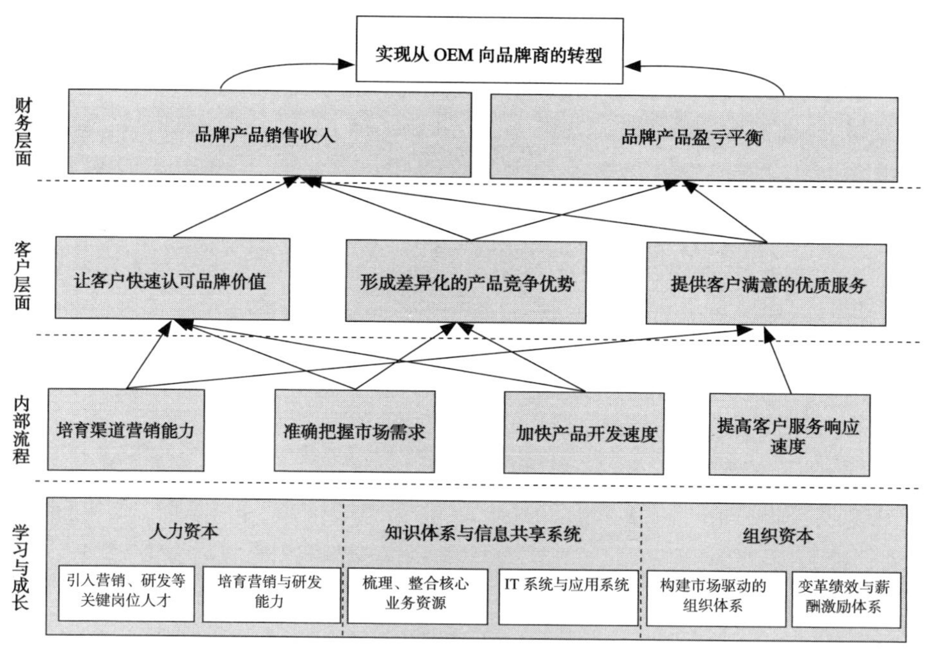

图 2-4 OEM 转型的战略地图（示例）[1]

为实现该财务目标，企业需要从客户层面落实三大关键措施。

（1）制定清晰的品牌策略，以提高企业品牌认知度和美誉度。同时，制定可衡量品牌认知度是否有所提升的考核指标。

（2）明确品牌产品的策略。品牌产品的设计要基于客户的需求，与竞争

1 兰涛. 华为智慧：转型与关键时刻的战略决策 [M]. 北京：人民邮电出版社，2020.

对手的产品要形成差异化的竞争优势。

（3）制定针对直接客户的服务策略。OEM 转型前是不直接与客户接触的。因此，在转型过程中，企业要制定客户拓展计划和针对不同客户的服务等级策略，并制定客户满意度等考核指标。

为了支撑客户层面的三大策略，OEM 在内部流程层面梳理了高效支撑策略执行的四大核心流程体系：客户需求管理流程、产品开发流程、运营流程及问题解决流程。要想准确且高效地执行四大核心流程，需要构建市场驱动的组织体系。

从这个案例可以看出，借助战略地图的绘制，我们可以厘清支撑战略落地的核心业务流程及支撑流程运作的组织建设要求。

【管理研究】内部核心业务流程梳理的方法

（1）确定财务层面目标及支撑财务目标实现的客户层面目标。

（2）确定能对财务目标实现起决定作用的关键成功要素。

（3）确定能对客户层面目标实现起决定作用的关键成功要素。

（4）对筛选出的关键成功要素进行归类，明确内部核心业务流程。

在借助战略地图确定内部核心业务流程时，我们要明确两个前提：一，核心业务流程应支撑财务层面和客户层面目标的实现；二，核心业务流程是支撑财务层面和客户层面目标实现的少数核心管理，而非简单的流程汇总。此外，核心业务流程是下一步识别组织建设要求的前提。

2.4 流程活动的组织化

通过战略地图将支撑战略实现的核心业务流程梳理出来后，下一步就是要分析组织结构与业务流程的匹配性，基于业务流程设计组织结构，并明确支撑战略实现的组织能力。

2.4.1 分析组织结构与业务流程的匹配性

业务流程要落地，必须匹配相应的组织结构。具体来讲，就是组织结构中要有与流程匹配的角色岗位、决策体系、考核体系。因此，在完成业务流程梳理后，要对照组织结构，检视组织结构与业务流程的匹配性。

【管理研究】组织与流程不匹配将出现以下问题：[1]

（1）组织设计变化无常，调整频繁。

（2）以领导为中心，容易形成山头主义。

（3）部门墙厚重，业务流程割裂，效率低下。

（4）员工专注于利益保护，好大喜功，缺乏自我批判。

（5）企业战略难以落地。

组织设计是服务于战略和流程的。在企业战略、核心业务流程改变后，组织也要顺势而变。

2019 年，B 公司跟随市场环境调整业务战略，将原先以代理销售驱动业务发展的业务模式转变为以产品驱动。在新的业务战略下，“产品开发”成为内部核心流程之一。为了推动业务战略的顺利实施，B 公司决定顺应形势进行组织变革。

B 公司对业务与组织进行了全方位的审视后发现，产品开发对信息技术的要求较高，但是在现有的组织模式下，技术部门只是充当“维修工”的角色，其主要工作就是管理和维护公司网络及计算机与相关设备。为了支撑“产品开发”流程的高效运转，B 公司整合原先的技术部门成立产品与解决方案中心。产品与解决方案中心承担产品与解决方案开发、信息化管理两个功能，其主要职能包括：一，负责公司产品规划、开发、迭代与解决方案制定，做好竞品分析等工作；二，负责公司信息化建设整体规划，设计开发方案并实施。新的组织结构让 B 公司的技术部门从“维修”的事务工作中解放

---

1 习风. 华为双向指挥系统：组织再造与流程化运作 [M]. 北京：清华大学出版社，2020.

出来，进而专注产品开发，使 B 公司的产品开发速度和能力都得到了进一步的提升。

我们具体该如何分析组织结构与业务流程的匹配性呢？在完成核心业务流程梳理后，需要对业务流程进行分级，通过分级把业务流程从宏观到微观、端到端地分解细化到具体操作的活动流程中，再对照组织结构，检视组织结构与业务流程的匹配性。

如图 2-5 所示，我们可以根据流程分级结果，对组织结构进行一一对照，分析组织结构中是否有与业务流程匹配的角色岗位。实践中，组织中的部门和岗位数量设置、组织层级设置可能会因为组织分工的粗细要求不同而不同。例如，图 2-5 中二级流程可以分成三个二级组织单元；也可以将 B2 和 B3 两个二级流程合并，同时将三个三级组织单元划入到 B2 组织单元里，这样就形成了两个二级组织单元；也可以将三个三级组织单元独立成为与 B1、B2、B3 并列的二级组织单元，这样就形成了四个二级组织单元。因此，在进行组织结构与业务流程的匹配性分析时，要灵活应对。

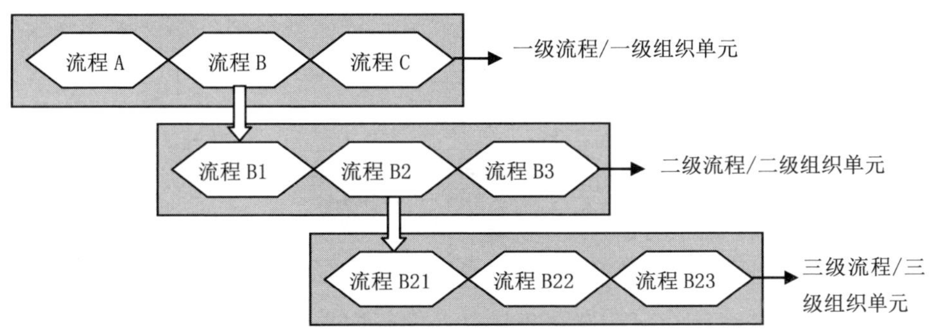

图 2-5　流程分级与组织单元设置

2.4.2　基于业务流程设计组织

在分析完组织结构与业务流程的匹配性后，要基于支撑业务流程高效运作的需要，对组织进行相应的调整和优化。

在组织管理中，沿着流程授权、行权和监管的组织就是流程化组织。企业要想在竞争中越来越强，就得重视管理，建立流程化的组织，使企业摆脱对人的依赖。基于流程设计组织的方法如图 2-6 所示。

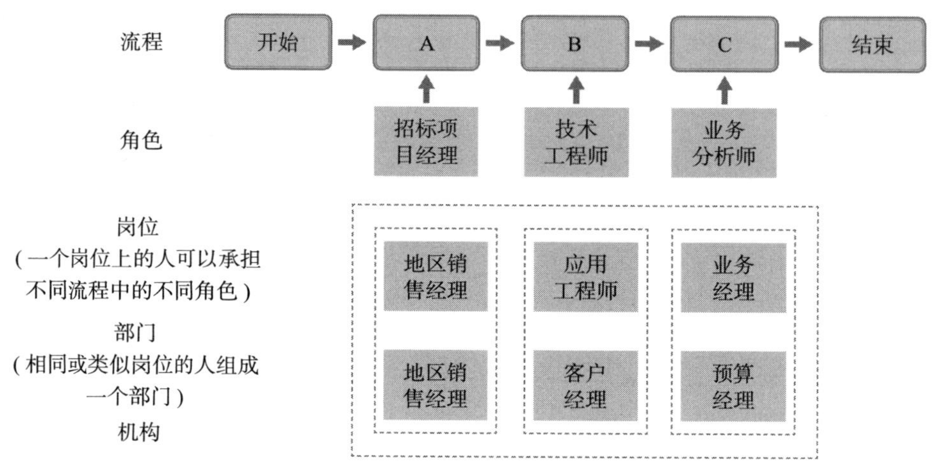

图 2-6　基于流程设计组织的方法

IBM 作为世界 IT 行业的“巨无霸”，产业地位一直处于行业领先。20 世纪 80 年代初期，IBM 处在盈利的顶峰，股票市值甚至超过西德股票市值之和，也成为世界上有史以来盈利最大的公司。但个人电脑及网络技术的发展严重打击了 IBM 赖以生存的大型机市场，这时 IBM 才发现自己战略上的重大失误，痛下决心实行改革。

内忧外患之下，1993 年，IBM 公司董事会决定聘请路易斯 · 郭士纳出任董事长。上任之后，郭士纳对 IBM 进行了大刀阔斧的改革。

郭士纳认为 IBM 必须整体作战，强化各部门间资源、技能和思想的利用和共享。于是郭士纳顶住层层压力，将几个核心业务部门改造成产品开发、执行、供应链、客户关系管理与服务部门。为了配合业务流程改造，郭士纳对公司后台的流程性部门进行改革，划分为人力资源、采购、财务、不动产及信息技术等几个部门，对内部管理层进行了大幅度调整。改革期间大约有三分之二的高层管理人员离任，包括首席财务审计官、市场营销副总裁、磁盘驱动器业务负责人和人事部门负责人等，换成了和他一样的“外来者”，给 IBM 公司注入了新鲜的血液和活力。

IBM 通过梳理和改造业务流程，并根据业务流程的高效运作要求对组织精兵简政，促使组织重新焕发活力。华为公司在学习 IBM 后，成为国内流程型组织建设的标杆企业。任正非曾说："我们建立了以客户需求为导向的公司发展目标，为了满足这个需求，后面所有的组织建设都应该是流程化的组织建设，这样才可以快速响应，同时又保持低成本。围绕这个目的来进行组织建设，需要什么就保留什么，多余的组织及人员都要裁掉，这样就会高效、低成本。"在任正非看来，组织在运转的过程中，以客户需求为导向建立流程化组织，可以及时地为客户提供满足其需求的优质产品和服务，并同时实现组织运作的高效率。

在流程型组织中，业务流程直接对客户负责并将组织中不同的职能统一起来，以统化的流程管理取代职能分工与专业化协作。从图 2-7 可以看出，不同的流程会牵涉到不同的部门，相关人员可能来自不同部门，也可能来自同一部门，集结起来为某个流程服务，整个组织就是由一个大的项目团队和多个小的项目团队组成，每个项目团队通过达成各自的任务目标，共同支撑企业发展目标的实现。这有利于解决不同职能单元间协作不顺畅的问题，也促使组织依据客户需求变化而灵活调整。

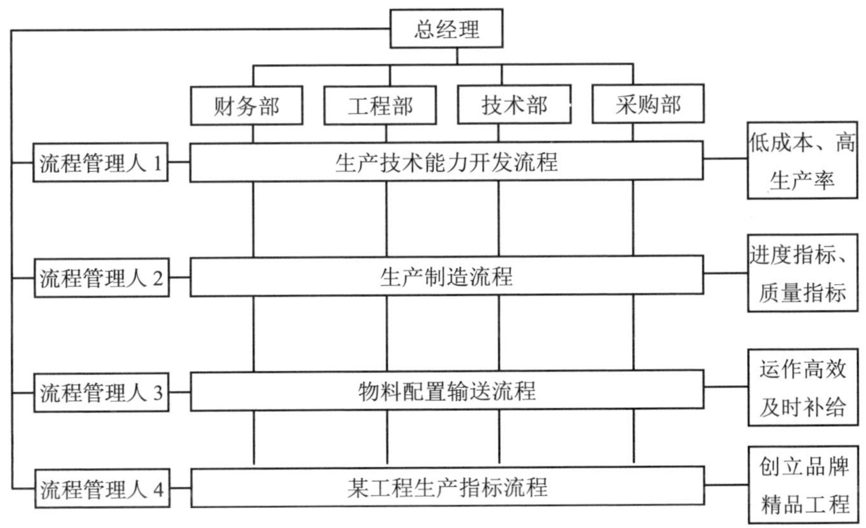

图 2-7 以流程为导向的组织结构（示例）

2.4.3 明确支撑战略实现的组织能力

组织要为战略实施和业务流程运作服务，离不开组织能力的支撑。基于业务流程建立支撑战略的组织结构是组织能力打造的一部分。除了组织结构的设计，组织能力建设还包括文化、人才、激励、管理机制等多个方面。

那么，到底什么是组织能力呢？目前学术界对组织能力还没有完全统一的定义，不少管理界的前辈、老师们如春秋诸子百家般提出了不少的观点，最具有代表性、认同度比较高的观点主要有以下三种。

【管理研究】组织能力的定义

“人力资源”概念的开创者戴维·尤里奇曾提出：“组织能力代表了一个企业因何而为人所知，它擅长做什么，以及它如何构建行为模式以提供价值。”他还提出了关于组织能力的14项指标：人才、速度、共同的思维模式、责任、协同、学习、领导力、客户连接、创新、战略一致性、精简化、社会责任、风险、效率。

中欧国际工商学院的杨国安教授在《组织能力杨三角》中提出：“组织能力是团队整体的战斗力，不是集中于几个人或几个部门上，而是整个组织所具备的能力。”组织能力可以分为三个维度：员工能力（会不会）、员工思维（愿不愿意）、员工治理（环境允不允许）。

陈春花教授这几年一直在研究和探索新时代的“组织能力”，虽没有对组织能力提出定义，但在其著作《激活组织》中提到了激活组织的七个改变，也是建设组织能力的关键：结构、文化、激励、工作习惯、绩效检验、价值共同体、领导者角色。

在有关组织能力的众多研究中，杨国安教授提出的组织能力三角框架（“杨三角”）是运用相对较多的。组织能力的“杨三角”强调，系统打造组织能力，必须有三个支柱的支撑，如图2-8所示。

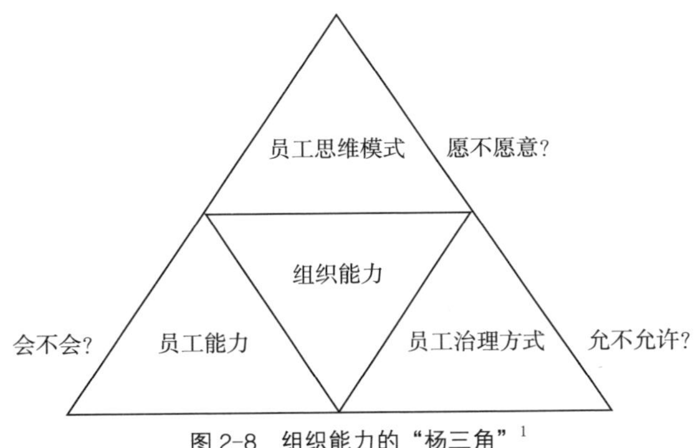

图 2-8　组织能力的“杨三角”[1]

组织能力的“杨三角”提出，员工能力是指全体员工是否具备实施企业战略，打造所需组织能力的知识、技能和素质；员工思维模式是指员工每天在工作中所关心、追求和重视的事情与公司所需的组织能力匹配；员工治理方式是指员工具备了所需的能力和思维模式后，公司还必须提供有效的管理支持和资源才能允许员工充分施展所长，执行公司战略。如今，越来越多的企业已经意识到组织能力对企业发展至关重要，并将组织能力建设落到实处。

2020 年，国际品牌咨询机构 Interbrand 发布了 2020 年全球品牌 100 强榜单，谷歌公司名列第四。作为互联网行业的头部企业，谷歌非常强调用户导向和创新。多年来，谷歌聚焦用户需求，不断推出前沿的创新性产品和服务，这背后离不开其组织能力的支撑。

在员工能力的打造上，谷歌非常注重精英人才的引进和培养。谷歌的创新一直走在世界前列，很大程度上得益于有一支“博士军团”。谷歌是全球单位办公面积博士最集中的地方。谷歌内部没有独立的研究部门，研究和开发不分家，开发人员遇到实际问题需要研究时，也只能自己去研究。在这样的环境下，谷歌对每一个工程师的要求就特别高。谷歌认为好的博士不仅有创造力，而且有最高的自觉性。谷歌有上千名员工，大部分都是博士出身。谷歌以超前的眼光来组建博士军团，打造员工能力，促使公司保持不断创新。

在员工思维的塑造上，谷歌在 2000 年创业之初，就把不作恶（Don't be

---

1 杨国安. 组织能力的杨三角：企业持续成功的秘诀 [M]. 2 版. 北京：机械工业出版社，2015.

evil）的企业文化写进了其行为准则中，坚持“不作恶，也可以赚钱”的理念。多年来，“不作恶”也深深烙在每个谷歌员工的身上，大家都自觉以“不作恶”来审视公司决策和自身行为。此外，谷歌在内部实行 OKR（目标与关键结果），使员工个人目标与组织目标保持一致，并以完善的激励机制激励员工。

在员工治理方式的打造上，谷歌内部采用灵活敏捷的闭环项目团队，团队一般由 5 ~ 7 个不同专业背景的人才构成。一旦项目完成，团队就自动解散。在创新机制上，谷歌在内部实行“20% 时间”机制：让每个员工用 20% 的时间干自己选择的新项目，鼓励所有员工像研究者一样工作，让他们去“大胆地做前人从未做过的工作”。在信息共享上，谷歌内部实现了信息和数据的透明化。

组织能力是企业基业长青的基础。现实中，很多企业的失败都不是因为战略方向错了或是没有洞察到机会，而是没能及时构建起新的、能够适应新的发展机会的组织能力。因此，企业必须准确识别支撑战略实现的组织能力，并跟随战略变化审视组织能力建设情况，及时调整和优化。

2.5 组织能力的打造

杨国安强调：“打造组织能力时，需配合战略专注于两三项。如果什么都做，反而无法集中资源建立优势，容易变成‘四不像’，样样都不专不精。”在实践中，全面的管理创新、员工激励机制设计、人才团队建设是组织能力打造的重要内容。

2.5.1 实施全面的管理创新

组织能力建设离不开持续的管理创新。正如任正非所说：“企业之间的竞争，说穿了是管理竞争。”华为之所以能取得今天的成就，关键之一在于华为把管理视为自身的核心竞争力，通过重视管理创新来拉开与竞争对手的差距，保持行业领先。

如图 2-9 所示，当企业的业务战略、文化等发生变化时，企业内部的管理体系也需随之创新，保障企业可持续发展。企业的管理创新主要体现在流程、组织与 IT 的变革升级上。首先是面向客户进行流程变革，端到端拉通流程，确保业务目标的达成。其次是基于流程梳理组织，通过协调资源支撑流程活动的达成。最后是要注重 IT 建设，以提高流程与组织的运作效率。

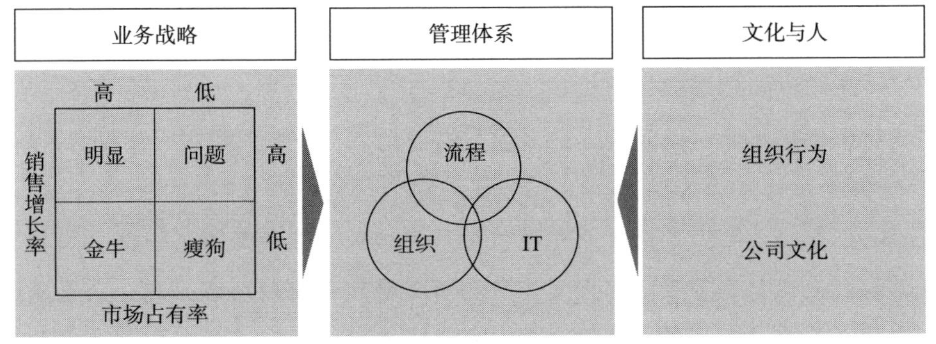

图 2-9　管理体系创新思路

管理体系的创新涉及的面非常广，其中流程与 IT 变革在后续章节中会进行阐述，本节重点介绍与组织能力建设息息相关的两个内容，即实现高度透明的信息沟通，做好授权管理。

1. 实现高度透明的信息沟通

如何建立支持公司战略的信息系统和沟通交流渠道是企业在系统打造组织能力时需要关注的重要内容。

字节跳动文化价值观中核心的一条就是“坦诚清晰”，通过信息的高效流动创造价值，在内部推崇“直入主题的提问、回答”。线上，字节跳动内网有一个“头条圈”，每天有 1000 多条消息、5 万多条帖子，员工可以在里面畅所欲言，提出自己对公司的意见和建议。线下，字节跳动每两个月会举办一次“CEO 见面会”，员工可以去现场参加会议或通过视频观看会议，会上张一鸣要回答员工的各种提问。与此同时，字节跳动会定期举办线下“产品吐槽大会”，邀请员工对自家产品进行吐槽，以此助力产品的迭代优化。此外，在字节跳动，除了紧急的需要立刻做出的决策外，其“重大决策”通常都会“搁 24 小时”，让更多的信息参与进来，经过充分的讨论后，也会等一天再对外公布。

企业内部多维度的信息和沟通渠道建设，能帮助企业及时获取来自员工、客户等内外部各方面的信息。当企业内部实现高度透明的信息沟通时，企业的敏捷灵活性和创新性也能随之得到提升。

2. 做好授权管理

快速变化的市场环境对组织的敏捷性要求越来越高，如何做好授权管理成为组织不得不面对的问题。许多优秀的企业都十分强调授权，让权力下放。

以服务闻名的海底捞可谓将授权做到了极致。在海底捞，一线员工都有免单权：无论什么原因，只要员工认为有必要，就有权给客户免一个菜或送一个菜，甚至是免一餐。这种权利，在很多餐饮企业都是经理级别才有的。这不仅能提升员工的工作认同感和成就感，还能最大限度、最快速地消除顾客的不满。对此，海底捞创始人张勇表示：“顾客从进店到离店始终是与服务员打交道的。如果顾客对服务不满意，还要通过经理来解决，这只会让顾客更为不满。把解决问题的权力交给一线员工，才能最大限度地消除顾客的不满意。”

海底捞通过合理授权，让一线有更多的自主权，有效提升了客户需求响应速度和客户满意度。当然，在授权的过程中，也要注意掌握好“度”。为了避免产生胡乱授权行为，华为提出了四大授权原则，以确保授权的合理性。

【管理研究】华为“四大”授权原则

（1）授权适当。“适当”的含义有三层：一是授权大小适宜；二是授权需要契合员工承受能力；三是根据任务轻重、业务性质来授权。

（2）授权行为可控。“可控”体现在两个方面：一是管理者要能灵活性地掌握授权的范围、时间等各方面因素；二是在授权后，管理者要能依据实际情况的发展，随时随地对授权进行调整。

（3）带责授权。带责授权是指管理者明确地把权力和责任同时授给员工。

（4）动态考量。动态考量是指基于外部环境、目标责任及时间的不同，管理者授给员工的权力是不同的。这体现了“从实际需要出发”的授权理念。

企业授权的目的是让每个管理者能够在工作中尽可能履行自己的职责。对于授权，任正非强调：“授权而不彻底放权，对权力加以监督和干涉。”只有合理授权，授权才能发挥其作用。

管理创新的实施并不局限于授权管理和高度透明的信息沟通两个方面，企业要根据组织能力建设的实际要求展开针对性的管理建设。

2.5.2　强化员工激励机制设计

适宜的员工激励机制设计是塑造员工思维模式的重要方式。合理的激励机制能充分挖掘员工的潜能，牵引员工为实现公司战略做出更大的贡献。随着教育的不断普及，企业知识型员工的比例不断提升。在这样的背景下，企业员工激励机制的设计更加强调激发和控制人的欲望。

【管理研究】知识型劳动者的欲望层次

任正非在“基层要有意志力，中层要有组织力，高层要有方向感”的内部讲话中，从心理学的角度分析，将知识型劳动者的欲望分为五个层次：

（1）第一层次：物质饥饿感。

（2）第二层次：安全感。

（3）第三层次：成长的愿望与野心。

（4）第四层次：成就感。

（5）第五层次：使命主义。

华为针对知识型劳动者不同层次的欲望，建立了相应的激励措施。

1. 用“获取分享制”来解决物质饥饿感

任正非强调：“对于员工而言，‘获取分享制’就意味着只要为华为商业成功做出了贡献，就应该分享利润，得到及时奖励；员工贡献大就拿得多，贡献小就拿得少，不仅公平公正，而且员工有动力，公司也没有压力，因为是员工自己挣奖金，而不是分公司的奖金。”

“获取分享制”是指任何组织与个人的物质回报都来自其创造的价值和业绩，作战部门（团队）根据经营结果获取利益，后台支撑部门（团队）通过为作战部门提供服务分享利益。华为的“获取分享制”有几个特点：第一，强化后台对前台一线的支撑力度，加强前后台岗位配合和流程效率提升，实现前后台业绩挂钩；第二，增加薪酬弹性，将员工利益与个人价值实现和贡献产出合理衔接，提高激励的有效性；第三，导向对客户需求的满足和客户体验的提升；第四，实行“自下而上”的激励方式，倾向对基层业务单元的直接激励。

“获取分享制”是分配公司利润的方式，那么实行该制度的一大前提就是“蛋糕”够大，有足够的利益可分。因此，经营单元必须保证盈利，才能保证能分到“蛋糕”，这促使作战单元能更大程度地努力达成目标。华为通过“获取分享制”牢牢抓住员工的心，让员工有动力、持续不断地为公司做贡献。

正如任正非所言：“所有细胞都被激活，这个人就不会衰亡。拿什么激活？血液，也就是薪酬制度。”因此，企业要在建立合理薪酬制度上下功夫，以此解决员工的物质饥饿感。

2. 采用末位淘汰来应对安全感

1995 年，华为首次提出末位淘汰的思想，其目的是用来挤压队伍、激活组织。从 2011 年开始，华为实行末位淘汰的目的开始转变，其目的变成“为了选拔将军”，让先进者更先进。

2019 年 6 月 18 日，任正非在干部管理工作汇报会议上指出：

“主官、主管一定要实行每年 10% 的末位淘汰，迫使他们自我学习，科学奋斗。下岗的管理干部一律去内部人才市场重找工作机会。实在需要向下安排岗位的，一定先降到所去岗位的职级，并继续考核不放松。

“专家一定要通过‘以考促训’提高自己的能力，不断地通过循环考核、考试，在实践中做出贡献再给予评价。循环考核、考试要区别使用，并合理淘汰。

“专业人士主要做好自己的本职工作，对过程负责，不对结果负责，准确、及时、认真地服务，实行绝对考核，不进行相对考核，不实行末位淘汰。”

值得注意的是，华为的末位淘汰制度并非裁员的手段，而是作为长期执行的激活机制来鞭策员工时刻保持饱满的工作激情。华为推行末位淘汰制，重点并不是放在“淘汰”二字上，而是强调“末位”二字，给那些长期工作状态不佳，绩效评价处于落后水平的员工提个醒，催生他们的危机感。

3. 用非物质激励来激发员工成长的愿望和野心、成就感和使命主义

物质激励是最基础、最直接的激励方式，但是在员工的物质需要得到满足后，非物质激励的重要性就越来越突出。华为非物质激励的方式主要有机会激励和荣誉激励两种。

在机会激励上，华为强调：在机会面前，人人平等。华为对人才的使用不看背景、不看资历、不看年龄，而是以能力论英雄。对此，华为提出“三优先”政策：第一，优先从优秀的团队中选拔干部，即出成绩的团队，要出干部；第二，优先选拔责任结果好、一线及在海外艰苦地区工作的员工，进入干部后备队，并给予重点培养；第三，优先选拔责任结果好、有自我批判精神、有领导风范的干部去担任各级一把手。

在荣誉激励上，任正非强调：“非物质激励应该让多数人变成先进，让大家看到机会，拼命去努力。如果只有少数人先进，被孤立起来，其实他内心是很恐惧的。”华为的非物质激励多种多样，其覆盖面也很广。华为每年会以各种各样的名目对员工进行表彰，如公司金牌奖、产品线总裁奖、部长奖/行业奖、明日之星奖、奋斗奖等。

任正非说过:“公司能依靠的，只有员工。所以，公司一定要对得起每一个在此奉献青春和汗水的工作者，让每一个人都分享到公司的成功。”华为用精神激励，激发员工的使命感和责任感，驱使他们长期作战。

事实上，不只是华为，亚马逊、脸书、阿里巴巴、京东、腾讯等优秀企业都建立了完善的员工激励机制，但各有不同。因此，在设计员工激励机制时，不能直接照搬套用。企业要从自身经营管理实际出发，准确分析员工欲望的不同层次需要，进而针对性地选择合适的激励措施。

2.5.3 建设能“打胜仗”的人才团队

员工能力是打造组织能力的三大支柱之一。组织战略的实现离不开一支能“打胜仗”的人才团队。建设能“打胜仗”的人才团队首先要选对人才，其次要培养人才。

1. 选对人才

打造员工能力的第一步是要选对人才。要如何选对人才呢？最有效的方法就是构建高质量的能力模型，明确员工胜任工作、实现企业战略目标所需要的知识、技能和素质。

【管理研究】能力模型的定义

能力模型又称素质模型、胜任力模型或资质模型，它描述了员工要实现企业整体战略目标所必需的知识、技能和素质配置。能力模型包括通用素质模型、领导力模型、专业胜任力模型等。

企业在发展过程中，随着战略的不断调整，所需的组织能力也会发生变化，进而会对员工能力提出新的要求。因此，能力模型的构建需要紧跟企业战略、组织能力要求。

徐福记成立于 1992 年，专注于生产经营糖果、糕点、沙琪玛、巧克力及果冻布丁等糖点休闲食品。徐福记自 1998 年以来在国内糖果市场上的销售额和市场占有率一直领先，曾经连续 17 年稳居销售第一的宝座，是名副其实的“糖果大王”。突破了国内市场后，徐福记将目光转向海外市场。但是在进军海外市场的过程中，徐福记在西式风味产品研发上的短板不断显现。为了突破这一障碍，徐福记有意寻找合作伙伴。2011 年，徐福记被雀巢收购。此后，徐福记借助雀巢的力量，开始了国际化发展之旅。

企业转型对员工能力提出了新的要求。为此，徐福记从领导力管理出发，着手修订领导力模型。转型前，徐福记对领导力的要求强调高效执行，侧重个人领导力和专业能力。转型后，徐福记更加希望领导者聚焦外部环境，勇于创新，抓住机遇，培养人才。为此，徐福记提出包括“积极参与竞争并加强与外部的联系”“指引成功”“管理注重结果”“培养人才和团队”“内部协作”“创造不同”六项能力的领导力模型。

构建能力素质模型是企业选对人才的起点。那企业又该如何构建能力素质模型呢？

【管理研究】能力模型构建的方法和流程 [1]

杨国安教授指出，构建能力模型常见的方法有四种：第一种，由人力资源团队通过头脑风暴提炼；第二种，由外部咨询顾问操作；第三种，高级主管之间通过头脑风暴提炼；第四种，由外部有经验的咨询顾问主持，高级主管参与，并配以已被验证的能力模型字典进行提炼。其中，第四种方法的有效性和接受度最高。

杨国安教授进一步指出，在运用第四种方法构建能力模型时，可以遵循以下流程：

第一步，行为事件面谈。运用行为事件面谈法对公司各层级优秀主管和员工进行访谈。

第二步，编辑公司能力字典。对面谈结果进行整理和提炼，编辑成能力

1 杨国安. 组织能力的杨三角：企业持续成功的秘诀 [M]. 2 版. 北京：机械工业出版社，2015.

字典。在编辑能力字典时，要结合企业具体情况。

第三步，能力的确定。组织召开研讨会，让高级主管分组讨论，结合企业的战略规划和组织能力要求，参照能力字典，提炼四至八项关键能力，并明确针对各项能力的可观察、可衡量的行为指标。

第四步，正面与负面的行为例子。研讨会后，进行焦点小组访谈，明确针对各项能力和行为指标、各层级的典型正面和负面行为例子，作为360度评分的参考。除了正面与负面的例子，也可以提供分层次的行为描述。

能力模型可以应用在招聘、培训、绩效考核、接班人计划等多个方面。构建了能力模型，明确了人才标准，企业就可以针对性地培养人才了。

2. 培养人才

要建设能"打胜仗"的人才团队，就要建立有效的人才培养模式，让人才能力紧跟业务发展需求。为提升人才培养效果，企业要基于能力差距开展人才培养，在明确员工的能力素质与岗位的任职要求差距的基础上，针对这些差距打造全面的能力提升计划，如图2-10所示。

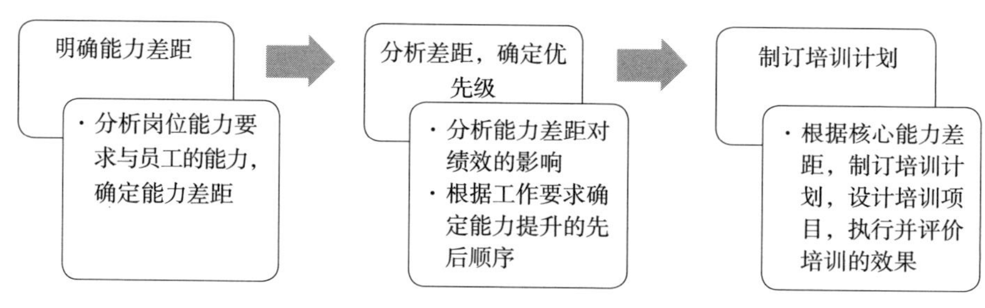

图2-10　基于能力差距开展人才培养

要找准培训需求。企业建立的能力模型体现了各层级优秀主管/员工的知识、技能和素质特征等。对比岗位的能力模型及员工的实际情况，能够识别出有潜力的可培训对象及他们的能力差距，准确定位培训需求。在明确培训需求之后，就可以针对性地设计培训计划和培训项目，有的放矢地弥补员工的短板和不足。

笔者团队曾给某乳业集团（Y 公司）做过一线办事处经理的赋能培养咨询。为了强化一线办事处经理带兵打仗的能力，以一线领导力驱动组织发展，Y 公司计划为办事处经理系统赋能。笔者遵循基于能力差距开展人才培养的思路，分步有序地展开了咨询服务。

第一步，明确办事处经理的岗位胜任力要求，建立办事处经理岗位任职能力模型。在建立岗位任职能力模型时，我们首先依据办事处经理的岗位职责，从 Y 公司业务战略中提取与岗位职责对应的业务场景，并依次对各个业务场景进行梳理，以此明确办事处经理的关键工作任务。其次，以关键工作任务为依据，系统调研绩优人员，萃取组织经验，挖掘高绩效行为。最后，将高绩效行为解码为办事处经理胜任的素质、能力，并将其融合进办事处经理岗位任职资格中，形成办事处经理岗位任职能力模型，如图 2-11 所示。

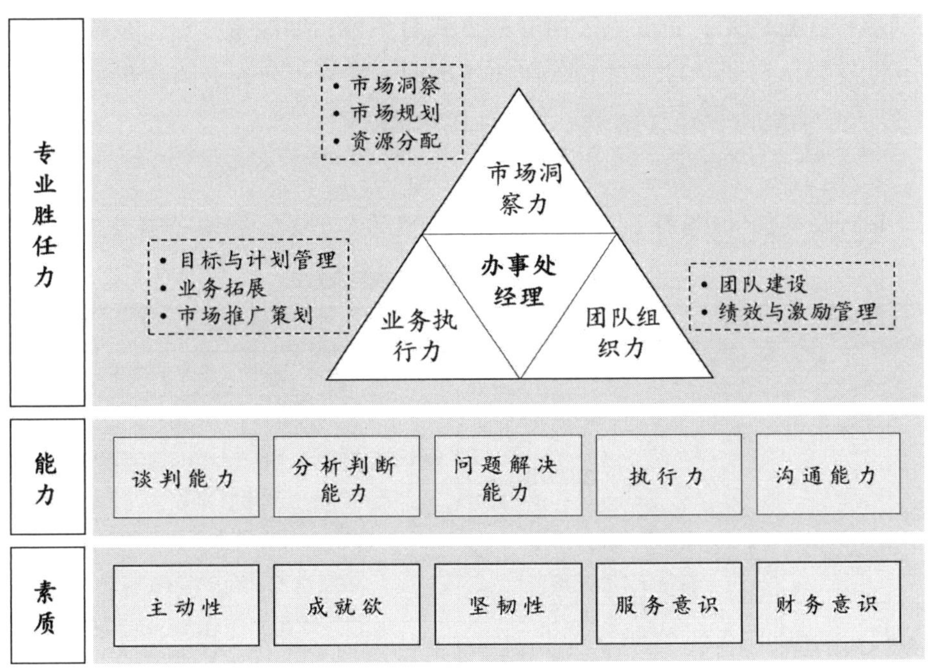

图 2-11　办事处经理岗位任职能力模型

第二步，结合办事处经理岗位任职能力模型，展开能力测评，确定办事处经理的能力差距。我们通过问卷调研、一对一深度访谈、专业测评工具等多样化的方式，全方位测评了办事处经理的能力，系统地识别了办事处经理的能力差距。

第三步，根据业务需求，确定亟须提升的核心能力，建立学习地图，制订培养计划，展开针对性培养。在此次咨询服务中，我们一是给Y公司设计了包括工作任务、任职资格、学习内容、学习管理、成长管理、资格认证等内容的学习与发展体系，二是针对办事处经理需要提升的核心能力定制开发了包括目标与计划管理、绩效与激励管理、经销商管理、角色任职、营销训战等模块的课程，并组织资深导师对办事处经理进行了系统赋能。

此次Y公司的办事处经理人才赋能项目最终取得了很好的效果。我们也因此得到了Y公司的极大认可，并以此牵引了后续多年的持续合作。双方建立了战略合作关系。

值得注意的是，企业人才培养的方式有多种，如课堂学习、在线学习、360度反馈、行动学习项目等。在选择培训方式时，要充分考虑培训内容和培训方式与培训对象的适配性，以增强培训效果。

IBM公司在人才培养上，就设计了分层分类的人才培养项目，如表2-7所示。

表2-7　IBM公司人才培养项目及方式

层级	培训项目	培训方式
基层员工	领导人基础培训	个性化学习＋辅助式学习＋教练式辅导
	领导人准备项目	在线学习＋线下课程
	明日之星领导力发展课程	商业模拟课程＋个性化学习＋学习实验室＋高级主管分享
新经理	新领导人基础培训	360°领导力问卷＋学习实验室
	新领导人快速培训	在线学习＋两天学习实验室
经理人的管理者	领导力发展模块	辅助式学习＋PARR行动学习
	针对中层经理的战略匹配模块	两天学习实验室

其中，PARR行动学习包括四步，分别是准备（Prepare）、实践活动（Act）、自我反思（Reflect）和分享回顾（Review）。“准备”包括进行实践活动必要的知识和技能准备；“实践活动”则是指根据任务设计有步骤地开展工

作;“自我反思”是对实践中的行动及其背后原因进行自我思考,并及时记录心得体会,加深对所学知识和技能的理解;“分享回顾”是指与导师或团队成员一起回顾行动并发表各自看法,从他人的见解中收获经验和辅导,让既有的学习经历得到升华。

PARR 为在岗员工的学习提供了一种简单、易操作的结构化任务说明,能够有效提高人才培养效率。

人才的培养与发展,尤其是关键人才的培养,是让个体素质能力与组织岗位要求更加匹配的过程。基于员工能力与岗位要求的能力差距来培养人才,能有效促进人岗的能力匹配,进而促进组织整体能力的提升。

第 3 章 业务价值链

战略决定着价值创造活动的组合模式和流程的价值增值方式。企业需要通过有效规划价值创造活动，把握各类活动的驱动要素，逐层分解价值实现过程，设计流程体系，以系统的流程去承载战略的落地。

3.1 价值链与流程体系

迈克尔·波特认为:“把企业的业务流程描绘成一个价值链。只有对价值链的各个环节(业务流程)实行有效管理的企业,才有可能真正获得市场上的竞争优势。”因此,业务流程规划的前提是要理解企业价值链。

3.1.1 企业内部价值链与外部价值链

任何企业都是以为客户创造价值为宗旨的,而企业的价值创造是通过一系列活动构成的。通过这些互不相同又相互关联的生产经营活动,企业源源不断为客户提供产品与服务。价值链则是企业价值创造活动的集合体。

【管理研究】价值链的定义

1985年,哈佛大学商学院教授迈克尔·波特提出价值链的概念。迈克尔·波特认为:“每一家企业都是在设计、生产、销售、发送和辅助其产品的过程中进行种种活动的集合体。所有这些活动可以用一个价值链来表明。”

企业价值链包括内部价值链和外部价值链(见图3-1)。迈克尔·波特指出:“从企业角度看,将自身价值链置于更大的产业及社会价值创造体系或价值网络之下,可以设计、安排顾客价值实现的外部价值链,主要包括外部要素、资源的供给链和下游分销、零售(或直销)的渠道链。”

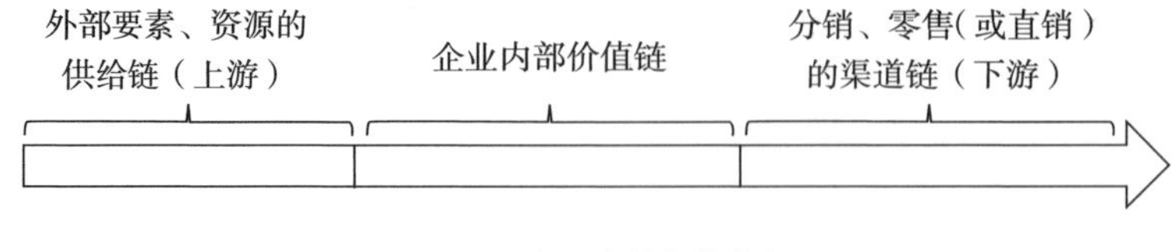

图3-1 企业内外部价值链

迈克尔·波特强调:“在特定产业中,企业的价值链深藏在一个更大的活动群中，我们称之为‘价值系统’。”换句话说，企业价值链是处于一个产业及社会价值创造体系或价值网络之中的。基于这样的视角，企业可以界定企业内部价值链在从上游至下游全产业链中的位置。但是，在价值链上，各环节的利润空间表现出明显的不均衡性，如图 3-2 所示。

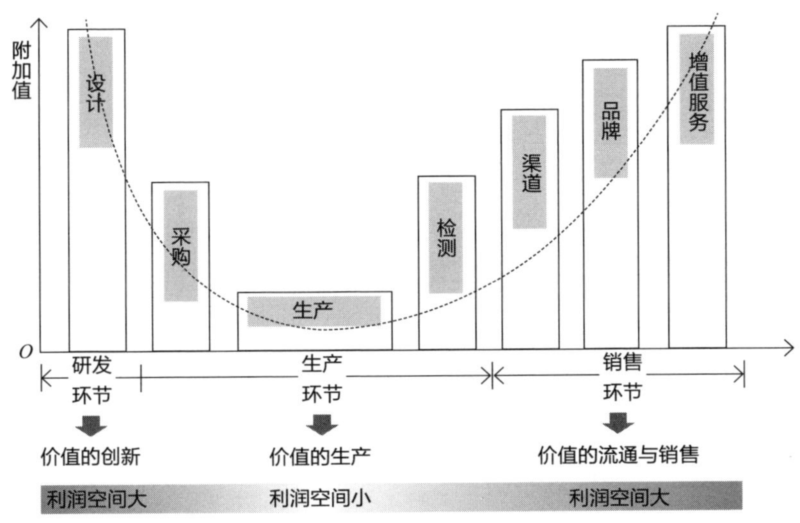

图 3-2　价值链增值的微笑曲线

在整条价值链中，研发环节和销售环节的附加值较高，而生产环节的附加值最低，处于微笑曲线的最低处。这体现在现实中就是，从产业分工的角度来看，生产企业利润微薄，产品研发和销售企业获利丰厚；从企业员工收入的角度来看，生产工人工资最低，研发、销售员工工资最高。

这就意味着，企业需要界定自身适宜的价值链长度，即在从上游至下游的全产业链中，自己应处于产业价值链上的哪个位置，划定经营活动的范围。

多年来，苹果手机始终在全球最畅销的手机排行榜上名列前茅，虽价格不菲，却风靡全球。然而，如此畅销的苹果手机却并不是苹果公司自主生产的。苹果公司的运营采用的是“微笑曲线”价值创造模式，并选择了价值最丰厚的价值链两端，着眼于构建产品设计、品牌建设、营销渠道、客户管理等方面的软实力资产，而把自身不具备优势且难以管理的业务环节运营外包给了合作伙伴。例如，苹果公司将手机的加工生产外包给富士康等代工公司。这样一来，苹果公司降低了库存水平和固定资产投入，减少了自身投资和管理成本，同时又获得了较高的利润空间。有数据显示，苹果公司的毛利率接近40%，而富士康的毛利率却只有几个百分点。

事实上，苹果处于价值链顶端，利润空间较大；富士康以代工起家，处于价值链低端，利润空间相对小。但是，这都是各企业综合考量个体因素与市场因素之后的抉择结果。

对大多数企业而言，因技术快速发展、市场竞争、行业壁垒、趋势发展等诸多因素的限制，其业务往往只能定位于全产业价值链上的一个或几个环节，而难以全方位兼顾。所以，明确自己适合站在价值链上的哪个环节，这是最为重要的考量因素之一。

3.1.2 价值链与商业模式分析

价值链是价值创造活动的组合，也是一种商业模式。所谓“商业模式”主要是指客户价值的定义、传递、获取的整个过程。国内知名管理咨询专家施炜认为，商业模式是价值与收益的对称，如图 3-3 所示。

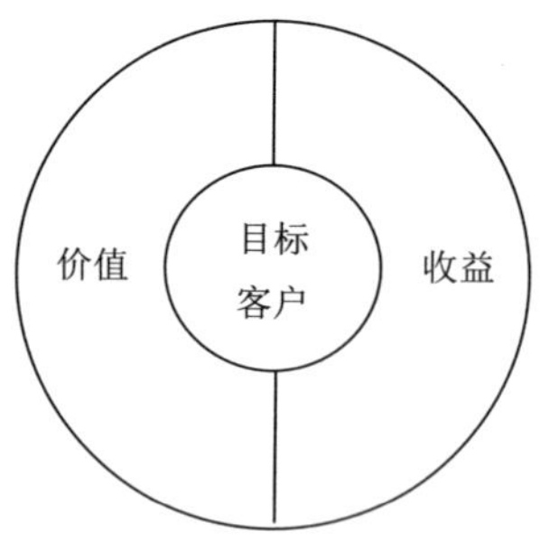

图 3-3 商业模式的结构[1]

施炜指出，在价值板块中，包括目标市场选择、客户价值定位（主张）、价值生成机制、价值流以及价值网络等要素。在收益板块中，包括收入模

1 施炜. 管理架构师：如何构建企业管理体系 [M]. 北京：中国人民大学出版社，2019.

式、定价方式、现金流途径、成本结构、资源投入等要素。其中，价值板块就是价值链的内容。他还综合当下企业的实践，将商业模式概括为三种类型：纯价值链型商业模式、用户资源型商业模式和平台型商业模式。

1. 纯价值链型商业模式

在这种商业模式下，企业通过价值链运动，为目标客户提供价值，进而获取收益，如图 3-4 所示。选择这种商业模式的企业以生产制造型企业为多。

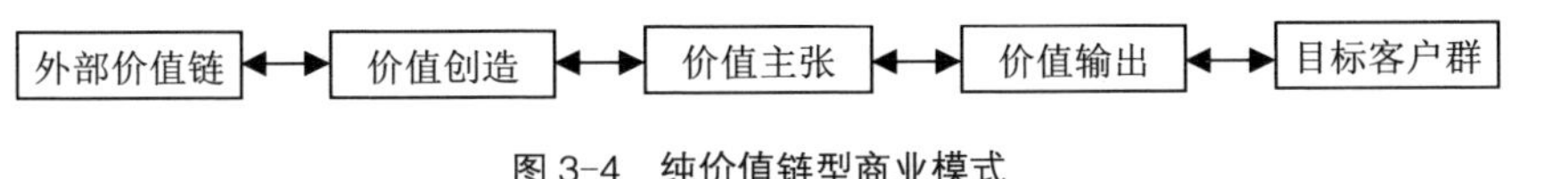

图 3-4 纯价值链型商业模式

2017 年，一代鞋王百丽宣布以 531.35 亿港元的估值在香港联合交易所正式退市。2020 年 8 月，达芙妮宣布退出实体零售。在鞋制造业发展面临寒冬时，大东鞋业却强势逆袭。如今，大东鞋业在全国拥有门店 9000 多家，一年销售额达 50 亿元。大东鞋业鞋的平均价格不到百元，它到底怎么赚钱呢？大东鞋业内部实施的是“7 天快时尚”的商业模式：去中间化、从设计到上架共 14 天、一站式购物和零库存运作，实现了以商品计划驱动的全渠道商品价值链。其价值链自上而下如图 3-5 所示。

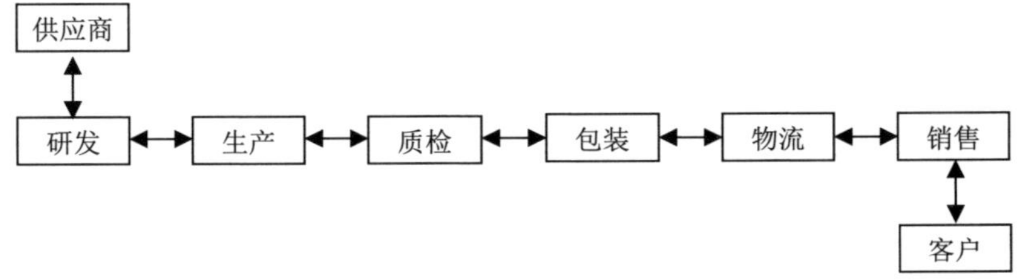

图 3-5 大东鞋业的价值链结构

在整条价值链上，供应商以上的部分实为外部价值链，与企业内部价值链发生衔接。从研发到物流，为价值创造过程。从销售到客户，为价值输出过程。销售环节既是价值输出端，同时也是客户需求输入接口端。

2. 用户资源型商业模式

这种商业模式通过连接机制（网络、社群、线下现场等）为客户提供初始价值、积累客户资源，并在此基础上延伸产品服务种类、扩大价值范围，从而获取多元收益，如图 3-6 所示。为了吸引流量，企业最初会通过免费或超低价格策略，来给客户提供价值。

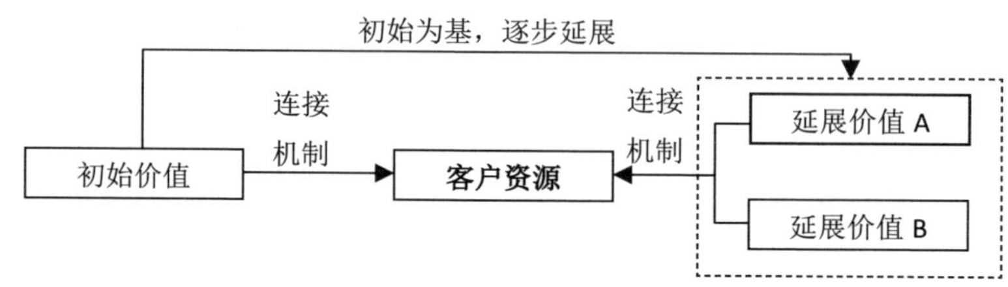

图 3-6　用户资源（流量）型商业模式结构

快手诞生于 2011 年 3 月，最初是一款用来制作、分享 GIF 图片的手机应用。2012 年 11 月，快手从纯粹的工具应用转型为短视频社区，用于用户记录和分享生产、生活的平台。快手就是通过网络、社群等连接机制吸纳用户流量、积累用户资源的，然后在这些用户资源的基础上，提供延展服务。2020 年，快手应用的平均日活跃及月活跃用户数分别为 2.646 亿人及 4.811 亿人。

这种用户资源型商业结构含有多条价值链。在价值链的前段中，企业以初始价值吸引客户流量，积累客户资源。在价值链的后段中，企业以初始积累资源为基础，为客户提供延展性价值的产品或服务，并积累更多用户资源。而一个用户资源集合体往往是若干价值链的集合。所以，这种商业模式也适合使用价值链分析逻辑，去规划价值活动和流程系统。

3. 平台型商业模式

这种商业模式具有明显的服务属性，主要是通过服务平台，向多类客户群体提供服务。在复杂的平台型商业模式下，平台上聚集并相互发生联系的客户群体可能达到数十个。一般而言，客户群的种类越多，平台模式就会越接近生态模式。

在这类商业模式中，常见的平台包括四类，如表 3-1 所示。

表 3-1　常见的平台类型与示例

平台类型	举例
有形或无形的基础设施	高速公路、通信管道
平台型商业服务设施	线下购物中心
电子商务服务平台	软件商店、网络购物平台
互联网和移动互联网平台	操作系统、浏览器、社交网络、门户网站等

在这种模式下，平台与任何一个客户群之间的关系都是价值关系，都是以价值链方式为客户创造价值的。以线下购物中心为例，它是集合多条价值链运作的，价值链包括了为客户服务的价值链、为入场商家服务的价值链、为广告商服务的价值链等多条价值链。因此，选择平台型商业模式时，仍然要以价值链为基础来选择价值创造活动和规划流程细节。

3.1.3　商业模式与流程体系建设

哈佛商学院克莱顿·克里斯滕森教授曾说，商业模式是一个创造和传递客户价值和企业价值的系统。也就是说，商业模式的关键要素应转化为：围绕客户价值主张，建立持续优化的流程系统，围绕各类资源，实施科学的管理体系建设。

1. 客户价值主张：商业模式的核心

从传统意义上讲，企业的价值主张往往偏于功能型价值主张，注重产品和服务带来的功能性体验。一些企业常陷入这样的误区："只要产品够好、服务够完善、技术能力够强大，那么就一定会有客户来买单。"而事实上，企业的产品最终却卖不出去。这是为什么？因为，客户不需要这个产品，或者企业未能让客户认识到自己需要它。所以，企业应当更深刻、更准确地定位客户价值主张。

华为的核心价值观第一条是以客户为中心。在华为人的眼中，业务驱动就是市场驱动，市场驱动就是客户驱动。基于产业价值链，以客户需求为驱动，华为将自身定位为通信设备领域的系统集成服务商与量产型公司，为客户提供有竞争力的端到端通信解决方案，并围绕通信设备领域的整个产品生命周期形成完整的产品线；公司的盈利模式主要依靠通信设备的整个产品生命周期赚钱。即使现在华为已经成长为全球领先的ICT基础设施和智能终端提供商，但是依旧坚持以客户需求为驱动，通过为客户提供智能与安全可信的ICT解决方案，帮助客户创造价值。

一般而言，企业的竞争优势来源于出色的、有价值的、创新的客户价值主张。所以，企业要明确客户遇到的现实问题和实际需求，提出解决方案，再从客户价值角度去判断解决方案的合理性。

2. 以流程创新和管理体系建设保障商业盈利

在企业实践中，流程与管理体系建设一直是许多企业的软肋。部分企业领导过于仰仗个体能力和权威，而忽视了流程与管理体系建设，进而导致企业内部臃肿、节奏缓慢、人浮于事、产品质量不达标等诸多问题。企业即使有大资本力量的加持，也很难走得更远。

而科学、合理、可持续发展的流程体系，可以保障企业战略和盈利模式得以落地和贯彻，保证企业执行力和创造力。所以，优秀的、与时俱进的流程体系和管理体系被视为企业商业成功的重要保障因素。

"以客户为中心"的核心价值主张在华为由来已久，而"以客户需求为驱动"更是这一主张的核心立足点。为了保障商业盈利，华为从1995年开始一直围绕客户价值主张，在内部推行流程体系变革，致力于建立覆盖全业务的流程体系，如表3-2所示。

表3-2 华为的业务流程变革历程

时间	业务流程变革
1995 — 1998年	基于ISO9002标准开始建设流程标准体系，涵盖生产、市场和采购等业务；基于ISO9001标准建设中研及管理工程；ISO9000规范化管理的思想运用到了行政、基建、财务等支撑性业务
1998 — 2001年	从1998年下半年开始，公司逐渐开始构建未来端到端的流程体系；2001年，IPD V1.1 30%推行，ISC流程开始建设，MRP Ⅱ（制造资源计划）系统实施

续表

时间	业务流程变革
2002 年	IPD V2.0 100% 推行，ISC 流程开始推行
2005 年	IPD V5.0 实现 IPD 核心流程与 MM（市场管理）、OR 以及主要使能流程（如 MPP）、定价等的衔接
2006 年	借鉴业界最佳实践设计业务流程架构；优化文档中心，树立公司现有流程文件；梳理端到端交付流程
2007 — 2008 年	IFS 体系建设，CRM（客户关系管理）体系建设，EA（智能交易系统）建设，流程集成
2009 年	IFS 项目推行，CRM 小范围验证，PO 打通方案试点落地，BPM（业务流程管理）上线使用
2010 年	LTC 试点推行，BTMS 体系构建，GPMS 体系构建
2011 年	LTC-S1 全面推行，LTC-S2/ LTC-S3 建设与试点，IFS Wave2 建设
……	……

在流程变革之余，华为还坚持管理创新，改善管理效率。对此，任正非强调："要通过持续不断地进行管理变革，建立起'以客户为中心，以奋斗者为本，以生存为底线'的管理体系。"

企业要想在未来一段时间里培育和保持企业的资源优势，就需要在流程体系顺畅的基础上，搭建良好的管理体系，让资源在合适的位置被充分应用，保障资源配置的高性价比，进而实现商业盈利目标。

3.2 价值创造活动分析

在战略导向型企业中，企业所有价值创造活动都是在企业战略的指导下进行的。流程体系的设计离不开企业价值创造活动的层层解析。那么，到底什么是企业价值创造活动呢？

3.2.1 价值创造活动的分类

在迈克尔·波特的价值链理论中，企业价值创造活动被分为基本活动（价值创造活动）、支持活动（支持价值创造活动）。其中，基本活动是指那些涉及产品实体的创造、分销、配送以及售后的支撑性与服务性活动；支持活动则是指那些让基本活动得以顺利进行的活动。如图 3-7 所示。

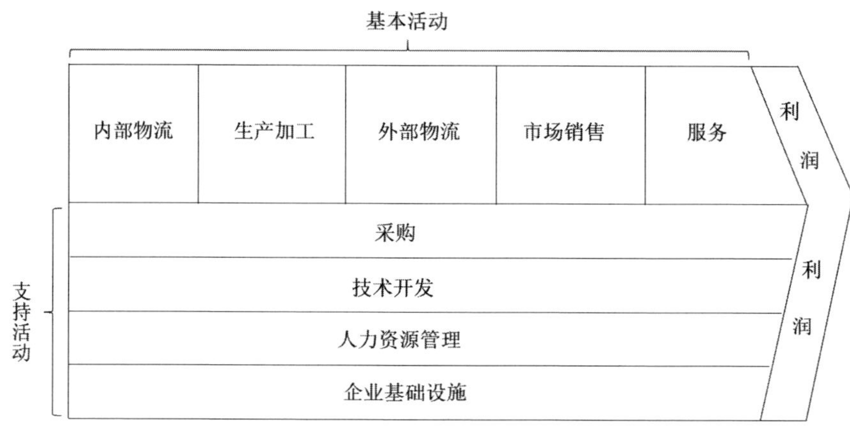

图 3-7 企业价值链模型

1. 基本活动

根据迈克尔·波特的价值链理论，基本活动包括内部物流、生产加工、外部物流、市场销售、服务五大部分，如表 3-3 所示。

表 3-3 基本活动的分类

活动类型	说明
内部物流	接收、存储和分配的相关活动，如原材料搬运、仓储管理、库存量控制、车辆调度等
生产加工	将投入品转化为最终产品形式的相关活动，如机械加工、部件组装、产品包装、设备维护与检修、外观印刷、设施管理等
外部物流	与集中、存储和将产品发送给客户有关的各种活动，如产成品库存管理、原材料搬运、送货车辆调度等
市场销售	提供客户购买产品的方式和引导客户购买的相关活动，如广告推广与促销、销售组织、渠道选择、渠道关系、产品定价与报价等
服务	提供服务以增加或保持产品价值的相关活动，如安装、维修、培训、零部件供应等

2. 支持活动

根据迈克尔·波特的价值链理论，支持活动包括采购、技术开发、人力资源管理、企业基础设施四大部分，如表 3-4 所示。

表 3-4　支持活动的分类

活动类型	说明
采购	购买用于企业价值链各种投入的活动，既包括对生产原料的购买，也包括与支持性活动相关的购买行为（如研发设备的采购等）
技术开发	每一个价值活动都涉及的技术——无论是在技术诀窍、程序，还是在改善产品和工艺中，都会体现出的技术
人力资源管理	包括各种涉及所有类型人员的招聘、雇佣、培训、开发和酬劳等各种活动。人力资源管理对基本活动和支持性活动起到辅助作用，并支撑着整个价值链
企业基础设施	包括总体管理与计划、财务、会计、法律、质量管理等活动

迈克尔·波特认为，每一项主要活动都会涉及采购、人力资源和技术开发的组合。由此可见，这三项支持活动是嵌入基本活动之中的。“技术开发”中的技术，主要指各项主要活动所涉及的基础性、平台性技术，以及工艺技术、设备技术等。而他这套价值创造活动分类理论的提出，也使人们认识到：企业各种价值创造活动的目的、属性和特征都是有所差异的，必须予以区别对待。

在迈克尔·波特理论的基础上，一些学者对企业价值创造活动提出了新的分类，同时揭示了各类活动之间的逻辑关系，并且结构化地表达出来。表 3-5 是施炜在《管理架构师》一书中对迈克尔·波特价值链理论做出改进之后提出的四种价值创造活动。

表 3-5　四种价值创造活动[1]

价值创造活动类型	定义	细化分类
牵引性活动	牵引着企业业务运行、发展方向并控制着企业业务过程的各类管理活动	战略管理 年度计划与预算管理
增值性活动	企业创造特定业务价值时依循的主流程和其中最为重要的业务活动内容，也称“价值流”	价值流

1 施炜. 管理架构师：如何构建企业管理体系 [M]. 北京：中国人民大学出版社，2019.

续表

价值创造活动类型	定义	细化分类
要素性活动	人才资本、资金、技术是创造客户价值时所必需的三大要素，也是企业能力基础中最为重要的组成构件	人力资本流 资金流 技术流
支持性活动	支持增值性活动和要素性活动开展的各种管理类活动和业务类活动，具有服务属性	信息流 财务管理 风险控制活动 公共关系管理 行政事务管理

注：在表中，称作“流”的，大多属于业务活动，即直接为顾客创造价值的活动。称作“管理”的，主要属于管理活动，即对业务活动进行计划、协调、组织、控制及领导的活动。

总体而言，各种企业价值活动以不同的功能，发挥着不同的属性，共同支持着企业价值的最终输出。当然，不同的企业价值活动会形成截然不同的经济效果和价值收益，即便是活动与活动之间的关联也会对企业发展形成不同程度的影响。所以，企业应对所处行业及企业自身状况有系统而深入的认知，并区分各种价值活动，权衡利弊、合理取舍，最终对企业价值链上的价值创造活动进行组合安排，从而保障企业价值链上都是具有战略意义的价值创造活动。

3.2.2 价值创造活动的指向

要想确保企业价值活动符合价值目标要求，那么企业在流程设计和优化时，就必须确保其活动切实指向预先设定的价值目标。

根据施炜先生的价值创造理论，价值创造活动应当共同指向三重价值目标，分别是客户价值、企业价值、人力资本价值。

【管理研究】施炜提出的价值创造活动的三重价值目标

第一重价值是客户价值，以客户的价值盈余（客户获得的价值与客户付出的代价之差）来衡量。美国西北大学教授菲利普·科特勒（Philip Kotler）

将客户的价值盈余称作客户认知价值或客户转移价值。

第二重价值是企业价值，通常以资本市场上的市值来衡量（即使不是上市公司，基本上也能估值，有多种方法和模型）。

第三重价值是人力资本价值，主要以员工的平均总收入（月度 / 年度）等来衡量。

在这三重价值中，客户价值是具有前提性和首要性的价值。如果企业价值目标偏离了客户价值，那么其企业价值和员工价值也将不会持久存在。而企业价值和员工价值之间的优先级则基本相同——企业不能将员工简单地视作获取利润的工具和手段。

“以客户为中心”一直都是华为坚守的核心价值观。华为内部一直强调“深淘滩、低作堰”的思想。就像任正非说的:“华为还是深淘滩，低作堰，就是我们不想赚很多的钱，我们只要薄薄的利润，多余的‘水’留给客户与供应商。多余的‘水’留给客户，客户和供应商就可以养更多的‘鱼’，从而赚取更多的利润。客户的利益链保证了，华为就有赚不完的钱。”多年来，华为价值创造活动的首要目标就是对准“为客户创造价值”。

在这样的前提下，华为的企业价值也节节攀升。2020 年，在内外部环境的双重压力下，华为实现营收 8914 亿元人民币，净利润 646 亿元人民币，相当于每天盈利 1.77 亿元人民币。有专家通过市盈率估算，华为的市值在 1.9 万亿元到 2.58 万亿元之间。与此同时，华为坚持“以奋斗者为本”，在内部推行员工持股计划。2020 年 6 月 29 日，华为发生工商变更。相关数据显示，任正非个人的持股比例从 0.94% 降至 0.88%，工会的持股比例则从 99.06% 增至 99.12%。通过实施包含员工持股计划在内的激励措施，华为的人力资本价值也得到了坚实的保障。

事实上，我们从诸多优秀企业在员工持股计划以及各种分享模式的成功探索来看，企业价值与员工价值之间发生交集的区域面积势必越来越大。而且，客户也会逐步成为企业的股东，一起分享企业经营所获得的利益，客户价值和股东价值会逐渐形成和谐统一的状态。

3.2.3 战略导向下的价值创造活动

迈克尔·波特指出，一个企业要想长期占据竞争优势，主要取决于其内部价值链状态，以及企业在行业价值链上所处的位置。值得注意的是，企业内部的任何价值创造活动都有战略意味。也就是说，价值创造活动是企业战略的体现。

2010 年成立之初的小米，是一家专注于高端智能手机自主研发的移动互联网公司，主营小米手机、MIUI、米聊三大核心产品。小米成立时，智能手机市场已然竞争激烈。与苹果公司等老牌公司相比，小米在品牌、技术、人才等各方面均有很大差距。为了在手机市场中占领一席之地，小米采取成本领先的竞争战略，主攻中低端市场。小米的成本领先战略也体现在价值创造活动的方方面面。在生产环节，小米将手机硬件生产外包给富士康、英华达等公司。在销售环节上，小米起初没有实体零售店，主要借助电商平台进行销售，有效降低成本。在研发环节，小米也充分利用“发烧友”互动、线上论坛等形式，让消费者参与价值创造过程，以此吸收设计、创新、迭代的灵感。与消费者共创的产品研发模式，也有效促进了小米研发成本的控制。

如今，小米的战略定位已从智能手机研发延伸到布局小米生态上。被称为“小米生态链之父”的刘德，从 2014 年开始把小米做手机成功的经验复制到其他行业中。于是，小米从手机切入，到手环、移动电源等周边产品，再到电视、电饭煲、空气净化器等家电，再到牙刷、毛巾等日常消费用品……打造出一个小米特有的生态链，对物联网提前展开布局。在此背景下，小米的价值创造活动也在不断延伸和扩展。

通过小米公司的案例，我们可以发现：企业的战略定位能在价值创造活动中得到清晰体现。此外，企业内部的价值创造活动是战略落地执行的重要指引。迈克尔·波特强调：“在企业组织的诸多价值活动中，并非所有环节都在创造价值，而是只有部分特定价值活动才会真正创造出价值来。这些真正创造价值的活动，被人们视为价值链上的‘战略环节’。企业要保持竞争优势，实际上就是在价值链上的某些特定战略环节上获得优势。”价值链上的“战略环节”也是战略执行的关键控制点。

3.3 深刻理解流程

流程是由一系列价值创造活动组成的，是传递给客户并最终作用于市场的价值流通渠道。为保障商业盈利目标的实现，企业必须建立一套分层分类的流程体系。

3.3.1 用合理流程实现价值目标输出

企业的静态组织不会产生任何价值。要想创造价值，就必须使用科学合理的流程。

1. 不合理的流程导致价值流失

流程设计无法满足业务需求，是企业流程运作中出现价值流失问题的一个重要原因。一旦流程设计不当，势必会导致流程运作中的价值流失。

以笔者的一次用餐经历为例。一般来说，商场的餐厅会给顾客发放免费停车券，凭此券即可免去顾客在商场的停车费用。笔者曾在一家餐厅用餐，用餐前服务员会提前告知顾客餐厅可以提供免费停车券。用完餐后，当笔者一行人准备结账离开时，前台收银员表示停车券需前台先提供用餐记录给餐厅经理，餐厅经理审核后方可领取。在繁忙的用餐高峰，餐厅经理难以腾出时间立即审核用餐记录。因此，很多需要停车券的顾客只能花时间等待，这就造成很多顾客的不满。有顾客甚至表示以后再也不会来这家餐厅用餐。

案例中该餐厅仅仅因为停车券领取流程设计不合理，就导致了客户价值流失。对于流程业务要求更复杂的企业来说，更要对流程全方位管理，以此保证流程的合理性。

2. 用合理流程实现价值目标输出

合理的流程，不仅可以提高企业管理的规范化程度，帮助企业更好地为客户创造价值，还可以缩短流程处理时间，更好地均衡作业人员的负荷。可以说，企业可以用流程创造价值。

华为早期之所以能够实现快速增长，关键之一是靠着中国电信产业的发展红利。尽管业务增长迅猛，但是华为在产品开发上还存在很多问题，包括缺乏公司层面的书面研发计划、产品故障率居高不下、缺乏指导产品开发的标准流程、缺乏管理客户需求的有效方法等。

为了解决这些问题，华为向 IBM 学习，启动 IPD（集成产品开发）变革。在坚决推行 IPD 流程变革后，华为建立了一套适合自己的研发管理体系，将产品开发流程化、标准化。IPD 流程的确立让华为的产品开发周期从 2003 年的 84 周缩短至 2006 年的 58 周。与此同时，华为的产品故障率也从 2003 年的 10.4% 减少至 2006 年的 1.3%，客户满意度逐年提升。

不合理的流程是无法创造价值的，只有合理的流程才能创造出可观的价值。因此，管理者在流程设计之初，需要明确每条流程的价值所在，考虑各类流程价值活动的组合与设计是否合理，关注每一处细节的价值是否得到充分体现，这样才能避免在流程运作中出现价值流失的问题。

3.3.2 流程广度：流程分类

为了更好地设计流程体系，我们需要了解企业中常见的流程类型。通过对流程的分类管理，可以使流程管理工作更加清晰化、精细化。

【管理研究】流程分类

美国生产力与质量中心（APQC）自 1991 年开始研究开发流程分类框架。

2017 年，APQC 发布新版跨行业通用版流程总架构，其将企业内部的流程分为运营流程和管理与支持流程共 13 类。

其中，运营流程包括构建愿景与战略，开发与管理产品及服务，产品与服务的营销，交付实物产品，交付服务，客户服务管理六类。

管理与支持流程包括开发与管理人力资本，信息技术与知识管理，管理财务资源，获取、建造与管理资产，管理企业风险、合规、整治与持续性，管理外部关系，开发与管理业务能力七类。

APQC 既开发了跨行业通用版的流程分类架构，也开发了细分的行业版流程架构，企业可以根据实际情况进行对标。

APQC 流程分类通用模板只是提供了一种分类的参考。事实上，有关流程的分类方法有很多。例如，按与战略目标的关联度分类，可分为核心流程与非核心流程；按业务风险分类，可分为普通审批流程和审批绿色通道等；按功能特点分类，可分为管理类流程、业务类流程、辅助类流程等。

正确的流程分类有利于促进流程管理，提高管理效率。企业在进行流程分类时，还要根据组织和业务的具体情况，采取合适的分类依据进行流程分类。

华为将公司流程分为执行类、使能类、支撑类三类（如图 3-8 所示）。其中，执行类流程是客户价值创造流程，端到端地定义创造客户价值所需的业务活动，并向其他流程提出协调需求，包括集成产品开发、从市场到线索、从线索到回款、售后四个流程。

使能类流程响应执行类流程的需求，支撑执行类流程创造客户价值，包括战略制定到战略执行、客户关系管理等七个流程。

支撑类流程是公司基础性的一些流程，支撑公司高效和低风险运作，包括人力资源管理、财务管理、业务变革 & 信息技术管理、基础支持管理等四个流程。

执行类	1.Integrated Product Development 集成产品开发 2.Market to Lead 从市场到线索 3.Lead to Cash 从线索到回款 4.Issue to Resolution 售后
使能类	1.Develop Strategy to Execute 战略制定到战略执行 2.Manage Client Relationships 客户关系管理 3.Service Delivery 服务交付 4.Supply 供应链 5.Procurement 采购 6.Manage Partner&Alliance Relationships 伙伴 & 联盟关系管理 7.Manage Capital Investment 资本运作管理
支撑类	1.Manage HR 人力资源管理 2.Manage Finances 财务管理 3.Manage BT&IT 业务变革 & 信息技术管理 4.Manage Business Support 基础支持管理

图 3-8 华为公司流程分类

企业在进行流程分类时需要注意，流程分类的目的是提高流程管理的效率，一些需要标准化的流程，经过精细化分类后会提高其流程运作的规范性。然而，组织的流程价值网络是由多种存在差异的业务流程组合而成的，过于冗长、烦琐的分类反而违背了清晰简便的流程规划的原则，同时会使一些特殊业务流程失去内部的灵活协调性。这不利于流程的多元化管理。因此，对那些分类后能有效提高管理效率并带来投资回报的流程，我们才考虑将其分类。

3.3.3 流程深度：流程分级

企业的经营活动可以看作由一系列业务流程交织而成的价值流程网络，要确保整个组织的经营价值网络顺利进行，需要对业务流程分层级管理。分层级管理流程有利于各层级流程上的责任人集中精力重点关注本层流程运作，促进各层级流程高效运转。

【管理研究】流程分级

美国生产力与质量中心（APQC）将流程分为如下五级。

第一级：Category（类或域），是企业中流程的最高级。

第二级：Process Group（流程组），是"类或域"的下一级流程，代表一群流程。

第三级：Process（流程），是一系列将输入转化为输出的相互关联的活动。

第四级：Activity（活动），是执行流程要完成的关键事项。

第五级：Task（任务），是"活动"的下一级，其颗粒度更细。

除了 APQC 的流程分级方法，常用的流程分级方法还有三级分解法和四级分解法等。

1. 三级分解法

三级分解法按组织结构科层等级从上到下进行结构分级，可以分为"公司级→部门级→岗位级"，此类分法简洁明了，将结构等级化，如图 3-9 所示。

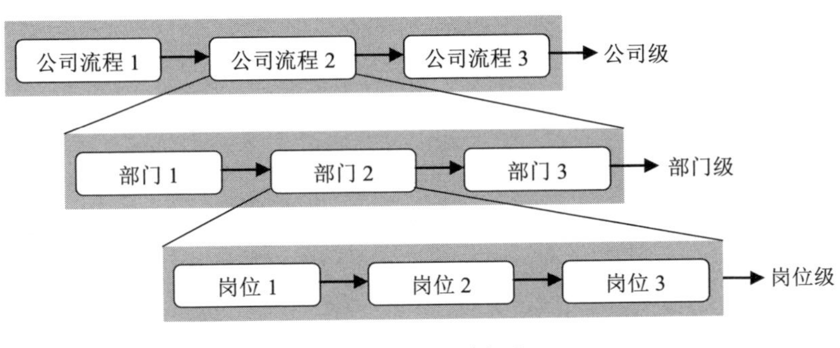

图 3-9　三级分解法

2. 四级分解法

四级分解法是以企业日常进行的事务流程为要点，进行结构分解。分解总体结构如下：一级流程——组织结构，是企业组织结构流程；二级流程——组织结构下的岗位设置，是每个组织或者部门下设的业务岗位；三级流程——组织运行的基本事务工作，是每个岗位职责负责的作业；四级流程——完成基础任务工作进行的活动。

实践中，流程分级并没有统一适用的技术和方法，企业需要根据实际情况来打造合适的分级方案。

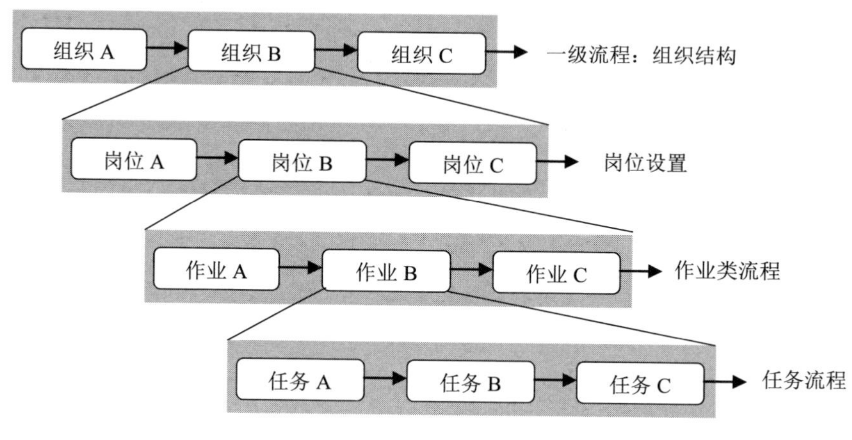

图 3-10　四级分解法

华为流程的分级也颇有深度，从 L1 层层分解到 L6，将流程细化成一个个可执行的任务。从上到下分别为 L1 流程分类、L2 流程组、L3 流程、L4 子流程、L5 流程活动、L6 任务，如图 3-11 所示。

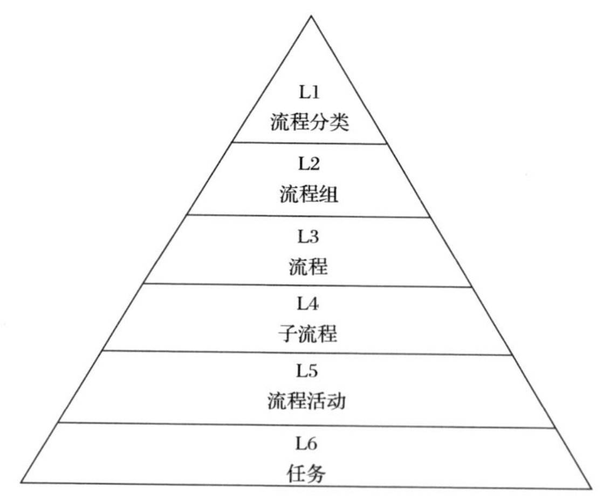

图 3-11　华为公司流程分级

其中，L1 明确流程对于业务的价值；L2 定义业务的最佳路径；L3 和 L4 落实展开二级流程的方针政策和管控要求；L5 与 L6 将流程落实到人，使之可执行。在华为，流程的末端可以灵活。其中，L3 及以上的流程是公司统一的；各地区部能在公司批准的情况下，在 L4 流程上做本地业务的适配；各代表处能在 L5、L6 上做业务的适配。

总体上来说，流程的分级就是把流程从宏观到微观、从端到端地分解细化到可具体操作的活动流程。

3.4　筛选关键业务流程

流程规划的目的是系统性地识别企业目前的业务现状、工作流程，从而搭建合理的流程体系。现实中，组织中的流程复杂多样。流程体系的搭建如果只求广而全，会造成流程管理过于复杂化。因此，企业需要着重识别核心业务流程。

3.4.1　识别核心业务流程

所谓核心业务流程，就是对组织的最终输出做出最大贡献的一系列流程，它集成了组织的各种核心竞争力。在评估核心业务流程前，企业可以先确定合理的流程评估指标体系。

为了识别组织中的核心业务流程，C 企业在企业高层与管理者的共同参与下，建立了流程评估的指标体系，如图 3-12 所示。

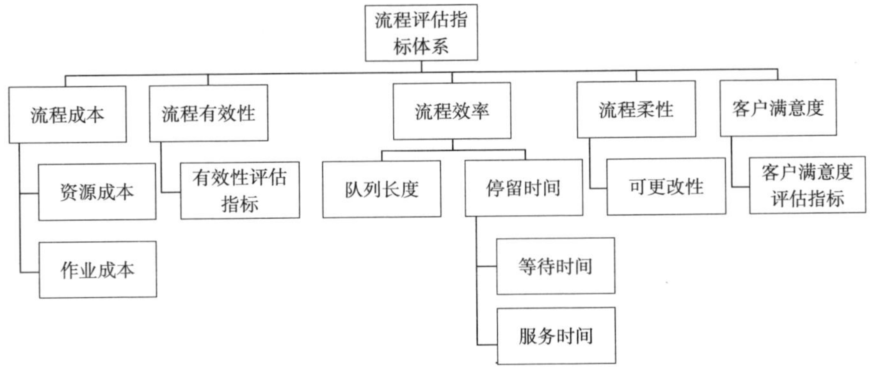

图 3-12　C 企业流程评估指标体系

由图 3-12 可知，C 企业的流程评估指标体系主要由流程成本、流程有效性、流程效率、流程柔性和客户满意度组成。

明确了核心流程评估的指标体系后，我们就可以针对组织中的流程进行逐项评估。一般情况下，核心流程的识别可以按照以下步骤进行。

第一步：确定影响核心流程的评估指标

在这个过程中，我们需要开展调查活动，了解企业管理者特别是高层认为的决定核心流程的评估指标。由于不同企业的情况不同，核心流程的评估指标也各有不同。

第二步：对评估指标的重要性进行评分，并按重要度排序

在这个步骤中，我们需要让公司高层或管理者对已经确定的核心流程评估指标进行重要度评分。实践中，对于评估指标的重要度评分没有固定的数学评估公式，需要公司高层或管理者视企业的实际情况，“八仙过海，各显神通”，找出重点即可。

例如，某企业确定核心流程评估指标为：与客户相关度、与战略相关度、与整体绩效相关度、流程横向相关度。其中，“与客户相关度”的权重最大，达到 30%；其余的“与战略相关度”“与整体绩效相关度”“流程横向相关度”分别占 25%、25% 和 20%。

第三步：识别流程清单，并对流程清单中的流程进行重要度评估

在这个步骤中，我们需要收集与分析企业现有的流程，制定流程清单。与此同时，将流程清单中的流程与企业的核心流程评估指标分别填入因果矩阵的横坐标与纵坐标，并列出详细的评分规则，让企业高层或管理者打分。

第四步：汇总评分结果，确定核心流程

在该步骤中，需要将企业高层或管理者针对流程评分的结果进行汇总，并确定哪些评分高的流程为核心流程。

例如，某企业核心流程评估矩阵得到的评估结果如表 3-6 所示。

表 3-6 某企业的核心流程评估矩阵

流程	0.35 与客户相关度	0.25 与战略相关度	0.25 与整体绩效相关度	0.20 流程横向跨度	合计
市场营销管理流程					
产品规划定位流程					
开发手续办理流程					
施工组织设计管理流程					
项目可实施性设计流程					
客户需求分析流程					
图纸设计与变更流程					
作业人员培训流程					
作业质量检验流程					
售后服务流程					
……					

注：1. 在表中最上一层是企业重要度评估指标的权重；
2. 表中竖列最左边为公司的各种流程列表；
3. 表中评估项目下的空格处汇总各企业高层或管理者对各流程评估指标的评分结果；
4. 在合计栏中算出流程评估结果（各评估指标的评分结果与对应的权重乘积之和）

需要注意的是，在评估核心业务流程时，不需要对过小的子流程进行评估，以免给流程管理工作带来负担。

3.4.2 搭建一级流程框架

识别核心业务流程后，我们可以着手搭建企业的一级流程框架。当然，学术界也有很多流行的通用的一级流程框架模板。例如，前面提到美国生产力与质量中心（APQC）发布了跨行业通用版流程总架构，将企业的内部流程分为 12 类一级流程；华为则将企业的一级流程分为执行类、使能类、支撑类三类共 17 项。除此之外，还有专门针对信息和通信服务行业的业务流程框架，即增强的电信运营图（eTOM）。

eTOM 给出了信息和通信服务行业的三大流程区域，即战略、基础设施和产品，运营，企业管理。这三大流程区域可以进一步分解成 23 个一级流程，包括七个端到端的一级纵向流程，以及 16 个横向一级流程。其中，纵向一级流程用来支持客户和管理业务，横向流程则包括与业务功能相关的流程和企业管理流程，如图 3–13 所示。

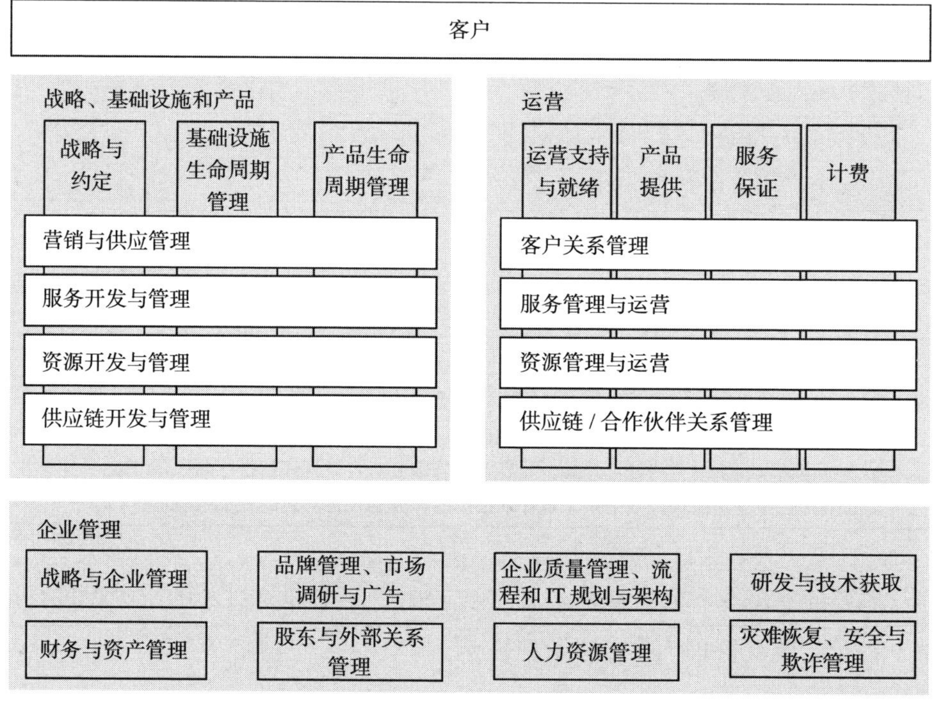

图 3–13　eTOM 一级流程

eTOM 是对信息和通信服务企业一级业务流程的规范描述，其一直在不断更新迭代中。

除了这些流行的通用模板，不少学者也尝试构建更有包容性的一级流程框架目录。

前面提到施炜先生在《管理架构师》一书中将企业的价值创造活动分为牵引性活动、增值性活动、要素性活动、支持性活动四类。施炜先生从企业四类价值创造活动出发，提出了企业的一级流程框架。

其中牵引性活动的一级流程包括战略制定和执行、投资管理、理念架构管理、年度计划和全面预算、实体绩效管理 5 项；增值性活动的一级流程包括需求分析、产品开发、集成供应链、顾客连接 4 项；要素性活动的一级流程包括人力资源配置、人力资源激励、人力资源开发、干部管理、资金筹措、资金使用、债务危机管理、技术吸纳、技术研究、知识产权管理 10 项；支持性活动的一级流程包括信息系统建设与维护、数据流管理、会计核算与决策支持、战略性财务管理、社会责任管理、法务管理、审计管理 7 项。如图 3-14 所示。

24. 社会责任管理
25. 法务管理
26. 审计管理
22. 会计核算与决策支持
23. 战略性财务管理
20. 信息系统建设与维护
21. 数据流管理
01. 战略制定与执行 | 02. 投资管理 | 03. 理念架构管理
04. 年度计划与全面预算 | 05. 实体绩效管理
06. 需求分析 | 07. 产品开发 | 08. 集成供应链 | 09. 顾客连接
10. 人力资源配置 | 11. 人力资源激励 | 12. 人力资源开发 | 13. 干部管理
14. 资金筹措 | 15. 资金使用 | 16. 债务危机管理
17. 技术吸纳 | 18. 技术研究 | 19. 知识产权管理
愿景、使命和价值观

图 3-14 企业一级流程框架[1]

施炜先生提出的企业一级流程框架覆盖了企业大部分价值创造活动，既有“面”的广度，也突出了重点。施炜先生强调，其之所以设计新的一级流程框架，意在让企业从自身价值创造的原点出发，构建自身的流程架构。在实践中，企业的一级流程框架构建不能一味地套用流行模板，而是要在借鉴流行模板的同时，基于企业的价值链，系统识别核心业务流程后再构建。

1 施炜. 管理架构师：如何构建企业管理体系 [M]. 北京：中国人民大学出版社，2019.

3.4.3 准确地任命流程所有者

流程构建的目的是沿着业务拉通组织活动，打通部门墙。流程是水平的，职能是垂直的。当流程被职能分成许多不同的碎片后，需要职能部门对各自的流程负责。然而，在这样的情况下，各个职能岗位只对各自的“碎片”负责，没有对完整的流程质量负责，这对于跨部门流程而言，很容易出现流程节点各自为政，整体产出得不到保障。因此，每个流程必须有且只有一个归口部门（也就是流程所有者），流程所有者的主要功能是从流程的开始到结束全局负责，效果如图 3-15 所示。

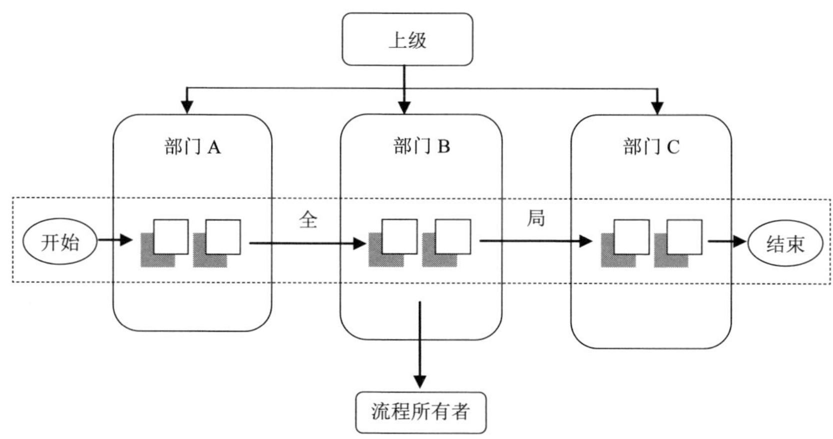

图 3-15　流程所有者的重要性效果图

流程所有者是对全局流程结果负责的岗位，其在流程管理特别是跨部门的流程管理中有重要作用。

【知识延伸】流程所有者的主要职责

一般来说，流程所有者需要履行以下几项职责：

（1）负责流程设计工作，具体表现为对新流程的建设与旧流程的梳理。

（2）负责对已确定流程的推行工作，确保流程能够执行到位。在此过程中，流程负责人应该做好流程的宣传、对执行者的培训教育以及流程执行过程总的检查与纠正工作。

（3）负责对流程的绩效评估与考核工作。具体为流程的绩效评估、分析，并且针对结果要及时采取纠正措施。

（4）负责处理好跨部门之间的冲突，并做好资源协调工作，保证流程执行工作得到顺利开展。

（5）负责推动对现有流程的检查与优化，提升流程的高效性。

不过，作为流程所有者应该不仅承担一定的职责，还要被授予相应的权力。如果流程所有者没有正式的权力，所有者在管理流程的过程中就得不到别人的支持，流程管理工作也会显得寸步难行。

归纳来说，流程所有者的权力应该包括以下几点：

（1）流程设计的审批权。流程所有者要有权决定流程的目标、策略、设计方案和配套的管理制度等。

（2）向流程团队下达计划与工作任务的权力。流程管理工作很繁杂，不可能靠流程所有者一个人就能够全部完成。因此，流程所有者要有向流程团队下达计划与任务的权力，保证流程管理工作在团队的协作下，顺利完成。

（3）绩效考核权。为了让流程团队成员团结起来，流程所有者需要有绩效考核的权力，定期或不定期地考核与评估团队成员。

（4）调整、变化流程的建议权。在流程管理中，出现工作转移、岗位增减的现象时有发生，这样必然会涉及部门利益、职责的重新分配。因此，流程所有者要有向公司高层提出改进建议的权力，确保流程管理工作的实施。

（5）流程资源调配权。由于流程管理需要一定的资源投入，而大多数企业的资源分配是以部门为导向的，因此，流程所有者需要有资源调配的权力，满足流程管理的需要。

那么，该如何准确地任命流程所有者呢？流程所有者至少要具备三种能力：第一，流程所有者要有一定的业务理解能力，理解业务的本质与关键控制点；第二，流程所有者应该具备一定的影响力，能够更多地运用影响力来推动流程管理工作的实施；第三，流程所有者要掌握流程规划、执行与优化的基本方法。通常来说，流程所有者必须由所属的业务部门来担任，例如财经体系主导财经流程、研发体系主导研发流程等。如果流程穿越了很多部门，可以让流程中业务比重最大的部门担任流程所有者或者在这些部门上面加一个熟悉业务流程的更高领导成为流程所有者。

3.5 纵向分解业务流程

遵循企业价值链系统建立的一级流程框架实现了流程横向的全系统打通。在一级流程的基础上，我们可以对流程进行多层次的细分，实现纵向打通，从而形成分层分级的流程体系。

3.5.1 逐级分解各核心业务流程

流程的分解是基于一级流程框架自上而下逐级分解的。前面提到的几种流行的通用的一级流程框架模板也都提供了流程分级的示例。2017 年，美国生产力与质量中心（APQC）将跨行业通用版流程架构进行了详细分级，例如，一级流程“构建愿景与战略”可以分解为“定义业务理念及长期愿景、开发业务战略、执行和度量战略举措”等二级流程，每个二级流程再向下逐级分解到三级流程、四级流程，如表 3-7 所示。

表 3-7 APQC 2017 版跨行业通用版流程分级

<table>
<tr><td>一级流程</td><td colspan="7">1. 构建愿景与战略</td></tr>
<tr><td>二级流程</td><td colspan="5">1.1 定义业务理念及长期愿景</td><td>1.2 开发业务战略</td><td>1.3 执行和度量战略举措</td></tr>
<tr><td>三级流程</td><td>1.1.1 评估外部环境</td><td>1.1.2 市场调查和确定客户的需求与期望</td><td>1.1.3 评估内部环境</td><td>1.1.4 建立战略愿景</td><td>1.1.5 抓住组织重构机会</td><td>……</td><td>……</td></tr>
<tr><td>四级流程</td><td>1.1.1.1 识别竞争对手
……</td><td>……</td><td>……</td><td>……</td><td>……</td><td>……</td><td>……</td></tr>
</table>

施炜先生在《管理架构师》一书中也基于其提出的一级流程框架结构对流程进行了分解，但只分解到三级流程。施炜先生指出，三级流程仍然是框架性的，但已基本显示出一级流程的内部结构、重点环节及战略上的关键任务，可以帮助我们整体了解企业流程体系的结构，如表 3-8 所示。

表 3-8　施炜先生提出的流程分级

一级流程	战略制定与执行					
二级流程	战略制定			战略执行		
三级流程	战略分析	战略思想	战略规划	战略分解	战略过程	战略评估

前面提到，华为公司也将内部流程从 L1 层层分解到 L6，让业务流程细化到一个个可执行的任务。

以华为内部的一级流程 LTC（从线索到汇款）流程为例。LTC 流程是华为内部的主流程之一，是从线索到回款全过程管理的端到端流程。LTC 流程分为管理线索、管理机会点、管理合同执行三个二级流程，每个二级流程再层层向下分解到具体可执行的任务，如图 3-16 所示。

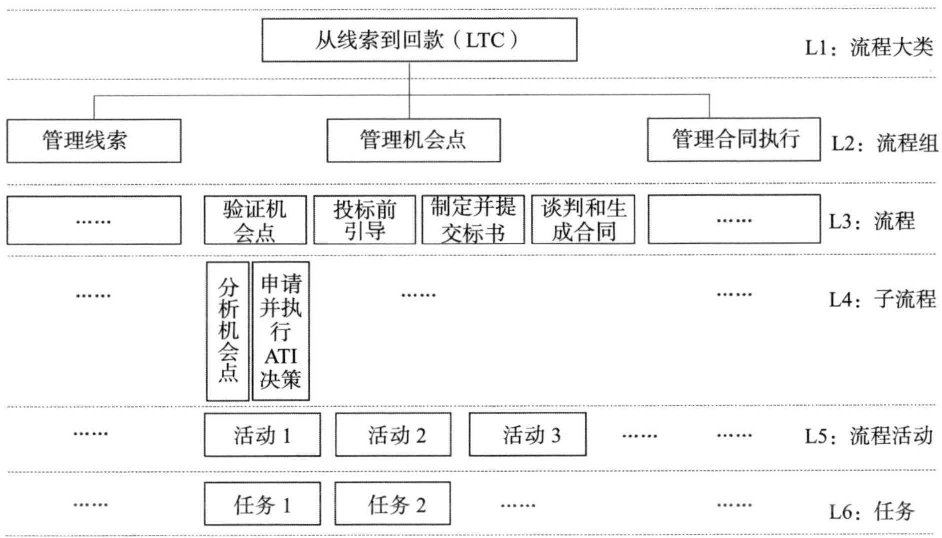

图 3-16　华为 LTC 流程分级

通过 APQC 2017 版跨行业通用版流程分级示例、施炜先生提出的流程分级示例、华为 LTC 流程分级示例，我们基本可以初步理解流程分级的基本原理。

3.5.2 确保流程分级的有效性

以业务为导向设计和规划的流程其实质是跨越了多个职能部门的一组为客户创造价值的相互关联的活动进程。流程的分级可以明确每个层级流程上的活动任务，确保每项活动在科学的流程轨道上规范运行。

2005 年，华为西安研究所（简称西研）接到一个紧急电话：在某省份，西研负责维护的 30 多个站点瘫痪，影响了几万个用户的通信。整个团队在项目经理和技术专家的组织下，第一时间开始排查流程、识别问题，但团队花费整整 10 个小时都没有恢复通信。一时间，用户、合作商、上级领导等各方面的压力向西研项目团队袭来。整个团队身心疲惫，但依然无法理顺流程并解决问题。最后，还是借助当地的技术服务专家才恢复了通信。

事后，西研项目团队经过复盘和反思，发现造成此次行动失败的关键原因是没有提前做好流程的分类和分层，未根据各层级流程明确分工、细化任务，导致搬迁现场协调混乱，流程堵塞。复盘总结后，西研项目经理痛定思痛，带领团队从头梳理紧急重大网络故障的处理流程，明确此类任务的基本流程环节，对各环节的流程进行了专业分类和分层，并做好人员分工。之后遇到类似紧急网络故障，西研项目团队都能各司其职、从容应对，保证短时间内恢复通信。

流程的合理分级能帮助团队明细分工，保障流程运行通畅。但是，流程分级也不是越细越好。流程具体该纵向分解到什么程度呢？

【管理研究】流程分级标准[1]

针对流程分级究竟要细到什么程度的问题，施炜先生提出了三个标准：

（1）流程性活动是相对确定性的活动，对不确定、非规范性的活动不再细分。

（2）一项活动，某个职位、某种角色的人可以完成而不需要两个及以上人员接力完成（即不需要再分工的前提下相互协同），那么它就不必再分解。这种活动的操作指南和训练工具主要是作业指导书。

（3）一项活动虽然需要两个及以上人员接力完成，但由于工作内容过于简单，无须流程细分，相关人员都能准确高效完成，那么也没有必要细分。

企业要确保流程分级的有效性，还可以遵循以下标准来进行流程分级，如表 3-9 所示。

表 3-9 流程分级有效性的确认标准

维度	具体解释
整体性	分级后的每个流程点最少要包括两项以上的活动过程，但流程分级不可过于细微，否则会失去整体性
独立性	分级后的各个流程不能重叠，要保持相对的独立，彼此活动中不能有过多的交叉。如果重叠性强，可以把两个流程合并
条理清晰	分级后的流程要有确定的输入和输出，并且每个流程层级的端到端都应该有阶段性的产出

总体而言，在纵向分解各核心业务流程时，需在参考流行的流程分级模板的基础上，系统分析企业实际业务场景中的流程活动，遵循流程分级标准，运用适宜的流程分级方法，准确分级。

3.5.3 输出分层分级的流程体系

完成了流程分层分级后，需要输出分层分级的流程清单。流程清单的格式没有固定要求，但可以参考表 3-10 所示的格式。

1 施炜. 管理架构师：如何构建企业管理体系 [M]. 北京：中国人民大学出版社，2019.

表 3-10 流程清单

序号	一级流程	二级流程	三级流程	归口管理部门	流程状态
1					
2					
3					
4					
5					
6					
7					
8					
……					
注：在流程状态栏中，填写“已有 ×× 流程有效”、“×× 流程有效待梳理”或“未有文件，待梳理”，具体内容视真实情况而定					

通过对流程的分层分级，可以清晰地看出各流程及其相互关系，从而使得流程架构更加系统、清晰，便于企业进行流程梳理、分析，合理规划流程结构。为了让组织流程形象化，可以绘制流程图。在流程图中，不同的符号代表着不同的工作模式。采用清晰、规范的符号进行绘图，可以一目了然地看出有多少个需要进行决策的工作、有多少产出表单等。流程图常用符号使用说明如表 3-11 所示。

表 3-11 流程图常用符号使用说明

符号名称	符号图样	说 明
流程开端	准备	（1）用来表示一个流程的开始 （2）有些流程图可以没有此符号，直接从第一个业务开始
工作内容	负责岗位 工作内容	（1）在描述一个流程时，使用操作步骤描述工作过程 （2）一般用动宾词组命名流程活动 （3）上方框填入操作此项工作的岗位名称，不是人员姓名。有些流程图会省略岗位名称，仅标记工作内容
文件 / 表单	文件	（1）工作步骤中直接用到的文件 / 表单，或工作步骤中产生的文件 / 表单 （2）此形状不是单独的工作步骤，必须与相应的“工作内容”一起使用

续表

符号名称	符号图样	说　明
判断 / 决策	判断	（1）在需要进行判断决策的时候使用 （2）判断结果统一使用“是”与“否” （3）使用此图形，必须而且只能出现两种决策 / 判断结果，应该只有一个信息入口和两个信息出口
信息系统 / 电子存档	数据系统	（1）当一个工作步骤需要借助信息系统完成时，或是完成的工作表单以电子文档的形式存储时使用 （2）此图形不能单独作为独立的工作步骤使用 （3）应用连线附属在“工作内容”或“文件 / 表单”图形侧下面
连线	① ②	（1）连接两个图形，箭头表示流程进行的方向 （2）线条与图形的连接点应为相同业务方向，不能造成无限循环 （3）同一点上不能同时出现信息流入和信息流出，可以有多个信息流入或多个信息流出 （4）线与线间不能交叉，如果必须交叉，应采用跨越模式，如图样②
非电子文档存储	一式三份	（1）当产生的结果需要以非电子形式进行存档时使用 （2）此图形不是独立的工作步骤，必须附属在“文件 / 表单”侧下面，用连线将此图与所属“文件 / 表单”图形连接
页码索引		（1）当流程图较长，无法在一页中绘制，需要多页绘制时使用 （2）此图为第一个页面的结尾图，是所连接页面的开始图，用连线与其他图形连接
引用 / 拆分流程图	流程名称	（1）在流程图中，当需用引用别的流程图时使用，或流程图中某一环节较复杂，可以进一步拆分成子流程图时使用 （2）当使用此图形时，默认所引用的流程图已经完成相应的工作

通过表中几个简单的标准的符号就可以将流程表示出来，为流程的具体执行提供参照依据，也便于员工理解和沟通。与此同时，为了有效地管理流程，每一个流程都应规定流程活动的作业标准，编制流程文件。一般情况下，流程文件可以分为一阶文件、二阶文件、三阶文件和四阶文件。

1. 一阶文件

一阶文件是目标质量手册，是公司纲领性文件的描述，主要有公司的方针、目标和管理体系等内容。

2. 二阶文件

二阶文件是程序文件，是从一阶文件的管理重点延伸出来而形成的下一阶文件，被作为各道重要作业程序的运作文件，如记录控制程序、内部审核控制程序等。二阶文件描述的是部门和部门之间跨越性操作的流程管理控制文件，其内容规定了何人、何时、何地、做什么事等具体事项。二阶文件的设计有助于明确职能部门的流程分工与对接要求，并帮助职能部门清晰界定自己的规范目标，也能够为流程人员提供具体操作方面的参照标准。

3. 三阶文件

三阶文件是作业指导书，通常只针对单一部门性质的作业，是各重要作业程序的运作文件，被作为员工的作业标准。三阶文件是在二阶文件基础上细化的，其内容更为具体、细致，具有很强的指导性和可参照性。三阶文件的主要内容包括作业的方法，作业的设备、工具，操作对象、目标要求和测量内容，操作达标后的目标流向。

4. 四阶文件

四阶文件一般是表单，是在管理体系运行过程中被运用的记录格式。

通过将流程标准文件化，整个流程的各个环节的具体操作以及相关负责人都借助规范的文件载体，被明文规定下来，从而保障流程有序运行。

第4章 端到端拉通

对于一个企业而言，组织结构就好比人体的骨骼与肌肉，流程则好比人体的经络与血脉，只有打通经络、血脉通畅，人体才能充满活力。同样，只有流程端到端通畅，组织才能充满活力。

4.1 流程设计的基本思想

企业中的业务流是天然存在的，流程则是承载业务流的通道，用来规范业务流动的边界。企业的流程设计必须满足提高业务运作效率的目的，完整地反映业务本质。

4.1.1 流程要完整地反映业务本质

流程是业务发展的载体，企业引入的各种管理理念、制度，建立起来的种种管理体系会通过流程的整合与集成，形成对实际业务运作的指导，从而推动业务的发展，实现战略目标。因此，流程必须完整地反映业务本质。

任正非强调，流程的设计和规划要以业务为基础，流程要反映业务的本质，以业务为导向的流程规划不会让业务中的关键要素在流程之外循环。华为的流程和管理体系，例如LTC、IPD、ITR流程体系其本质是业务操作系统，也可以看作运营系统，而流程顺利运作的关键是基于业务的流程化组织建设。因此，构建组织内部的流程体系其实质就是构建公司的运营体系，根据业务需求将业务相关的质量、运营、内控、授权、财经等要素都放到流程中去，实行“一张皮”运作。

为了让流程完整地反映业务本质，就要站在全局的视角审视理解流程，把握好业务流程与企业整体流程体系的关系，以及各业务流程间的对接关系。一旦不从全局视角规划流程，可能会造成流程冗余或遗漏、流程运行不顺畅、流程间关系不清晰等问题，如表4-1所示。

表 4-1　非全局视角下的流程规划易产生的问题

问题	具体描述
流程冗余或遗漏	由于业务活动划分不清晰，不能确定将活动归属为哪个分段流程，可能出现分段流程有重叠或遗漏了某项活动
流程运行不顺畅	各部门对流程的理解、执行的精细化程度、描述的口径存在差异，导致跨部门横向业务流程的推进并不顺利
流程间关系不清晰	只关注了业务流程的内部，忽视了业务上下游流程间的关系

以业务为导向规划流程体系，需要在各分段流程现场识别问题，避免美化流程。为了让流程设计与业务贴近，要跟踪记录每个流程环节工作人员的具体工作内容，精细化到每个动作和所用时间。记录得越精细化，越能在这些琐碎的行为中发现问题、分析原因，最终提出合理高效的解决方案，从而实现业务流程上的改进。同时要注意，在流程规划的过程中，要多一些维度和信息，形成融合各管理制度和体系要求的业务流程体系。

流程是对业务流的一种表现方式，越能满足业务需求的流程，运行就越流畅，执行效率也会越高。如果流程背离了业务流，反而会影响业务的开展。企业规划流程可以遵循的思路就是：流程里只有业务，看不到部门，在流程中只定义角色，组织要来承载流程角色。

4.1.2　流程设计的目的是提高效率

流程是企业经营管理的主线索，经营系统上的资源都是根据业务流程需求，以业务流程为导向进行布局和配置的。可见，企业经营系统是建立在流程框架基础上的，因此，流程体系的运作效率决定了企业运营效率，流程存在的目的是提高效率、创造价值。然而，在企业流程管理中经常会出现这样或那样的问题。

华为《管理优化报》曾发表了一篇题为《一次付款的艰难旅程》的文章，文中指出了华为一线作为赞助商面向客户预付款时遇到审批多、流程复杂的问题，引发内部员工激烈讨论。主要的观点包括：

（1）对一线而言，找不到流程入口、不知道全流程的所有要求和操作规范，流程指导和说明往往比流程本身更难懂和复杂。

（2）华为内部的流程建设多针对的是某个业务场景，防范的是特定风险，在设计上往往防卫过当，不考虑执行成本，更不用谈面向对象的流程拉通和用户界面的友好了。

（3）公司呼吁各级主管要担责，但现实的流程、制度或监管组织却不信任主管。经常遇到的场景是："我是负责 ××× 的，这个风险我愿意承担，流程能走下去吗？"答曰："你担不起这个责任，请重新提交流程或升级到 ××× 处理。"

对此，任正非以总裁办电子邮件的方式直接发文指出："据我所知，这不是一个偶然事件，不知从何时起，财务忘了自己的本职是为业务服务、为作战服务，什么时候变成了颐指气使？皮之不存，毛将焉附。"

华为内部出现的流程过长、执行僵化、官僚作风等是很多企业在流程管理过程中常会出现的问题。为了解决或规避这些问题，企业在流程管理的过程中，需要明确流程设计的首要原则是为作战服务。

【延伸阅读】不产粮食的流程是多余流程

2016 年，任正非在华为质量与流程 IT 管理部员工座谈会上表示："不产粮食的流程是多余流程，多余流程创造出来的复杂性，要逐步简化。"

他提出要回顾过去五年华为的发展和变革情况，总结分析这五年哪些流程的使用频率高，哪些流程环节的使用频率低或者基本没有投入使用。要删减那些不产生价值、没有投入使用的流程环节，减少业务流程上的断点，贯通产生重要作用的流程。组织上下希望取得进步、在职业成长上有所追求的员工和管理者都应该集中精力删减流程断点，不断优化流程，提高流程运作效率。

企业需要常常对流程体系进行梳理，深入分析业务流程的价值、产出。包括：流程的运作线路是否清晰合理，是否有明确具体的责任划分，流程执行中是否存在“某部门独大”“部门保护主义”“习惯性推辞拖延”等官僚主义现象；流程运作中是否存在冗余环节等。

4.1.3　围绕最大价值流设计流程枝节

随着移动互联网时代的到来，颠覆式创新、变革转型逐渐成为企业努力的主要方向。另一方面，企业在创新的过程中，依然坚持流程管理的标准化和规范化，无论对流程进行创新改进还是提高某些环节的流程标准化，最终都要回归到流程为客户、为企业创造价值的本质。

在设计和规划流程时，也应该从流程本质入手，不断思考流程的客户是谁，从为客户、为企业创造价值的视角设计流程。这种围绕最大价值流设计主干和枝节流程的模式，其实质是以客户需求和业务导向为基础，重构企业价值链。

华为与终端商合作的过程就是围绕最大价值流设计主干流程和枝节流程，并将供应链纳入价值流的一个过程。通过共同生产高质量的产品来满足客户需求，围绕客户、企业和供应商共赢的原则规划流程。

任正非强调，要采用最好的终端产品，例如用最好的镜头，采用最好的计算能力，才能整合成最好的手机，这就需要贯通供应商的流程，围绕全业务的最大价值流与供应商合作。因此，他强调要将华为的研究系统和战略合作供应商的流程平台全打通，实现全面融合，共同分享利益。

同时，华为还积极采纳借鉴了行业内将供应链纳入全业务流程体系的方法，在采购流程上，华为逐渐摒弃标准的 PO（采购订单）采购下单方式，将灵活多变的采购流程融入具体的工作中，如一揽子订单、供应商管理库存、JIT 采购等。

华为积极与供应商共建同盟关系，在此基础上构建贯通的主干和枝节流程。在流程管理方面，华为还重新制定了基于与供应商合作的新的流程标准，提升和优化供应商能力，通过流程汇集最佳资源。

需要注意的是，在围绕价值流构建组织内部流程体系时，尽量在流程层级上减少中间层，主干流程围绕业务和价值链统筹布局，枝节流程的设计应减少非增值环节，提高执行效率。

流程运作是组织经营的主线，与组织经营相关的一系列制度、理念和配套机制也会根据流程价值需求进行配置，因此造成成本浪费、不能创造价值需求的分支流程不应该存在。

在移动互联时代，要构建客户全程参与互动的流程体系，就需要打通各分支环节的客户互动渠道，提供与客户良好接触的平台，在各个接触点都为客户提供良好的体验。首先，分析研究客户的行为习惯，梳理清楚全流程上有哪些环节是能够与客户互动的节点；其次，要建立信息共享平台，打通分支环节，实现与客户信息共享，从而使每个关键接触点的客户体验能够被实时监控，从而更高效及时地响应客户需求。

美团成立初期，一个大区经理管三四十个城市经理，公司高层的各种想法，基层员工不知道，而基层发生的事情，公司高层也无法及时了解。因此，美团进行了组织结构的调整。很快，全国八大区、纵向两至三层结构的地面作战队伍搭建起来。这种组织结构能够链接大脑和距离最远的神经末梢，反应灵活，执行力超强。

2014 年，美团创始人王兴提出了 T 形战略（一横是指团购、外卖等产生流量的平台业务，一纵是指酒旅、票务等变现业务）。随着横向业务线不断扩张，公司沟通、决策与价值传导流程，都在复杂化。因此，企业组织能力也需要进行快速迭代，从 2016 年到 2018 年，美团一共进行了四次组织结构的调整。

2018 年，美团提出了“Food+”战略，在快驴、RMS 等和餐饮相关的业务上凝聚核心竞争力。此时，美团再次进行组织结构调整：形成两大平台（用户平台、LBS 平台）、两大事业群（到家、到店）、两大事业部（快驴、小象）的格局。

美团将原来按业务划分的事业群改为按场景划分，分设到店事业群、到家事业群、小象事业部和快驴事业部，同时新设用户平台和 LBS（基于位置的服务）平台。这样一来，按场景划分事业群，可以增加不同业务相同场景间的协同，利于业务的垂直深耕；将用户流量上升为公司层面整体去经营和管理，有利于平台战略的实现。

围绕最大价值流设计和规划组织的流程体系，可以理顺企业的经营管理框架，为创造价值匹配资源，逐步在企业内形成价值创造的流程与资源组合系统，从而满足客户需求和企业业务发展需求。

4.2　实现端到端流程贯通

“端到端流程”是一系列连贯、有序的活动的组合，这也意味着流程从输入到输出无断裂运作。疏通端到端的管理路径，可以确保流程的整体性以发挥出最大的作用。

4.2.1　促进端到端全流程贯通运作

提高流程运作效率还需要以最简单、最有效的方式从端到端实现流程贯通。所谓“端到端”是指从客户需求端出发，直到满足客户需求端，提供端到端服务。

某企业的人力资源部屡次接到员工的投诉，抱怨是奖金的发放不及时。负责该工作的人力资源部主管却认为奖金发放流程本身没有问题，平时都是严格按照奖金发放流程来执行，因此不该由他们承担责任。后来，经仔细分析发现，奖金发放不及时主要有两个原因：一是每月奖金核算数据交到人力资源部的日期不确定，经常有延误现象；二是业绩核算方法烦琐，当数据不正确时，来回反复确认工作非常耗时。而奖金核算部门认为人力资源部并没有对核算的时效做出一个明确的规定，人力资源部又不能将存在问题的数据及时反馈到核算部。

这个案例说明了“端到端管理流程”的必要性和重要性。要满足及时发放奖金这一需求，不仅仅包含奖金发放流程，还有奖金核算流程。因此，单纯地调整奖金发放流程是不够的。只有把开始核算数据到奖金下发再到员工账户看成一个完整的端到端流程，才能有效地解决此问题。

端到端流程是企业流程的大动脉，从全局的角度来组织内部流程的大流转，注重的是系统性和整体性。从客户中来到客户中去的端到端流程强调，从客户需求出发，经过一系列流程运作活动，最终实现客户满意。其中从客户需求出发，不仅指外部客户的业务需求视角，也包括组织内部客户，即组织内流程的下一环节可以看作客户。因此，要以满足客户需求为出发点，并在末端实现客户满意的端到端流程在运作的各个环节都能够实现良好的产出，衔接顺利、不存在重复环节，从而提高端到端流程的运营效率。图 4-1 阐述了端到端流程的运作过程。

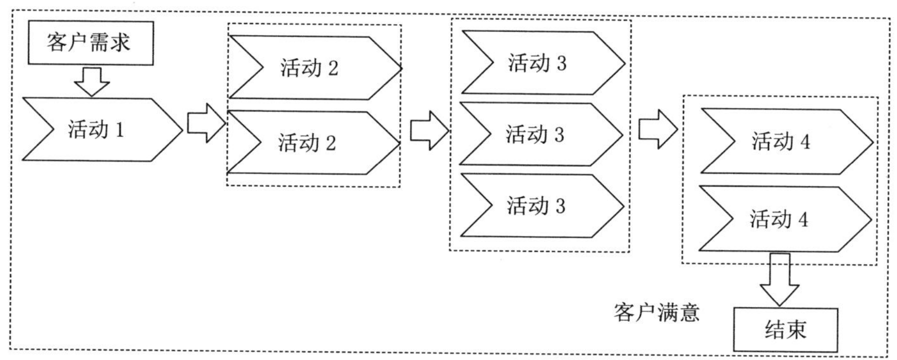

图 4-1 端到端流程的运作过程

为促进端到端全流程贯通运作，保证每个环节高效产出，实现整体最优，需要对端到端流程进行梳理。通过梳理促使分支流程的运行线路清晰化，明确各环节责任人，分析各层级流程的联动管理能够产生什么价值，是否符合客户需求或下一道工序的需求等。在实践中，可以采用提问式思考的方法进行梳理，具体问题如下：

（1）业务部门各岗位之间需要联动管理吗？为什么需要？有什么价值？迫切吗？为什么迫切？

（2）集团、分支机构的生产需要联动吗？当前的管理水平是否达到了？时机正确吗？

（3）需要把职能部门、业务部门联动起来吗？当前的管理水平是否达到了？时机正确吗？有什么价值呢？迫切吗？为什么迫切？

（4）和供应商之间的跨企业流程需要怎样加强？这个生产流程是否需要一直延伸到客户甚至客户的客户？当前的管理水平是否达到了？时机合适吗？有什么价值呢？迫切吗？为什么迫切？

无论企业的组织结构、服务流程怎样完善，终极目的都是为客户服务。只有沿着客户价值链，打通端到端的流程，才能更好更快地响应客户需求，为客户提供有针对性的服务。

4.2.2　从输入到输出的各流程节点紧密衔接

流程是由各个节点通过一定的逻辑关系连接而成的。要实现流程端到端贯通，就要保证流程各环节间紧密衔接，从输入到输出无断裂运作。若出现节点故障或延迟则可能使整个流程延迟甚至瘫痪。

流程在设计和执行的过程中，往往会出现很多影响其环节紧密衔接的问题。其中比较常见的问题如表 4-2 所示。

表 4-2　影响流程环节衔接的主要问题

问题	说明
存在多余环节	例如，某企业的财务部门，总稽核与会计科主管由同一人担任，但对于一些单据的审核，会计科完成后，再经预算科审核，最后还要由总稽核进行稽核
存在环节跳跃	这类问题较为常见，指在两个环节之间缺失一个必要的步骤。例如，培训流程缺乏评估环节，设备采购缺乏试运行环节等
关键控制点缺失	对于重要事项的控制环节缺失，例如，计量仪器的购买缺乏质量部门的审核环节，劳保用品的发放缺乏超标审核环节等
缺乏必要的信息反馈	一些需要进行信息反馈的工作缺乏信息反馈环节
环节顺序不合理	例如，在某企业的年度经营计划制订流程中，各分子公司先向总部计划管理部门上报了计划初稿，再与设备管理、安全管理等部门协商进行调整

续表

问题	说明
环节间的等待时间过长	流程中单个环节的效率尚可，但环节间的耗时过长，从而影响了流程的整体效率
串行审批过多	把可以并行审批或者事中、事后控制的环节，设计成事前的串行审批，导致流程运行缓慢
执行错位	指某项工作由与其无关的部门承担，例如，某企业检修车间在上报需求计划时，还需要上报库存计划，而库存是由仓储部门负责的

要实现企业流程各环节间的紧密衔接，可以通过取消、填补、重排、整合、监督等方法解决以上存在的各个方面问题，如表 4-3 所示。

表 4-3　解决流程环节衔接问题的方法

方法	说明
取消	清除企业现有流程内多余的、无效的环节。管理者可以对流程的每个环节进行提问式思考，如“为什么这个环节要存在？”“它的存在直接或间接地产生了怎样的结果？”“是否可以清除它？”，通过对这一系列问题分析思考可以判断这些环节是否多余
填补	在进行流程管理时，我们不但要做“减法”，有时还必须做“加法”。例如，可以在两个没有关联或无法承接的环节之间，增设一个必要的步骤以解决环节的跳跃问题。另外，对缺乏关键控制环节的重要事项也要进行填补，以便能够很好地掌控流程各个环节的运行
重排	重排主要针对的是企业流程环节的顺序和主体问题。流程中的环节存在先执行与后执行的区别，有时候执行的顺序会影响整个流程的效率。所以，管理者应该充分考虑各环节的特点与重要程度，适当地对其做出调整，如一些串行环节如果运作的效果不佳，可以考虑变为并行。另外，流程各环节的执行主体必须是正确的，一项工作必须由特定的部门负责完成，如果出现混乱，就必须对各环节进行重排
整合	企业在进行流程管理时，对于流程中那些性质或程序类似的、所用到的资源基本相同的环节，可以进行合并，以减少不必要的资源和时间浪费。而且，对那些需要多次审批的环节，可以进行审核权限下放
监督	要实现企业流程各环节间的紧密衔接，建立完善的监督机制非常重要。只有对整个流程环节进行全面的监测，并将有关信息及时反馈到领导层，管理者才能及时地发现并解决问题

4.2.3　打通以客户需求为主线的端到端流程

2005 年，任正非在广东省委中心组“广东学习论坛”报告会上的发言中强调华为要构筑端到端的流程：“端到端流程是指从客户需求端出发，到满足客户需求端去，提供端到端服务，端到端的输入端是市场，输出端也是市场。这个端到端必须非常快捷，非常有效，中间没有水库，没有三峡，流程很顺畅。”流程的本质是为客户创造价值，因此企业必须打通以客户需求为主线的端到端流程。

华为原高级副总裁费敏曾在华为大学高级管理研讨班上指出，一个公司就三件大事：第一件是把产品开发出来，产品从有概念开始，到面市；第二件是把产品变现，要有客户买，形成订单，发货、安装、验收、回款；第三件是解决并关闭客户问题（某代表处的问题解决了叫“解决”，全球此类问题都根治了才叫“关闭”）。

这三件事也对应了以客户需求为主线的三大主要业务流。为此，华为也基于这三大业务流建立了三大从客户端到客户端的流程（IPD、LTC、ITR），如图 4-2 所示。

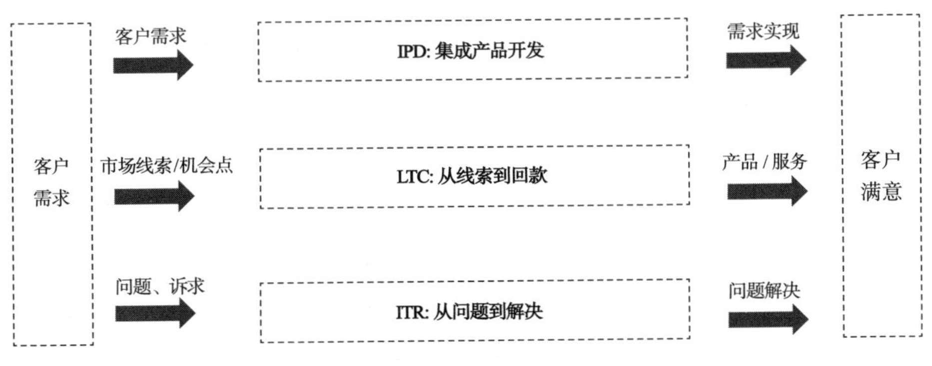

图 4-2　华为三大流程：IPD、LTC、ITR

以 IPD、LTC、ITR 这三大流程为主线，华为进行了一系列的管理变革，建立了包含执行类、使能类、支撑类三类的端到端流程体系，实现了流程贯通。

端到端流程就像一条运行的高速公路，如果流程是段到段的，就好比在流程中设置了很多收费关卡，不但会降低运行效率，还会增加运作成本。企业要想更好地为客户创造价值，就要从内部开始变革，打通以客户需求为主线的端到端流程，确保公司管理体系像眼镜蛇的骨骼一样环环相扣、灵活运转、支撑有力。

打通以客户需求为主线的端到端流程，要分析企业内部的客户价值链，实现全业务流的流程化，真正做到从客户中来、到客户中去，确保流程高效、安全、低成本运作，使组织更加灵活地应对客户需求，更好地为客户创造价值。

4.3 建立责任人推动制

任何事情的落地都离不开有明确责任的主体。同样，要保证流程的落地执行，必须沿着流程来确定责任、权利和角色，构建对事负责的流程责任制，以此提升流程效率。

4.3.1 构建对事负责的流程责任制

成功企业的活动总是基于对事负责的，而不是对人负责的。对事负责要求企业有规范化的流程，逐步淡化功能组织的权威。

功能组织是企业中常见的组织形态。在企业发展的过程中，会诞生各种部门，比如销售部、生产部、研发部、市场部、人力资源部等。在功能组织中，每个部门都独立承担本部门职能。这就导致功能组织各部门各忙各的，经常出现“推诿问题”现象，无法真正做到对事负责。例如，当产品的销售不成功时，销售会说是因为产品研发有问题；研发部会说是市场部给的输入不够，致使研发不能完全理解客户需求；市场部则会说是销售部给的客户需求信息不够。此外，功能组织内部往往等级严明，事无巨细都需要向上级请示，让上级做决策。正如任正非所言：“公司主要的管理控制权都掌握在企业家或掌握了关键技术的少数人手里，很多东西都没有标准和制度可言。”这不仅会影响企业的运作效率，也会导致组织逐渐走向对人负责，而不是对事负责。

当企业发展到一定阶段后，员工的一切工作行为都应该建立在对事负责的基础上。如果企业发展到一定规模后，还不淡化功能组织的权威，则会滋生“部门墙厚重”“决策效率低”“组织运作效率低”等问题。因此，管理者必须认识到对事负责的重要性，逐步走向对事负责的流程责任制。

构建对事负责的流程责任制，需要根据企业业务流程来确定部门责任及岗位责任，如图 4-3 所示。

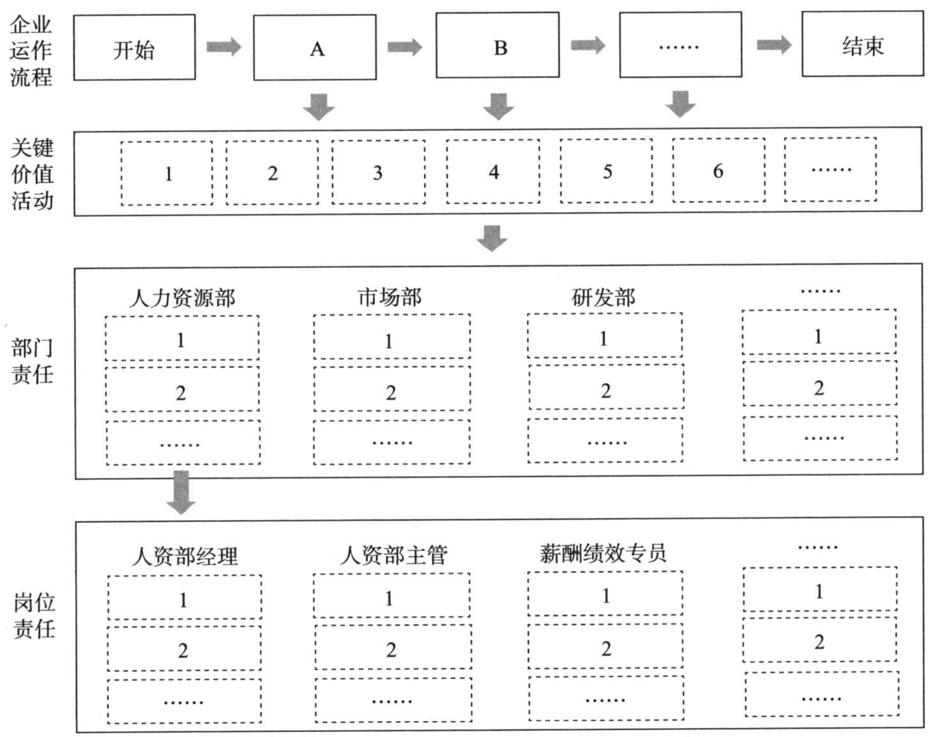

图 4-3　按流程确定部门责任及岗位责任

首先，梳理企业全业务流程，确定业务流程各阶段的关键价值活动；其次，将关键价值活动分配到各个部门，确定各关键价值活动的责任部门和协作部门。将与每个部门有关的关键价值活动进行汇总与提炼，确定各个部门的责任；最后，根据各部门的关键价值活动，输出各部门重点工作清单，再对单个部门的关键价值活动一一进行梳理，并分配到各个岗位。将与每个岗位有关的关键价值活动进行汇总与提炼，确定各个岗位的职责。

构建人人对事负责的流程责任机制，能够避免出现责任人缺失、部门间相互推诿等现象，形成人人对事负责的流程运作氛围。与此同时，人人对事负责的流程责任机制也会促使员工自觉提高自身能力和对事负责的意识，避免事事向上级请示，确保业务流程高效运作，强化组织战略执行力。

4.3.2 让责任主体与流程对接

企业在构建流程组织的过程中，会出现流程环节越分越多、越分越细的现象，这就会造成一个流程上出现很多责任人，反而让流程运行变慢、变迟钝。

笔者在为企业做流程诊断与咨询服务的过程中，经常遇到因流程划分过细、责任主体过多而导致的流程运行效率低的问题。例如，某企业市场部需要采购一个展柜，开始在内部走流程，从采购专员、采购经理到采购部长，再到综合管理部部长、财务部部长……一个简单的采购，找四五个甚至更多审核节点上的人签字，严重拖慢工作进度。

实践中，很多流程环节完全可以简化，对应的责任主体也可以归拢合并。例如，案例中采购部内部的流程完全可以简化，将采购专员、采购经理、采购部长三个责任主体合并为一个主体，以减少不必要的环节，缩短流程时间，提高流程运行速度。

当然，流程中责任主体的个性、能力等会对流程的执行力产生重要影响，不同的员工对流程制度的反应可能会存在差异。因此，在流程关键节点配置相应负责人时，要根据员工对流程制度的反应，来决定是否应该将其分配到相应的流程岗位上。图 4-4 简要阐述了四种面对流程制度有不同流程执行力的员工。

抵触型 不习惯，不适应、不执行	观望型 查得严就执行，查得不严就不执行
服从型 一定会严格遵守并执行	积极推动型 积极执行，并带动周围的人

图 4-4　四种不同流程执行力的员工

由图 4-4 可知，对流程有抵触情绪的员工，无法迅速适应因流程带来的原有工作节奏的变化，倾向于抵触流程的执行和推进；保持观望状态的员工，对流程的执行力度与流程检查的频率密切相关，即查得严就执行、查得不严就不执行；服从型员工，对企业推行的流程、制度规范等保持信任并严格遵守；积极推动型的员工对流程工作持有积极推动态度或深刻理解流程的本质，能够意识到流程执行意味着什么，他们不仅自己积极执行，还会带动周围人共同推进流程运行。我们在选择流程责任人时，应尽量选择积极推动型或服从型的人。

在流程责任人明确后，要确保各流程层级的责任人发挥作用，还需要组织中管理层和执行层的共同努力，而高层管理者提供的支持对流程责任落实的推动十分重要。图 4-5 阐述了为落实流程责任制，高层管理者应该提供的支持。

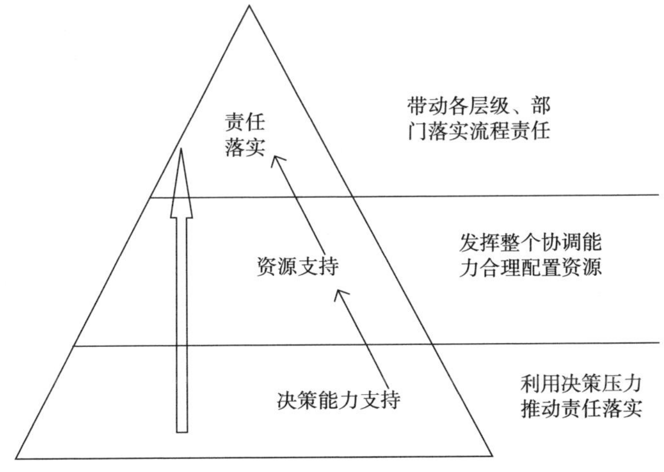

图 4-5　高层管理者推动流程责任制应提供的支持

对企业而言，高层管理者可以通过决策能力支持、资源支持带动各层级、部门落实流程责任，促使责任主体与流程紧密对接，确保流程运行效率。

4.3.3 保障流程责任的贯彻落实

流程的执行不能只依赖于流程责任人，还要建立严格的制度规范，将流程责任与绩效捆绑，提升员工的全流程责任意识，让流程中每一个员工不仅仅关注本岗位的输出，更关注全流程的结果。

麦肯锡针对流程管理的责任归属问题提出了全权负责制：设立项目流程责任人对全项目流程负责，同时每个子模块也会有相应的负责人。例如，在麦肯锡公司，咨询顾问麦克的主要工作是数据的收集和整理，而特纳在咨询项目中负责问题的系统化分析，两个人分别是子模块的负责人。两个环节中的任何一个出了问题，项目各层级的责任人都要被追责。麦肯锡欧洲区创始人享茨勒曾对他的下属强调过，流程上的责任是无法分担的，该是哪个人承担，就应该尽全力承担，项目的总负责人同样也要为整个流程的运作负责。

将流程责任与绩效捆绑，可以增强员工的目标导向意识。流程管理工作常常会涉及不同部门、不同岗位。不同职能岗位上的员工负责其中的某一项任务，然后按流程要求去执行，这是任务导向。而任务导向往往会使流程成员各自为政，孤立地看待自己所要完成的任务。但是，流程的各项任务都完成了并不意味着实现了流程目标，甚至有可能出现背离流程目标与客户需求的情况。目标导向意识则能够让大家学会站在全局的角度去系统地思考，破除本位主义，协同推进流程目标的达成。

此外，贯彻落实流程责任制，还要强化问责。出了问题就要真正地问责流程责任人，不担负责任就要被处理，形成流程威慑力，严防“破窗效应”。

【管理研究】破窗效应

“破窗效应”是由政治学家威尔逊和犯罪学家凯琳提出的，该理论认为：如果有人打坏了一幢建筑物的窗户玻璃，而这扇窗户又得不到及时的维修，别人就可能打坏更多的窗户。久而久之，这些破窗户就给人造成一种无序的感觉，结果在这种公众麻木不仁的氛围中，犯罪就会滋生、猖獗。

同样，在流程管理中，如果有人打坏了流程问责的第一扇窗，那么接下来你就不得不面对千疮百孔的局面了。正如卡耐基所言："对于一个上班迟到的人来说，你如果不惩处他，那么工厂里的其他人也就都有了迟到的理由。"一旦有一次"例外"和不公平发生，便会有接二连三的"例外"和不公平发生，于是"例外"和不公平就会成为惯例。因此，不主动担负流程控制点责任的人，或者只求形式遵从、明哲保身、不主动推动流程效率和效益持续提升的人，就一定要被问责。

4.4 强化流程执行力

任何管理工作都需要通过执行过程来实现目标，流程管理也需要通过执行过程将流程规划的想法转化为具体的行动，将目标转化为成果，将决策转化为实际效益。

4.4.1 实施规范化的流程管理

任正非曾说："如果不规范管理，那么主意越多，人心越乱。"规范化、标准化的流程管理能够保证流程执行过程中各个环节的质量，减少问题的出现，提高流程运作的效率。实施规范化的流程管理一是要将清晰的、重复运行的流程标准化，二是要将流程制度化。

1. 将清晰的、重复运行的流程标准化

要将清晰的、重复运行的流程标准化，首要环节是明确流程上各个岗位的操作标准，即制定一份完善的岗位标准化工作指南——Checklist。通过将重复运行的流程和流程中的突发情况，记录到岗位标准化指南中，从而将操作流程规范固化下来，为各层级流程参与人员提供指导。

岗位标准化工作指南中提供的指导性流程，通常汇集了企业过往的经验。因此，每次业务完成后对流程的回顾和反思环节将会成为下一个流程及 Checklist 设计的基础。可见，行动之后的反思（After Action Review，AAR）环节十分重要。表 4-4 简要阐述了 AAR 模板的内容。

表 4-4　AAR 模板[1]

AAR 名称	×× 流程（活动或项目）的 AAR			
参与人员名单				
模板填写人		填写时间		
AAR 记录				
主要工作、活动	预期目标	实际完成情况	预期与实际的差距原因分析	改进建议

AAR 这一环节为流程管理团队提供企业在过去的成功和失败中得到的经验和教训，以便改进未来的表现。AAR 通常可以应用于业务流程的阶段性工作、整个项目结束后，或是在流程中一些重大问题、疑难问题解决之后。图 4-6 阐述了结合 Checklist 和 AAR 的流程标准化形成路径。

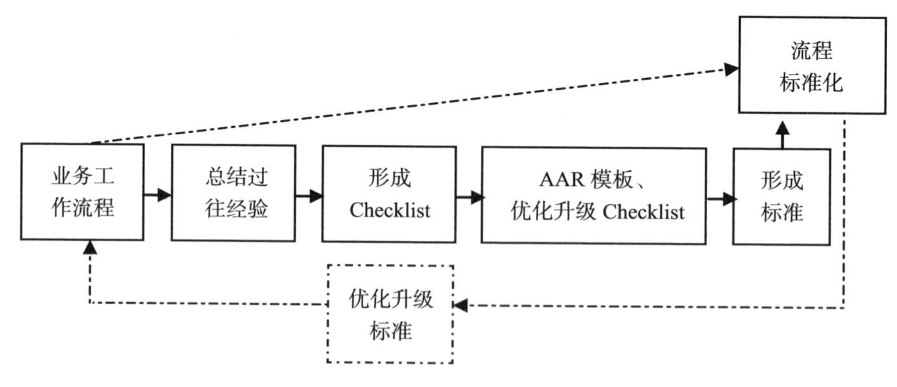

图 4-6　流程标准化形成路径

1 王玉荣，葛新红. 流程管理 [M]. 5 版. 北京：北京大学出版社，2016.

由图 4-8 可知，在业务流程的运行过程中，要在阶段性流程或全项目流程结束后，展开经验教训的总结。根据经验教训总结形成流程上各个具体岗位的标准化工作指南和 AAR 模板。通过使用 AAR 模板不断优化完善岗位标准化工作指南，逐步形成全业务流程的标准化操作，并在这一过程中不断优化升级流程标准，提高流程运作的整体效率。

2. 将流程制度化

对于任何管理活动来说，制度化建设均是重要手段。要将企业流程制度化，关键是要搭建起以业务流程为主线、条例清晰、层级分明的分类分级的流程制度架构。高质量的流程管理制度一方面能较好地指导岗位工作，减少对人的依赖；另一方面能帮助新员工快速掌握岗位所需知识和具体的操作要求，并实现独立操作。

【延伸知识】编制流程制度文件的要点

（1）将流程活动细化，按照逻辑详细描述。

（2）把握好活动的颗粒度，把握重点。

（3）将重要流程的目的描述清楚，便于流程操作者理解背后的原理。

（4）提炼重点的岗位知识点和操作要点，减少新员工不必要的摸索。

（5）将例外事件处理过程尽量文本化，提高流程的应变能力。

（6）用语规范、通俗易懂，逻辑清晰，起到指导作用。

通过将各层级流程操作制度化、文本化，逐渐形成从末端操作规范，到各层级流程分解，再到主干流程规划原则的一整套流程管理制度体系，如图 4-7 所示。

通常主干流程层的流程文本相对末端流程内容更简洁，逻辑更清晰，通过简洁化的流程描述提高流程运作速度。而末端流程涉及具体的工作规范和活动操作，文件描述应该尽可能细化易懂，真正起到指导作用。因此，在流程制度化、文本化的过程中要根据业务流程所处层级编制文件，让流程文件与业务实际匹配。

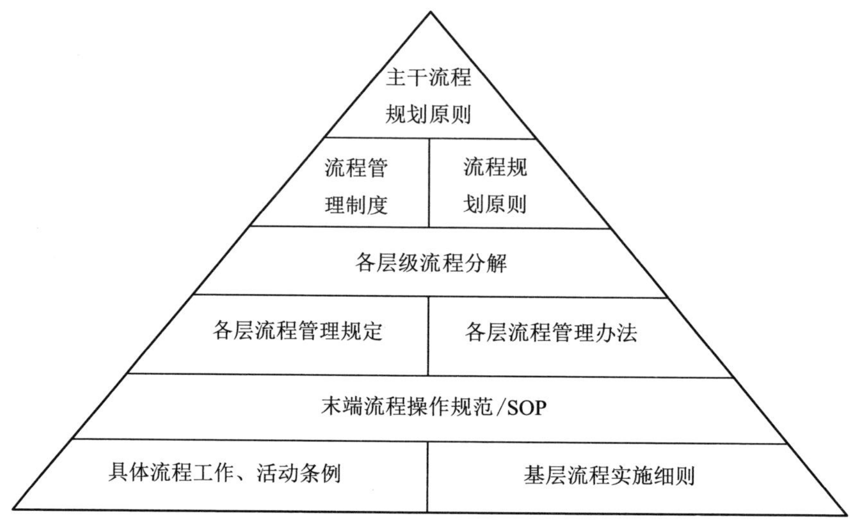

图 4-7　流程制度文件的整体架构

4.4.2　做好流程的培训和宣贯

流程能得到有效执行的前提是流程参与者能充分理解流程。这个理解不仅包括要理解是什么，即流程操作方法与规则，还要理解为什么，即流程设计背后的原理、目的等。

F 企业为了规范流程管理，决定编制流程管理制度，以制度保障流程执行。于是，F 企业组织专人耗时一个月编制、修订、审批。通过审批后，F 企业在公司内网发布了流程管理制度，并以公文的形式通知到每位员工。经过半年的实践后，F 企业开展了一次流程执行情况调研。调研结果显示，企业内部的流程执行情况与流程管理制度发布前相比，并无明显改善。原来，F 企业在发布流程管理制度后，没有组织专门的流程管理制度宣贯和培训。很多员工读了流程管理制度，但没法准确理解，造成流程执行效果不佳。

要解决类似 F 企业中出现的因流程执行者无法准确理解流程管理制度的问题，可以从以下两方面出发。

1. 做好前期的宣导共识

企业在流程设计、流程优化的各个环节，都要重视员工的参与。而不能由专人设计、优化完成后，再简单粗暴地“通知”员工执行。不管是流程优化还是流程执行，前期一定要详细调研流程上涉及的主体，收集各方的意见和建议。在这个过程中，不仅能让相关的流程参与人员提前理解流程设计或优化的背景、目的、要点等，为后续流程的推行落地减少阻力，也能增加流程设计或优化的科学性。因为流程参与者可以说是最了解流程的人，提前听取他们的意见建议，能有效保障流程设计或优化的合理性。

2. 加强流行培训和宣贯

要提高流程参与者对业务流程设计和运作本质的理解，进行必要的流程培训和宣贯是一种有效的方法。通过业务场景模拟、视频教学、讲师讲解等多样化的培训手段，让流程参与者掌握流程的要点。

一方面是对新入职的员工进行培训，使其理解流程计划和制度。新员工刚加入公司，对公司内部的文化、制度、人员都不了解。此时提供流程培训，相当于为新员工提供了一个了解全公司的机会。与此同时，在此阶段进行流程培训，有利于将正确高效的流程计划和制度尽早地固化到新员工的行为中，减少入职后犯流程性错误的可能性。

另一方面要给在职员工做好流程变更后的培训，提高员工在流程执行过程中的应变能力和解决实际问题的能力。对流程变更的培训内容包括流程变更的背景、目的、意义，以及流程设计的原则、对各岗位的要求、流程操作需具备的知识与技能等。

4.4.3 注重流程的监控与检查

流程在完成设计并正式投入使用后，并不是一劳永逸的。相反，流程的设计和运行是一个持续渐进的过程，必须重视流程的监控与检查，及时发现流程中的不足，为流程优化与持续改善提供依据。流程检查的方法包括流程稽查、流程绩效评估、客户满意度评估、流程审计等。

1. 流程稽查

流程稽核工作是由流程归口部门或流程所有者针对企业成熟度较高（在运作过程中很少出现问题或被抱怨）的重要流程，通过例行的绩效考核、流程体系审核等手段，检查流程的适宜性，确保流程执行的效果。

2. 流程绩效评估

所谓流程绩效评估，就是围绕流程目标，评估流程的绩效状况，以检验流程绩效是否实现了流程目标。流程绩效评估工作可以从四个方面展开：一是与流程绩效目标对比，找出流程绩效与设定的目标之间的差距，从而发现流程存在的问题；二是当同样的流程在企业的不同区域被执行时，可以通过横向对比的方法，发现流程问题，并促进不同区域之间流程绩效的良性竞争；三是可以通过将企业的流程绩效与同行业主要竞争对手进行对比，了解企业流程管理的不足，为流程改善提供方向和目标；四是考核人员可以利用管制图等工具，对流程绩效评估结果的稳定性进行分析，判定流程是否属于可控制状态，为流程改善提供依据。

总体而言，流程绩效评估的目的是实现流程绩效目标。因此，当流程绩效没有达标时，流程管理人员应该分析原因，制定解决方案，针对性地解决问题。

3. 客户满意度评估

流程管理强调客户导向，倾听客户对流程的评价，对流程管理有重要作用。我们可以通过问卷调查、收集客户投诉信息、面对面深度交流、引进专业测评等方式收集客户满意度的相关信息。在收集客户满意度信息的过程中，需重点关注公开传播的负面信息、“大客户”和“老客户”的意见。

值得注意的是，流程管理人员要确保所收集的客户满意度信息具有较强的可靠性，但不必过分拘泥于“量化”。有时详尽调查后的“直觉感受”，往往比貌似精确、量化的问卷和报告书更可靠。因为客户满意度往往是一种主观的、动态的感受。

4. 流程审计

流程审计是依据相关的审计准则，对流程体系的符合性、合理性及有效性进行客观评估。流程审计是在充分理解流程的前提下，结合规范化的手段，评价企业风险管理、内部控制和治理程序等。它是一个全面的、系统的、独立的并形成文件的过程。实践中，流程审计需成立专门的审计小组，实施包括召开首次会议、现场审计、召开末次会议等主要工作。如图 4-8 所示。

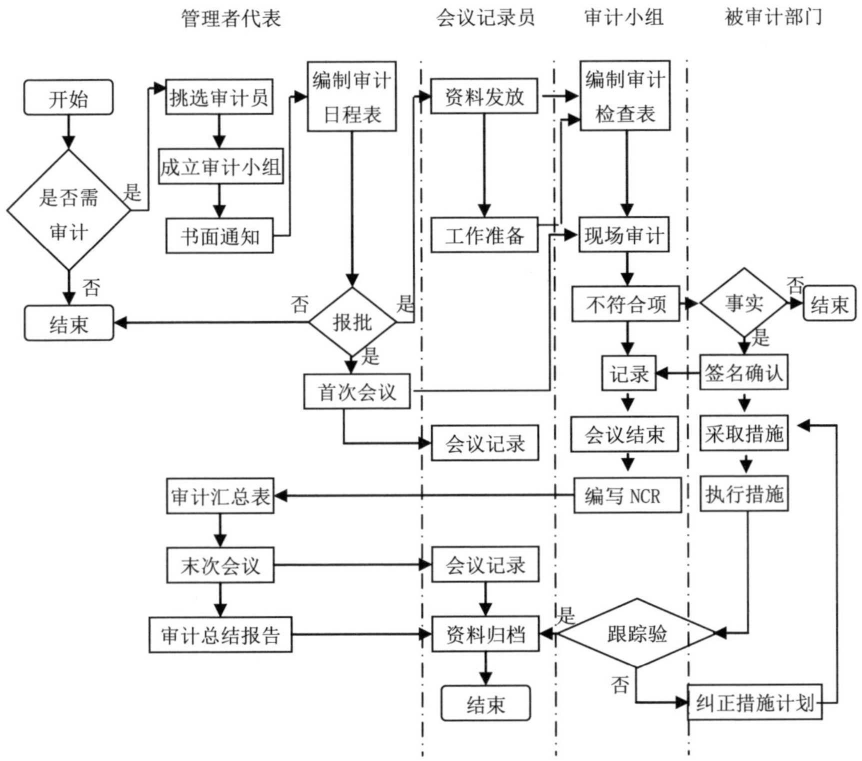

注：NCR 即 Non Conformance Report，不符合项报告

图 4-8 流程审计的实施过程

通过专业、细致的流程审计，我们可以从根本上发现和解决流程中长期隐藏的问题，继而采取有效的改进措施，使整个流程更具合理性和有效性。在完成流程审计工作之后，要通过文件的形式对整个流程现状做出分析，并对现有流程问题加以说明。这就需要编制流程检查分析报告，以此作为流程

改进、完善、再造的依据。

4.5 诊断与优化流程

通过流程稽查、流程绩效评估、客户满意度评估、流程审计等方式对流程做了系统检查和分析后，要准确识别流程问题的根本原因，选择适宜的流程优化方法，开展流程优化与再设计工作。

4.5.1 识别流程问题发生的根本原因

通过流程检查，会识别出某些环节的流程问题和潜在的风险。无论是小异常还是大风险，一旦出现都会影响全流程的运作效率。如果在流程的关键控制点发生异常，将会为流程管理工作带来更大的成本。因此，要及时识别流程中的异常、风险和问题发生的原因，通过对原因深入、全面的分析，找到最根本的原因并进行改善。

展开流程问题根本原因分析的方法有很多种，六何分析法（5W1H 分析法）是其中一种比较实用的方法。5W1H 分析法是对流程中选定的项目、工序或操作，从原因、对象、地点、时间、人员、方法这六个方面提出问题进行思考。例如，利用 5W1H 分析法对生产流程进行分析时，内容如表 4-5 所示。

表 4-5　5W1H 分析法

事项	现状如何	为什么	能否改善	如何改善
对象	生产什么	为什么生产这种产品	是否可以生产别的产品	到底该生产什么产品
目的	什么目的	为什么是这种目的	有无别的目的	应该是什么目的
场所	在哪里生产	为什么在那里生产	是否可以在别的地方生产	应该在哪儿生产
时间	什么时候生产	为什么在那时生产	能否在其他时间生产	应该什么时候生产
作业员	由谁负责	为什么由那个人负责	能否由其他人做	应该由谁负责
方法	为什么那样做	为什么使用那种方法	有无其他方法	应该使用什么方法

（1）对象分析。如企业生产什么产品？车间生产什么零配件？为什么生

产这个产品？能不能生产别的？到底应该生产什么？如果现在这个产品不能获得利润，是否可以换一个利润更高的项目？

（2）场所分析。如生产是在哪里进行的？为什么在这个地方进行？是不是可以换个地方？应该选择什么地方？

（3）时间和程序分析。如现在这个工序或者零部件是在什么时候生产的？为什么在这个时候生产？能不能在其他时间生产？能不能将下一道工序提前？应该在什么时间生产？

（4）人员分析。如现在这个事情是谁在做？为什么让他做？如果他既不负责任、人际关系又不好，是不是可以换人？换一个人能不能改变现状？

（5）方法分析。如现在我们采用的是什么工艺方法？为什么用这种方法？可不可以用别的更好的方法取代？

对流程问题进行根本原因分析，就能够精准知道问题到底是在哪个环节或哪些要素中，以便及时介入。不能仅仅针对表面可见的流程问题进行改善，这样治标不治本，甚至有可能导致问题的重复出现。因此，只有找出问题产生的根源，才能彻底根除流程运作的异常，以实现流程改善的目的。

4.5.2　选择适宜的流程优化方法

确定流程问题根因后，要立即开展流程优化与再设计工作，尽量减少企业的损失。流程的优化方法主要有 ECRS 分析法、ESEIA 分析法、并行作业法、标杆管理法等。

1.ECRS 分析法

著名管理学家唐纳德 · C. 伯纳姆提出提高效率的三个原则：当处理流程工作时必须要自问能不能取消冗余环节，能否将同类工作进行合并，能否使用更便利的方式完成工作。ECRS 分析法是简化流程提高工作效率常用的方法，通过取消、合并、重新排序及简化这四个步骤展开流程优化工作。表 4-6 阐述了 ECRS 分析法应用于流程优化工作的具体步骤。

表 4-6 ECRS 分析法

ECRS 具体步骤	具体要求和注意点
步骤一： 取消（Eliminate）	取消流程中的冗余环节，是优化工作程序第一步。对于有良好内部控制环境的，可考虑“取消”某些不合理程序或删除“冗余”环节
步骤二： 合并（Combine）	将企业流程化零为整，将两个或两个以上的环节合在一起。合并流程能叠加优势，消除劣势
步骤三： 重排（Rearrange）	将所有任务环节按照合理的逻辑重新排序或改变其他要素顺序后，让各环节重新组合，从而达到提高工作效率的目的
步骤四： 简化（Simplify）	借助现代管理工具，如 IT，简化比较复杂的流程环节

2.ESEIA 分析法

ESEIA 分析法由消除（E）、简化（S）、增加（E）、整合（I）和 A（自动化）几个步骤组成，其具体内容如下。

第一步，E（清除）：找出不增值的活动，并彻底清除它。

第二步，S（简化）：消除不增值的活动后，还要对必要的活动进行简化。

第三步，E（增加）：流程优化不仅仅是简化流程，还要根据需要，增加一些能够创造价值的流程活动。

第四步，I（整合）：流程管理者要对简化、增加后的活动进行整合，使其更加易于执行。

第五步，A（自动化）：完成以上步骤后，流程管理者要充分利用信息技术自动化功能，固化流程，提高流程处理速度与质量。

3. 并行作业法

有些流程的各工序之间有多层次的逻辑关系，如果仅仅顺次运行，流程运行总时间会较长。此时，如果对计划实施多层的逻辑性排列，即将纵向的串行作业改为横向的并行作业，就会大大缩短流程运作时间。不过，在更改流程的过程中应注意几点：一是不影响必要的逻辑顺序和规律；二是充分细分活动，找出活动之间的逻辑关系；三是将可以并行交叉的部分尽量并行交叉进行。

4. 标杆管理法

标杆管理法，就是将本企业的各项流程活动与标杆企业进行对照、比较与分析。通过这种对照、比较与分析，将标杆企业的优秀实践作为自身的发展目标并选择性地借鉴，从而弥补自身的不足，提高企业生产经营能力。实践中，企业可以对标的标杆包括竞争对手的优秀实践、同行业一流企业的最佳实践、跨行业一流企业的优秀实践等。

【延伸阅读】华为流程优化“日落法”

2016 年 10 月 26 日，任正非在“华为质量与流程 IT 管理部员工座谈会”上提出，“流程必须持续简化，IT 应用及文档文件要有日落法”，即“每增加一段流程，要减少两段流程；每增加一个评审点，要减少两个评审点”。

当企业出现流程异常、风险或问题时，企业需根据自身实际情况，选择适宜的流程优化方法展开流程优化工作，实现企业风险、成本、速度、质量的控制和优化。

4.5.3　设置虚拟的流程优化组织

流程优化是一项系统性的工作，往往不是一个部门可以单独完成的，需要一个统筹协同的虚拟流程优化组织来保障流程优化工作稳步落地。

在华为的财经体系变革过程中，华为在组织结构层面成立了财经变革指导委员会，以监督财经服务变革项目的推行。该指导委员会成员包括华为的核心领导层，如当时的首席法务官郭平、首席销售和服务官胡厚崑及首席财务官梁华。其中，郭平任变革指导委员会的主席。他们三人共同决定财经服务变革项目中的重要事项，直接向任正非汇报。在财经服务项目变革中，华为项目团队约有 200 人，包括接近 60 人的 IBM 顾问团队。

除了财经变革指导委员会，华为在公司层面还设立了项目管理办公室，以监督财务服务变革项目中子项目的进展与推进情况。

华为在财经体系变革中设立包括变革指导委员会（RSC）、变革项目管理办公室（PMO）及变革项目组三个层级的虚拟组织，以保障变革的顺利实施与推进。流程优化与组织变革一样，往往涉及企业多个部门。因此，设立虚拟的流程优化组织是非常有必要的。但是，具体该设什么样的虚拟流程优化组织结构，尚未形成定论。不同的企业由于业务情况的差异，其流程优化组织的形态也有所不同。图 4-11 简要阐述了常见的虚拟流程优化组织的构成。

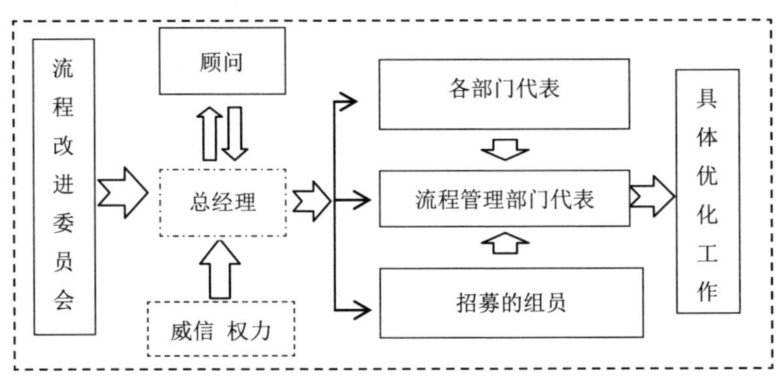

图 4-11　虚拟流程优化组织结构[1]

由图 4-11 可知，这个虚拟的流程优化组织并非一定是独立存在的，可以整合到具体的流程变革项目中，组织形式也可以根据具体的任务进行变更。流程优化工作往往涉及众多职能部门，需要多方共同推进。因此，虚拟流程优化组织需要一个强有力的领导，可以是专门分管流程管理工作的高管或总经理。与此同时，在流程管理方面具有丰富的流程再造和变革经验的管理者可以担任顾问，参与指导实际的流程优化工作。

流程管理部门代表具体负责流程优化工作的规划、监控、汇报和评估等工作，具体参与识别无效流程环节、删减冗余流程的工作。同时，会根据流程优化的实际情况，在各部门抽取流程工作人员共同参与推动流程优化工作。

为保障虚拟流程优化组织得到有效运作，企业还需要建立配套的管理机制。例如，将流程优化与绩效考核捆绑，并设计相应的奖惩措施，以提高虚拟流程优化组织中各主体的积极性与主动性，保障流程优化效果。

---

1 陈立云，金国华. 跟我们做流程管理 [M]. 北京：北京大学出版社，2010.

第5章 流程化组织

流程是执行业务的规则和路径，组织是执行业务的主体。从长远来看，面向客户需求，建立基于流程来分配权力、资源和责任的流程化组织是推动业务发展的重要支撑。

5.1 以客户为导向

一个好的组织设计，最根本的目的是确保组织中的每一个部门、每一个岗位都能敏捷、灵活、高效地为客户服务。因此，流程化组织建设需坚持客户导向，让组织更有弹性、更有活力。

5.1.1 以客户为导向设计组织

企业组织结构的演变过程往往体现企业不断接近客户的努力。一般来说，越贴近客户的企业，在客户心中影响力越大的企业，企业的竞争实力也会越强。华为在企业内部一直主张：让听得见炮火的人来呼唤炮火，将决策权力前移。这就是以客户为导向的原则在组织设计中的体现。与华为一样，很多优秀的企业都坚持以客户为导向设计组织。

作为地产界的领先企业，万科始终跟随时代而动，聚焦客户，设计组织。从2001年开始，万科逐渐完成地产业务聚焦，走专业化发展路径。2002年，万科在企业内部进行了业务流程的重组和优化，逐渐建立起“总部强管控、城市子公司弱矩阵项目化管理”的组织结构。此时的管控体系是“总部建立标准，城市子公司执行标准”。

随着业务的扩张，城市子公司也越来越多，管控难度变大。万科着手进行组织结构调整，成立区域公司，形成“总部—区域管理本部—城市子公司”的三级组织结构。最开始，区域管理本部是“有责无权”的，只是承担着城市子公司的监督者的角色。因此，区域管理本部的成立并没有带来管理效率与客户需求响应速度的大幅度提升。随后，万科将总部产品管理部的职责下放到区域管理本部，区域管理本部承担项目进度和品质管理等职责，以更加灵活的方式支持一线运作。2018年9月，万科再次宣布调整总部组织结构：撤销总部根据专业分工设置的12个部门，成立事业发展中心、管理中心、支持中心。三大中心运营相对独立，进一步减少了部门壁垒，提高了总部的决策效率及对一线的服务效率。

万科的多次组织变革，始终是围绕“面向客户需求，提升组织灵活性”进行的。在这样的组织队形保障下，万科也不断向前发展，成长为千亿级房企。

笔者在给某地产公司（X 公司）做咨询服务时发现，该公司也会以客户为导向及时调整组织。X 公司的总部在上海。为了拓展中部城市市场，X 公司在长沙设立分公司，并一鼓作气拿下五个项目，准备短时间内有所作为。

五个项目接连启动，设计工作大量重叠。按照公司的制度和组织分工，长沙公司五个项目的方案设计由总部来完成。但分公司在长沙，总部在上海。总部获取最新信息和资料后，配合的及时性、全面性都存在困难。例如，关于项目周边的楼栋信息，长沙分公司可以直接去档案馆调取。与此同时，长沙分公司也可以第一时间接收客户意见，有什么问题的话可以直接与客户沟通，并按照要求和修改条件进行修改。但总部在通过长沙公司间接获取并理解这些信息或资料的过程中就会产生差异和缺失，设计成果的准确性大打折扣。在这种情况下，总部设计出来的方案下发给分公司时，就会出现报审时项目不合规范或要求等问题，从而严重拖慢项目进度，并引起客户诸多不满。

为了保证项目的顺利运行，X 公司调整组织运行模式，将设计权力下放到分公司，总部负责控制产品建设和产品规范。在此运作模式下，X 公司的方案设计质量与客户需求响应速度都得到了明显提升。

如今，在激烈的市场竞争下，各大优秀企业都紧跟环境变化，以客户为导向频繁调整组织，促使组织始终保持高效作战能力，进而抓住市场战略机会，打造领先优势。纵观优秀企业组织变革的趋势，我们可以发现，以客户为导向设计的组织有以下几大特点。

（1）决策链短，可以快速做出反应，应对竞争环境的不确定性。在面对复杂、动态的外部环境时，企业能否更快感知环境因素的变化，快速做出反应并及时调整，是关系企业生存发展的关键。

（2）可以更好地满足客户的差异化需求。以客户为导向设计的组织，其权力注重向一线倾斜，后方平台提供充分的支持。一线拥有调动资源、及时决策的权力时，有利于企业加强对当地市场的组织和管理，及时捕捉到当地市场信息，快速响应客户需求，并使客户需求及时得到满足。

（3）可以促进产品的差异化演进。当组织能及时掌握客户的差异化需求时，就可以根据不同的客户需求研发设计新的产品，推进产品多元化发展。

实践中，市场环境、客户需求是不断演变的。在这样的前提下，企业就要不断以客户为导向对组织进行适当调整，以牵引组织持续前行，实现企业的可持续发展。

5.1.2 参考业界标杆设计流程化组织

不是所有的实践都应该从零开始，站在巨人的肩膀上去实践，有时能达到事半功倍的效果。企业在以客户为导向设计流程化组织时，可以参考业界标杆企业的最佳实践。华为在流程化组织建设的过程中，就花了数十亿元吸收世界先进企业的方法。

从 1996 年开始，华为系统地聘请 IBM、Hay Group（合益集团）、Mercer（美世咨询公司）、毕马威、德勤、盖洛普、德国国家应用研究院等世界先进企业帮助其进行业务流程、战略管理、人力资源管理、财务管理、质量控制与生产管理等各方面的变革（如图 5-1 所示）。1997 年，华为与 Hay Group 合作，进行人力资源管理制度变革，建立起以职位体系为基础、以绩效与薪酬体系为核心的现代人力资源管理制度。1999 年，华为与 IBM 合作，启动了以 IPD（集成产品开发）、ISC（集成供应链）为核心的业务流程变革。通过不断引进标杆企业的先进管理经验，华为逐步建立起了“以流程型和时效型为主导”的先进管理体系。

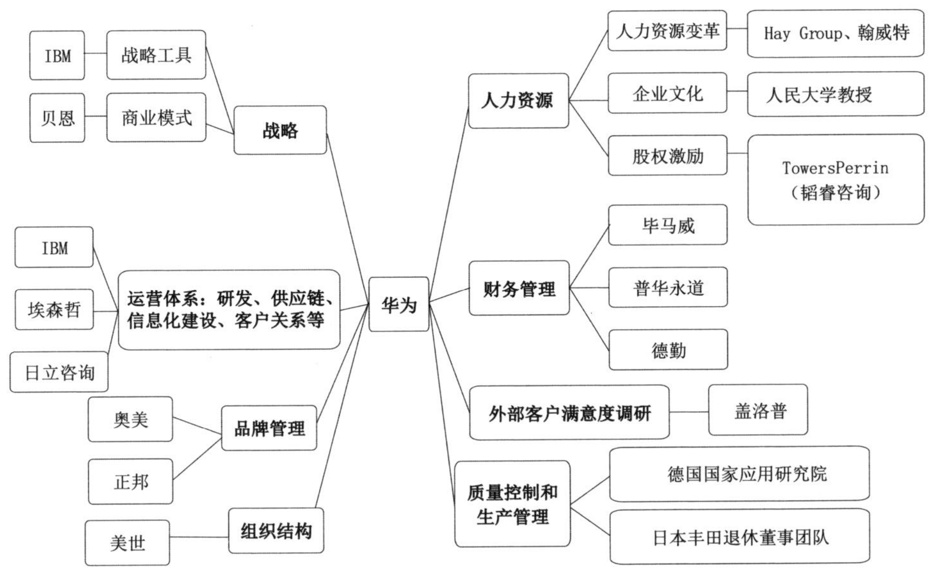

图 5-1　与华为合作过的世界级咨询公司

当然，在学习的过程中，华为不是照搬优秀企业的实践，而是学习其这么做的背后逻辑，再结合自身实际情况进行改良。许多研究企业管理的学者和咨询师在深入研究了华为的管理实践和管理思想后，得出一个共同的结论：华为的管理比较独特，是“中西合璧”，但是又“非中非西、非驴非马”。华为在引进西方先进管理技术的基础上又结合华为自身实际在很多方面进行了创新。例如，任正非第一次提出业务流程变革时，强调要将新流程“先僵化、后优化、再固化”。在引进先进管理体系的初期，没有深刻理解的情况下，关键是要先机械地、教条式地掌握并深刻理解先进管理体系的核心。学会了其本质后，再进入优化改良阶段，形成有华为自身特色的流程管理体系。最后，通过制度化、标准化、文本化，将流程固化下来。

管理永远是实践的艺术。最好的管理理论与实践，在标杆企业、咨询公司中，不在课堂里。企业在组织建设的过程中要学习标杆，大胆吸收先进管理理念，不断优化组织和流程，提高管理效率。需要注意的是，学习标杆并不是把先进的管理经验拷贝一份回来，企业就能有好的管理了，而是要结合自身的实际情况，消化吸收其中的精华内容，然后运用到自身的发展实践中，形成符合自身需要的先进管理模式。

5.1.3 遵循以点带面的建设原则

流程化组织建设是一项庞大的工程，不可盲目激进，应尽可能试点先行，以点带面逐步推广。

试点先行的原则在很多领域都被普遍认可。在科学研究领域，产品必须经过样本实验后才能逐步推广。以疫苗研究为例，疫苗的研发通常要经过实验室研制，临床前研究，Ⅰ、Ⅱ、Ⅲ期临床研究等多个阶段，直到确认安全性后才会大规模推广使用。在社会领域，政府政策的施行更是严格坚持“先行先试、以点促面、逐步推广”的思路，深圳经济特区的建立就是政策试点的样板。

企业改革与国家改革是异曲同工的。企业改革往往会波及不同区域、不同部门，很难一下子让所有人都接受改变。所以，要试点先行，在形成可复制、可推广的经验做法后，再以点带面逐步推广，以减少改革风险。

华为的流程变革历程，也是坚持“试点先行、以点带面”的建设原则的。从整个流程体系建设来看，华为最先是在研发领域实施IPD流程变革。IPD流程变革成功后，再以IPD为样本，实施ISC（集成供应链）、LTC（从线索到回款）、IFS（集成财经管理）等各领域的流程变革。从单个流程建设来看，IPD流程变革是先选取三个项目试点，然后在50%的项目中推广，再扩大到80%的项目，最后推广到所有项目。可以说，华为各领域流程建设的成功，是一个个试点样板的辐射推广。

【延伸阅读】华为组织变革“七反对原则”

（1）坚决反对完美主义。任正非说：“我们搞流程的人不存在完美，流程哪来的完美？流程是发展的、改变的，外部世界都在变，你搞完美主义我时间等不起！”

（2）坚决反对烦琐哲学。不要烦琐，尽量简化，能够两步走的就两步走，不要去增加三步四步。

（3）坚决反对盲目的创新。有很多创新是被允许的，但是不支持盲目创新，没有经过实践验证的创新是要反对的。

（4）坚决反对没有全局效益提升的局部优化。华为强调，如果这项变革只能给你一个部门带来利益，对华为整体却毫无益处，那就保持稳定，不要去改变它。

（5）坚决反对没有全局观的干部主导变革。参与变革的人员一定要有全局观进行运作协同，而不是屁股决定脑袋。

（6）坚决反对没有业务实践经验的人参加变革。变革就是复制以前的成功经验，建立体系。如果参与变革的人不懂业务，他能有成功经验吗？

（7）坚决反对将没有充分论证的流程进行实用。流程在正式推出之前要找一些部门或团队做试点。试运行后再做适当推广，一直到最后的全球推广。

试点先行一方面有利于降低改革风险，一旦试点不成功，其影响的范围相对较小。另一方面，如果试点成功，形成的成功经验不仅能很好地为后续变革提供指导，也能有效减少全面改革的阻力。

5.2　流程化组织设计

将组织建设成流程化组织，所有员工面向流程，实际上就是让员工面向客户，促使组织在不断满足客户需求的过程中实现能力提升。建设流程化组织首先要沿着主干流程确定组织结构，再沿着流程匹配角色和岗位。

5.2.1 流程化组织的特征与优势

流程化组织是为了提高对客户需求的反应速度建立起来的以业务流程为中心的组织。流程化组织与传统的职能型组织相比存在很多不同，如表 5-1 所示。

表 5-1 流程化组织与职能型组织的对比分析

类别	流程化组织	职能型组织
组织结构	扁平化，以流程为中心	垂直层级，以职能为中心
运作机制	以客户为导向，着眼端到端的价值创造，拉通各部门协同运作	有职能界限，各部门追求局部优化；协调机制不健全
管理方式	分权	集权
沟通方向	垂直与水平相结合	水平
工作目标	客户需求	领导或职位要求

在流程化组织中，每一个管理环节都积极指向客户。在这样的组织模式下，客户需求就如脉冲一样可以持续地"冲击"整个组织，让组织保持活力。

1990 年，美国著名管理学家迈克尔·哈默在《哈佛商业评论》上发表了一篇题为《再造：不是自动化，而是重新开始》的文章，率先提出"企业再造"的思想。所谓"企业再造"就是以流程为中心，重新设计企业的经营、管理及运作方式。此后，"企业再造""流程再造"成为热门话题。迈克尔·哈默指出："企业的流程和组织出了问题，如果这个根本性问题解决不了，企业早死晚死都得死。"

据悉，1994 年开始，美国 3/4 的顶尖大公司都展开了再造工程，其中就包括 IBM。1993 年，郭士纳出任 IBM 董事长时，IBM 正面临空前亏损。为了挽救 IBM，郭士纳借助迈克尔·哈默的思想在企业内部展开了针对流程的全面变革，包括研发流程 IPD（集成产品开发）、供应链流程 ISC（集成供应链）等。IBM 通过流程变革打通了各业务环节，促使组织向流程化组织进化。流程化组织的建设让 IBM 真正实现了以客户为导向，也让 IBM 起死回生。1996 年，IBM 股票升到每股 145 美元，达到了九年来的最高点。

IBM 流程化组织建设的成功经验也被很多优秀的企业引入，其中就包括华为。华为在 IBM 的帮助下，进行了流程化组织变革，为华为的飞速发展奠定了坚实的基础。

流程化组织建设对企业发展的作用已经在很多企业中得到了验证。那么，对企业而言，流程化组织究竟有什么优势?

流程化组织的优势至少可以归纳为四个方面：

（1）将以部门为主的管理模式，转变为以业务流程为核心的管理模式，打破了以部门为中心的工作壁垒。

（2）由对人负责转变为对事负责，改变了权力中心的运作模式，淡化了功能组织的权威。

（3）流程体系是固定的，这样即使员工或管理者出现离职或轮岗等现象，企业运作也不会受到影响。

（4）实现了扁平化管理，压缩了组织的层级，降低了管理成本，提升了组织的灵活性。

总体而言，流程化组织是端到端关注客户需求，以客户为中心的组织；是以流程为导向，沿着流程来分配责任、权力和角色的组织；是拉通各职能部门协同运作的服务型组织。

5.2.2　沿着流程进行宏观组织匹配

流程化组织的设计分两步走：第一步是沿着流程进行宏观组织匹配，第二步是明确岗位所承担的角色。沿着流程进行宏观组织匹配时，可以借助 4R 工具进行。

4R 工具是华为沿着流程进行宏观组织匹配常用的方法。前文提到，华为将内部流程分为 15 项一级流程，并将一级流程分级为 L1 ~ L6。华为进行宏观组织匹配时，是沿着 L1 ~ L4 流程进行的，L5 ~ L6 流程则主要用来匹配岗位与职责。4R 即 AR（Accountable Responsible，责任人）、TR（Total Responsible，全面执行者）、PR（Partial Responsible，部分执行者）、CR（Customer Responsible，客户界面执行者）[1]，具体如表 5-2 所示。

表 5-2　4R 角色描述

角色	具体描述
AR	管理并执行流程，是流程的 Owner（所有者）。因此，每个流程只能有一个 AR
TR	执行整个流程或流程中的大部分活动
PR	执行部分流程，即流程中的部分活动
CR	执行不同客户场景下整个流程或大部分活动

4R 分析工具界定了流程中组织的不同角色。借助 4R 分析工具可以明确流程运作过程中，组织调整与优化的方向，如图 5-2 所示。

流程	组织1	组织2	组织3	……
1	AR	横向分析 AR	AR	
2	PR	PR	CR	
3	TR	PR	CR	纵向
4	TR	PR	CR	分析
5	TR	PR		

图 5-2　利用 4R 工具分析组织与流程角色的匹配性

图 5-2 示范了如何利用 4R 工具从宏观上分析组织与流程的匹配性。通过横向与纵向分析，我们从图 5-2 中可以发现几个问题：首先从横向上看，流程 1 中，存在多个 AR 即流程 Owner；其次从纵向上看，组织 1、组织 2、组织 3 均在多个流程中扮演相同角色，即存在同一个组织职责过多的问题。

1 张小峰. 从组织结构、流程梳理到责权手册 [EB/OL].（2021-03-09）[2021-05-25].

利用 4R 工具对组织与流程的匹配性进行宏观分析后，我们就能发现组织中哪些地方需要调整，哪些地方需要优化。一般来说，利用 4R 工具对组织与流程的匹配性进行分析时，需要注意以下两个问题。

（1）关于 AR，有两种情况。一是同一个流程存在过多 AR（Owner）。前面强调过，流程 Owner 有且只有一个。在同一个流程中存在多个 AR，就表示有“多头领导”现象。一旦出现“多头领导”，就会降低流程的运行效率，增加部门冲突。在这种情况下，就要重新分析组织权责，并最终在流程中确立一个 AR。二是流程中没有 AR，这会导致流程“无人管理”，流程运行变得困难。

（2）关于 TR/PR/CR，也有两种情况。一是一个组织单元在不同的流程中承担过多 TR/PR/CR 角色，这意味着同一个组织单元参与执行多个流程。在这种情况下，需要企业思考是否能将部分流程角色拆分到其他组织单元中去。二是一个组织单元承担过少 TR/PR/CR 角色，这就需要企业思考是否需要增加该组织单元的职责或直接取消该组织。

对企业而言，最核心的是业务流程。业务流程以满足客户需求为根本，将多个输入转化为对客户的价值输出。因此，流程是位于组织之前的。尽管流程和组织有着明晰的对应关系，但当流程与组织不匹配时，企业就需要调整组织以适配流程。

5.2.3　明确岗位所承担的流程角色

沿着流程进行了宏观组织匹配后，组织结构基本上会确定下来。接下来，就要明确岗位所承担的流程角色。我们可以利用 RACI 模型进行权责梳理和角色定义，明确流程活动中岗位所承担的流程角色。

【管理研究】RACI 模型

RACI 模型是用来定义某一项活动参与人员的角色和责任的常用工具。

它采取矩阵的形式，一般来说，纵轴放置流程中的各项活动，横轴放置流程活动中的所有角色。流程活动中的角色主要分四类，即：

（1）谁负责（R：Responsible），具体负责任务执行。R 是实际完成工作任务者，可由多人分工，其程度由 A 决定。

（2）谁批准（A：Accountable），最终对任务负责的人，其有审批或否决权。每一个流程最好有且只有一个“A”角色。

（3）咨询谁（C：Consulted），在任务实施前或实施过程中提供指导性意见的人。通常需要双向沟通。

（4）告知谁（I：Informed），在做出决策或采取行动后，需要及时被通知结果的人。通常仅为单向沟通。

利用 RACI 模型分析并明确岗位流程角色时，我们可以借助矩阵形式，分别进行纵向、横向分析。

如图 5-3 所示，将流程活动与岗位分别放置在纵轴、横轴上，并在空白处填入每个岗位在流程活动中承担的角色（R/A/C/I）。填写完毕后，分别进行纵向、横向分析。

流程活动	岗位1	岗位2	岗位3	……
1				…
2				…
3				…
4				…
5				…

图 5-3　利用 RACI 模型分析岗位角色

1. 横向分析

如果横向没有 R，就代表此项流程活动没人执行，大家都等着批核、被咨询、被告知。如果横向有过多的 R，就需要思考该项流程活动是否存在职责重叠；是否存在任务在不同岗位间反复执行，而无法向前推进的情况。这时，需要简化或取消职责。如果斜向有过多的 R，则需要思考该流程活动的交接步骤是否过多，是否有合并的可能。

如果横向没有 A，就意味着该流程活动没总负责人。这时就需要挑选、任命一人担任 A。

如果横向有太多的 C，就要思考是否需要那么多的“顾问”。因为过多的咨询会增加任务的时间、成本。

如果横向有太多的 I，则需要思考是否需要告知那么多人。I 的确定应以实际的业务需求为准，而不应被“官僚 / 权威”左右。

2. 纵向分析

如果纵向有太多的 R，则需要思考该个体是否有足够的能力执行多项流程活动，是否需要把部分 R 的职能拆分到其他岗位中去。

如果纵向没有 R 或 A，则需要思考是否可以削减该岗位或增加该岗位的职能。

如果纵向有过多的 A，则需要思考是否适当授权；是否应将某些流程活动的 A 拆分给其他岗位，以有效制衡；是否会出现所有事项都等着该个体决策，造成流程难以推进的情况。

此外，纵向上还需要重点分析该个体在流程活动中承担的角色是否与其能力相匹配。

在利用 RACI 模型明确岗位角色时，要注意：A 有且仅有一个；R 可以有多个，A 可以兼任 R；R 不兼任 I 与 C。利用 RACI 模型明确岗位流程角色可以让岗位职责设计更全面。因为流程角色是岗位职责的重要来源，这能有效弥补部门内部“关起门”设计岗位职责的不足。此外，利用 RACI 模型明确岗位流程角色可以增强流程的适用性。用岗位去匹配流程角色，能有效减少因人员变动对流程运行的影响，保障流程稳定运行。

5.3 减少不必要的管理层级

任正非曾说："管理就是两件事，降低成本、提高效率。"企业的管理层级是影响组织效率的重要内容。在建设流程化组织的过程中，要尽量减少不必要的管理层级，促进组织效能的充分发挥。

5.3.1 管理层级以业务逻辑特征为基础

企业是根据业务运转需求，完成要素之间的分工与组合的。管理层级以业务逻辑特征为基础，随着业务的扩张而分化或增加。

【管理研究】组织中不同管理层级出现的原则 [1]

国内知名管理咨询专家李书玲指出，组织中不同管理层级出现的顺序通常符合两个原则：

（1）越是靠近业务一线的层级越早出现。

（2）层级出现的顺序与结构延展过程中业务主体出现的顺序基本一致。

企业管理层级的发展是由业务牵引的。当企业的业务基于战略布局不断扩展时，企业的管理层级也会逐渐分化。

京东自2007年开始自建物流。一直到2011年，京东物流都只是作为京东集团下的一个"部门"而存在的。2012年，京东正式注册物流公司。2013年，京东自建物流网络覆盖全国1000个区县，京东物流不断专业化、规模化。随着业务的不断扩张，2017年4月25日京东成立京东物流集团，开始集团化运营，实现仓配一体化。京东物流集团成立之初在总部设立运营管理部与办公室，并按照业务类型划分为九个BU（事业部）与七大业务区域，如图5-4所示。

---

1 李书玲. 组织设计：寻找实现组织价值的规律 [M]. 北京：机械工业出版社，2016.

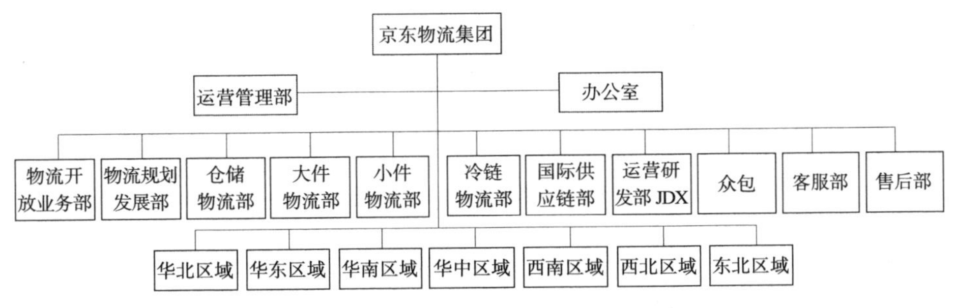

图 5-4　京东物流集团组织结构（2017 年）

2018 年，京东物流集团获中国物流行业最大单笔融资约 25 亿美元。与此同时，京东物流集团发布全球化战略，推出京东供应链、京东快递、京东快运、京东冷链、京东云仓、京东跨境六大产品，上线个人快递业务。为了支撑业务发展，京东物流集团启动组织结构升级，打造“前中后台”，形成“1844”的组织结构，如图 5-5 所示。

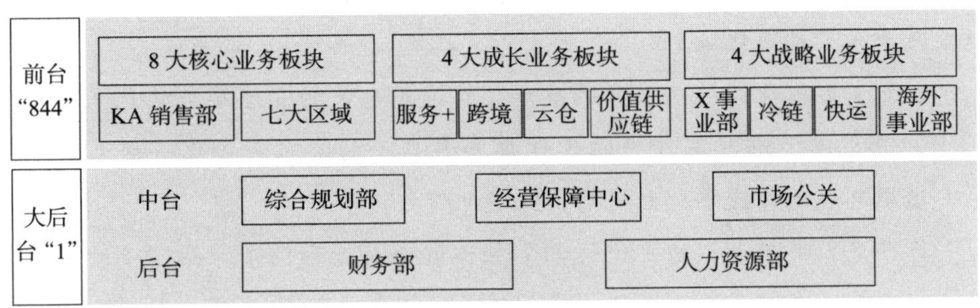

图 5-5　京东物流集团组织结构（2018 年）

2020 年，京东物流集团 CEO 王振辉发布全员信。信中指出，京东物流集团组织结构将升级为“梦想 787”，即全国七大区域、八个前台和七个中后台。

从京东物流发展历程来看，京东物流从一开始隶属京东集团的“一个部门”发展到京东物流集团，这个业务发展过程也带来了管理层级的增加。此外，在京东物流集团成立之初时，企业的管理层级是各业务模块按照价值链维度分布在一个层级，各区域公司按照区域维度分布在一个层级。随着企业业务的快速发展，企业的管理层级不断整合分化。在“1844”组织结构中，七大区域公司与物流价值链中的各业务板块分布在同一层级。与此同时，前台各部门都对“总部”产生呼唤，带来“总部”功能的分化与强化。总体而言，组织管理层级的变化是以业务发展为牵引的。

5.3.2 纵向减少层级，让组织扁平化

企业内部的各种制度总是随着企业员工队伍的不断壮大发展并完善的，层级制度也是如此。对企业来说，企业中的管理层级并非越多越好，过多的管理层级会带来组织运转效率的低下。对此，前通用电气总裁杰克·韦尔奇用一个形象的比喻批判了管理层级过多带来的“反应障碍”:“当你穿着六件毛衣出门的时候，你还能感觉得到气温吗？官僚体制就是我们那六件毛衣！”

在杰克·韦尔奇接过通用担子的时候，他大刀阔斧地改造通用电气的组织结构，迅速砍掉了冗余的中间管理层，并大幅削减管理层职位，有人戏称这次改革为“扁平化运动”。

杰克·韦尔奇经过一系列的改革，将通用电气的管理层级从九个减少至三个，并请走了那些不作为的管理者和混日子的工人。如此一番大改革之后，通用电气运作效率大大提高，业绩也随之稳步上升。

与杰克·韦尔奇“扁平化运动”相似的企业是西门子。西门子的业务遍及全球200多个国家和地区，共有200多家分公司和40多万名员工。面对如此庞大的组织，西门子却只需要1000名高级管理、地区负责人和董事管理。正因为组织高度扁平化，西门子公司的领导层能迅速了解一线现状，并做出理性决策，让企业始终健康有序发展。

面对快速变化的市场，企业应该清醒地认识到，过多的管理层级对企业而言有百害而无一利。减少管理层级，让组织扁平化，能有效提升组织竞争力。

1984年，迈克尔·戴尔创立戴尔公司。戴尔公司以生产、设计、销售家用及办公室电脑而闻名。在竞争白热化的电脑领域，戴尔公司能取得竞争优

势，与其扁平化的组织结构是分不开的。

戴尔的组织扁平化不仅体现在整个公司的扁平化结构上，也体现在“直销模式”上。一方面，戴尔整个公司的组织结构只有四个层次，即公司总裁、各事业部、执行部门、基层员工。[1]另一方面，戴尔创造了“直销模式”：公司从消费者处获取订单后，自己购买配件组装电脑、送货上门，去除了中间商环节。“直销模式”不仅让客户以更低廉的价格获取自己想要的产品，而且提升了组织对客户需求的反应速度。“直销模式”在戴尔得到成功验证后，被很多企业借鉴。

如今，扁平化已经在各大优秀企业中得到共识。2019 年，任正非接受央视《面对面》节目采访。在采访中，任正非直言华为存在机构臃肿、人浮于事，整个公司的管理层级太多等问题。任正非表示，华为会不断改革，在组织结构上走向精干，简化管理层级，减少无效劳动。企业在流程化组织建设中，要尽量精简管理层级，让组织扁平化。

5.3.3 压缩决策点，提升运作效率

在简化管理层级方面，华为有着很好的经验。任正非强调，华为进行后方改革，将能力中心变成大部门制，就能减少一些决策点，每减少一个决策点，运行速度就会快一些。组织变革的目的往往是更简单、更及时、更准确，“拧干毛巾最后一滴水”，向内部管理要效益。

“更简单、更及时、更准确”包含几个方面的含义：第一，简化决策流程。企业在发展的过程中，纵向管理链条会逐渐加长，管理效率的管控难度也会不断增加。这就要求企业压缩决策点，增强业务开展的顺畅度。第二，提升一线的作战能力，从而实现决策效率的提高。第三，优化决策过程，下放管理权力，让更多的想法自下而上涌现出来，而不仅仅是从上到下的指令。

---

1 白睿，沈晶. 组织赋能 [M]. 北京：中国法制出版社，2019.

华为通过一系列变革，压缩决策点，缩短决策链，提升组织运作效率，保障组织“打胜仗”。然而，实践中，很多企业都会陷入围绕规模、角色、专业化和控制等要素来设计组织层级的误区，导致组织机能失调。

众所周知，苹果公司的史蒂夫·乔布斯和史蒂夫·沃兹尼亚克开发了最早的家用计算机。其实，在 1973 年，施乐公司帕洛阿尔托研究中心的工程师就已经开发出了第一台个人计算机，首次使用了鼠标驱动和桌面比拟的图形用户界面技术。这比苹果公司推出 Apple Ⅰ 的时间早三年。

传闻史蒂夫·乔布斯参观完帕洛阿尔托研究中心后，在苹果系统上添加了屏幕拖拽、菜单栏、下拉菜单及复制粘贴等功能。但当时帕洛阿尔托研究中心的工程师未能说服公司高层接受他们的创意。施乐公司高层认为个人计算机与复印机不相关，公司没有兴趣生产。帕洛阿尔托研究中心的很多工程师都认为，正是因为公司内部森严的组织层级，阻碍了高层决策的方向。因为一线的声音无法有效反馈到高层，高层也无法准确理解一线市场信息。

因个人计算机未能得到施乐公司的重视，很多核心工程师带着所掌握的技术离开了施乐，其中很多人就去了等级不那么森严的苹果公司，为苹果公司后续大获成功的 Apple Ⅱ 电脑的推出贡献了力量。

施乐公司过多的决策点让管理人员的决策变慢、变迟钝。组织中管理层级过多，会让管理者在决策时只见森林不见树木，导致一些能够引起巨变的小创意或建议被忽略或搁置一边。因此，企业在流程化组织建设中，要始终朝向熵减，不断精简机关，压缩决策点，提高组织运作效率。要特别注意的是，在组织熵减的过程中，势必会伴随着中间层级的消失。此时，企业也要帮助中间层级的人走出混沌，注重利益的重新分配，以确保变革能平稳过渡，避免激烈动荡。

5.4 组织责权利体系确定

彼得·德鲁克曾说：“当你交给一个人一项责任的同时，别忘了赋予他相应的权力。”责权利对等是组织有序运行的关键。组织中一旦出现责权利不对等的情况，会对员工的工作心态、工作结果都产生不利影响。

5.4.1　双向权力系统是流程组织成功的关键

在传统的科层制组织中，权力的中心集中在组织的最上方，然后自上而下层层分解。这种集权式的权力结构容易让组织出现过分依赖领导者或管理者、机构臃肿、决策效率低等问题。流程化组织则实现了垂直领导与横向拉通的结合，其目的是让组织以客户为中心，而不是以领导为中心。

【管理研究】双向权力系统是流程化组织成功的关键 [1]

习风在《华为双向指挥系统：组织再造与流程化运作》一书中指出，流程化组织让企业的权力不再依托组织这个单一渠道，而是将权力分成管理权和指挥权。管理权和指挥权分别依托组织和流程进行授权。简而言之，流程化组织是以管理权和指挥权双向权力系统构成的矩阵组织。

所谓管理权就是对资源的管理，指挥权则是对业务进行指挥的权力。习风在书中指出：“在传统的科层制体制中，管理权与指挥权合二为一。这种权力运作机制使业务流程被部门权力割断，流程成为部门的附属而无法端到端拉通。流程化组织的双向权力机制将指挥权从管理权中独立出来交给流程管理体系，这可以驱动整个企业在按流程办事的同时，让管理权对指挥权形成良好的监督。”

习风的双向权力系统观点很好地概括了流程化组织的特点。事实上，双向权力系统不仅出现在企业中，也出现在军队体系中。

当今世界，美军的军事实力不容小觑。多年来，美军始终把提升军队战斗力作为根本目标，不断进行变革。经过多次变革后，美军的领导体制实行军政和军令系统双轨制。军政系统主要负责机关和部队领导、管理、军种训

1 习风. 华为双向指挥系统：组织再造与流程化运作 [M]. 北京：清华大学出版社，2020.

练、后勤保障等事务，即“养兵”。军令系统负责对部队的作战指挥、控制、协调和联合训练等，即“用兵”。2016 年，我国借鉴美军做法对军队进行了改革，将军政、军令分离，对军队实行“双线”管理。

军队的军政、军令分离的“双线”权力系统与流程化组织的管理权、指挥权分离的“双向”权力系统类似。流程化组织的“双向”权力系统在 IBM、华为等优秀的企业中都得到了成功的实践。流程化组织中的管理权相当于纵向上以职能部门为条线形成报告关系，横向上以业务流程为条线形成报告关系。当然，“双向”权力系统极有可能出现双线管理、双重领导的现象，导致组织执行力低下的问题。这就要求企业在流程化组织建设中清晰地界定两个权力系统的责权利，保障组织的平衡。

5.4.2 做好组织授权与分权的设计

面对瞬息万变的市场，做好组织授权与分权，让基层拥有更多的权力，是流程化组织建设的重要内容。海尔创始人张瑞敏曾说：“要盘活企业，首先要盘活人。”通过有效的授权与分权，能充分激发组织中“人”的潜能。

【延伸阅读】华为坚持经营权下放，监管权上移[1]

2017 年 7 月 12 日，任正非在华为第三季度区域总裁会议上指出：

“公司应把中央集权（资金管理权、账务管理权、审计权）的监管体系直插到底，建立起边界，充分把经营权下放给作战队伍。

“在组织结构的改革过程中，公司应贯彻继续授权。当然，决议的落实还需要一个过程，我们会一块块梳理，逐步给前方更多授权。这几天公司会通报几个胡乱作为的典型案例，让他们回到原项目去承担责任，我们不会因为有几个胡乱作为的例子而停止授权。2003 年，华为的销售收入只有 130 亿元，相当于今天华为驻广州办事处的 1/3，为什么不能把广州办事处变成一个个小华为呢？全球出现 100 多个小华为，这战斗力该提升多少呀！

1 何绍茂. 华为战略财务讲义 [M]. 北京：中信出版社，2020.

“华为坚持经营权继续下放不动摇，监管权上移。监管也要以多产粮食为中心，没有纯粹的监管。”

除了华为，京东也非常重视组织分权。京东通过分层授权将权力下放到一线，让一线能自主决策。

为了提升组织的灵活性、敏捷性，京东设计了分层授权体系，即总部对事业部授权，事业部对业务线授权。京东总部对事业部下放的权力包括财务权、人事权、业务权。其中，财务权是指事业部可以在预算内实现费用自主，总部主要负责预算管控与费用审核。人事权是指事业部可以自主决定总监及以下人员的任用与管理。业务权是指事业部有在公司允许的业务边界范围内自主经营的权力。通过层层下放权力，京东的效益也得到保证。

授权不等于放任，必要时要能够有效监控，避免出现被授权对象“胡作非为”的现象。

克里斯·高尔文是摩托罗拉创办人的孙子，个性温和、为人宽厚，是员工们公认的好领导。1997 年，克里斯·高尔文接任摩托罗拉 CEO，他认为，要想让高级主管充分发挥能力，就不能束缚他们的手脚，而要给予他们充分的权力，对他们应该完全放手。

克里斯·高尔文实行对员工充分授权的举措是积极的，但他缺少对授权后的指导和监控，导致授权未取得理想的效果。例如，1998 年，在摩托罗拉的组织结构大调整中，为打破摩托罗拉内部多年形成的各自为政文化，克里斯·高尔文授权吉尔莫管理多项业务统合在一起的通信企业集团。由于授权后克里斯·高尔文忽视了监督管控，使得新的组织结构在运行过程中出现官僚文化严重滋生的问题，让整个组织一度陷入混乱状态。

松下幸之助强调：“只有将监督和授权相结合，才能让管理更有效。如果只监督、不授权，则会让企业变成一潭死水；如果只授权、不监督，则终会导致企业四分五裂。”组织在做授权与分权设计时，既要重视权力的下放，也要做好权力的监督，进而让组织充满战斗力。

5.4.3 坚持责权利对等的分权授责原则

在权力下放的同时，也要将责任、利益落实到位。流程化组织建设中需坚持责权利对等的分权授责原则。要坚持责权利对等，可以从以下几个方面努力。

1. 实现权力、责任、利益三者的匹配

当赋予某个岗位相应的权力和责任后，也要给予其相匹配的待遇。一般来说，权力越大、责任越大的岗位，需要付出的更多。一方面，如果一味强调“清贫”，员工很容易抵不住外部诱惑，利用权力换取不当利益，从而在企业中形成“贪腐”问题。另一方面，如果不给员工足够的待遇，其工作积极性就很难调动。

在任意一家企业，员工一般可以划分为三种不同类别的人：奉献者（贡献大于回报）、打工者（贡献等于回报）、偷懒者（贡献小于回报）。正常情况下，无论偷懒者、奉献者和打工者为企业做出了什么贡献、创造了什么价值，他们都应该得到和其贡献相匹配的回报。可是如果企业处在一个不好的机制下，如奉献者总是吃亏，那么奉献者就会对自己的行为进行反思，减少自己所做的贡献，使贡献回报与低层次相等，这样他就会变成打工者。同样，打工者也会向偷懒者转变。结果是，奉献者变成了打工者，打工者变成了偷懒者，最后大家都偷懒了，少有付出和贡献。

只有坚持责权利对等，给予员工合理回报，绝不让奉献者吃亏，才会有越来越多的员工主动担责，合理使用组织赋予的权力，进而在最佳时间、以最佳角色，为企业做出最佳贡献。

2. 坚持人岗匹配的原则

人岗匹配是“责权利对等”的基础。例如，如果某个岗位上的员工能力与岗位要求存在较大差距，那么上级对其授权时可能就会有所保留。与此同时，他自己也大概率无法很好地承担岗位责任。每个人都不可能是全才，在某个领域有突出表现的人，在另一个领域可能连中等水平都不到。要想让某个员工表现得最出色，就需要将其放在擅长的岗位上。

在中国加入世界贸易组织谈判时，首席谈判代表龙永图在选择助理秘书时，出人预料地选择了一个在其他人看来很不靠谱的小伙子。旁人眼中，这个小伙子根本不适合当秘书。因为秘书工作异常烦琐，选秘书应该首选那些勤勤恳恳、做事谨慎、对领导体贴入微的人。而这个小伙子做事却总是马虎大意，对于行程安排、谈判策划等，他有时还没有龙永图清楚。

那龙永图为什么坚持选他呢？原来，这个小伙子虽然是个马大哈，但却是一个十足的世贸专家，他对世贸的很多大小问题都非常精通。而且，他还有一个优点就是脾气特别好，无论怎么说他，他都不会放在心上，还能够保持客观的角度看待问题。这两点，对于脾气很大又很需要专家智囊的龙永图来说非常重要。

在世贸谈判中，这个名不见经传的小秘书起到了不小的作用。但是，谈判成功后，龙永图就为他安排了其他工作。原因很简单，没有世贸谈判的需要，这位小伙子实在是不适合继续干秘书了，还是干些他比较擅长工作的才行。

把握好人才的专长，并懂得如何将优势不同的人放在能让他焕发光彩的地方，对企业来说至关重要。只有人岗匹配时，责权利三者的配套才有意义。

3. 用人不疑，疑人不用

在岗位上匹配了合适的人，就要做到用人不疑、疑人不用。稻盛和夫认为，企业经营者对员工授权的基本条件是信任。在实践中，很多企业在分权授责时，由于上级对下级不信任，造成责任下放，权力却没下放的局面。这种“责权不对等”的情况，会让员工无法真正成长。企业如果能充分信任员工，员工自会以积极的态度来回报这种信任。

微软公司创始人盖茨管理微软时的独到之处是充分信任员工并授权。曾担任微软首席技术官的巴特对此颇有感触。巴特在52岁时由盖茨亲自面试进入微软。巴特进入微软后，微软充分信任并授权给他，让他安心科研。对此，巴特曾说："微软也不给我派什么任务，也不规定研究的期限，我可以一门心思地钻研一些我感兴趣的问题。"

在这种充分的信任下，除了盖茨有时向他请教一些问题外，几乎没有别的人来打扰他。大多数时间巴特都待在微软研究院里，即使几个月、一两年都没有研究成果，他的薪金和股份也不会受到影响。微软的这种信任换来的并非是员工的碌碌无为。因为员工有足够的空间及自由去发展自己的才能，其成效反而更大。以巴特为例，在加入微软的最初四年，他就研究出六项重大成果，其中电子邮件的加密软件程序对外界的影响颇大。

充分信任，给员工完成工作职责所需要的完整权限。这种做法实际上是一种"无为而治"的管理方式。"无为而治"讲求各方各安其身、各行其道，看似无为，实质上却使企业得到了最好的发展。

5.5 流程化组织运作支撑

组织结构、组织责权利确定后，还需要夯实组织运作的支撑体系。就流程化组织而言，需要建设组织成员认可的流程文化，建立流程管理的长效机制，构建支撑流程运作的管理平台等。

5.5.1 建设组织成员认可的流程文化

文化是虚的，但它恰恰是流程管理中的重要组成部分。再好的流程体系、再完善的管理制度，如果没有形成员工认可的流程文化，组织就难以形成合力，流程管理工作也无法按照期望的轨道运行。流程文化并不仅仅是片面地关注个别流程走向、绘制流程图或编写流程规范，而是需要员工把自己放在流程所有者的位置上去关注全流程的产出。

通常来说，企业建立流程文化时可以重点关注以下内容。

（1）全流程意识。全流程意识要求流程中每一个员工都要关注全流程的结果，而不仅仅关注本岗位的输出，即以全流程的眼光对市场变化做出快速响应，从而为顾客提供满意的产品和服务。

（2）以客户为中心的意识。流程中的每个部门、每个员工都秉承“我们存在的理由和价值就是为顾客服务”的理念，认真、积极地倾听客户声音，主动把握客户需求，努力为客户交付合格的产品和服务。

（3）目标导向意识。目标导向意识要求流程组织中的成员能完整地理解流程，学会以流程整体的角度去把握流程的真正目标。

（4）团队协同意识。由于流程管理通常会跨越多个部门，这就要求团队成员要有团队协同意识，破除本位主义，为实现共同的流程管理目标努力。

（5）奉献意识。在横向流程与纵向职能部门匹配过程中，总会存在一些流程分工边界模糊、没有明确责任人的环节。这就需要相邻流程的员工主动参与协调，形成以奉献关系为基础的组织关系，推进流程的顺畅运行。

（6）效率意识。提高企业运作效率是流程设计的目的之一。流程中的每一个员工都要树立效率意识，保障流程运作效率。

（7）创新意识。创新对企业来说，非常重要。拥有创新活力的组织才能在流程优化中不断取得突破性改善，保持追求卓越的动力。

不论建立以什么内容构成的流程文化，都需要真正落地才能真正产生实效。流程文化建设和落地其实就是“人心工程”，需要企业通过各种方式、各种政策进行反复宣导，才能逐渐潜移默化、深入人心。例如，企业可以通过制度考核、行为准则、榜样、标语、漫画、图片、报纸、定期员工交流等多种方式进行流程文化的宣导。

下面以海尔公司对质量文化的宣传工作为例，简单说明一下文化的几种宣传途径，如表 5-3 所示。

表 5-3 海尔质量文化的宣传方法

宣传方法	方法说明
质量宣传标语	（1）在车间、走廊、路口等位置张贴、悬挂质量标语，让员工随处可见、随时可念 （2）质量标语要新颖、易于识记、富有质量哲理 （3）可以是质量大师语录，也可以是世界名企名家的语录，抑或是由员工自编、自写的内容
质量漫画	（1）质量漫画具有揭露、讽刺质量意识薄弱行为的功能 （2）用幽默的表现形式，常能给员工留下“过目不忘”的深刻印象
数码图片	（1）数码图片具有方便、形象、真实、及时等特点 （2）可随时将不良品、质量事故，以及现场的脏、乱、差行为再现出来 （3）让全体员工树立恒久的质量意识
开展质量月等活动	（1）质量管理部门抓住全国质量月活动的契机，广泛深入地开展质量月活动 （2）增强员工的质量文化意识，强化“质量是企业生命”的观念

与质量文化的宣传方法一样，企业也可以参照以上几种方法来倡导流程文化，从而营造出被组织成员认可的流程文化。组织内部一旦形成良好的流程文化，就会潜移默化地影响员工对流程执行、改善、优化采取积极行动。此外，流程的顺畅运作也会增加组织流程文化的厚度。

5.5.2 建立流程变革的长效机制

企业的流程体系建设不是一蹴而就的，需要不断改进完善，这是一个持续性的过程。实践中，很多企业的流程建设存在“一阵风主义”“流于形式”等问题，这让流程的作用无法得到真正发挥。为促使流程规范、系统、高效地运行，企业需要建立流程变革的长效机制。

1. 以科学的方法推进流程变革

管理大师赫尔曼·西蒙说：“任何管理上的变革，都是有迹可循的，都能总结出一套方法，用于指导未来的实践。”华为基于自身多年持续变革的实践经验，归纳总结了具有华为特色的变革八步法。华为的流程变革就是严格遵循变革八步法推行的。以华为 IPD（集成产品开发）变革为例，华为 IPD 变革的步骤如表 5-4 所示。

表 5-4　华为 IPD 变革方法

华为变革八步法	IPD 改革
1. 营造足够的变革紧迫感 （1）要说服至少 75% 的管理者，让他们相信现状比想象的更危险 （2）认真考察市场和竞争情况 （3）找出并讨论企业当前的危机、潜在的危机和重大机会	发表《华为的冬天》，传播危机意识
2. 组建强大的变革领导团队 （1）建立一个强有力的变革领导团队 （2）让变革领导团队协同作战	建立 IPD 变革指导委员会
3. 树立明晰的愿景战略 （1）用言简意赅的语言把变革愿景描述清晰，指导变革 （2）制定实现愿景的战略	印发 5000 本宣传手册
4. 沟通并传播变革愿景 （1）利用所有可能的传媒手段和渠道，持续沟通和传达新的愿景和战略 （2）变革领导团队要做出表率，言出必行	开展 48 期变革研讨会
5. 及时移除变革阻力 （1）改变阻碍变革愿景的制度系统和组织结构 （2）鼓励冒险和非传统的观念、活动和行为	授权行动，任命分层推行团队
6. 系统规划并取得短期成果 （1）寻求不需要获得强烈反对者的支持即能实现的短期目标 （2）全面分析制定的短期目标，确保能够顺利达成 （3）公开表扬和奖励为变革短期胜利做出贡献的员工，如 2014 年华为曾邀请 IBM 第一任项目经理来为在华为变革中做出过贡献的员工颁发“蓝血十杰”奖励	试点推行
7. 促进变革的深入 （1）总结当前阶段的变革成果，如在华为会采用 TPM（变革进展指标）来衡量变革进展情况 （2）用新的项目、主题和新变革推动者，来激励促进变革的深入	流程持续优化升级
8. 固化变革成果，形成制度，融入文化 （1）阐述变革取得的成果与公司成功之间的关系 （2）以制度化的方式把变革融入公司文化	建立客户需求导向的文化

华为组织变革八步法的逻辑往大的方面看，可以用来指导整个流程化组

织变革工作，往小了看可以用来指导单个流程的建设或变革工作。对组织而言，知道怎么变革比知道为什么变革、变革什么更为重要。华为组织变革八步法相当于将变革工作规范化、流程化，这也是华为变革持续成功的关键之一。

2. 重视流程变革效果的评估

流程变革的最终目标是取得良好的业务成果，那么企业在变革后需要及时评估变革效果。

华为采用变革进展指标（Transformation Progress Metrics，TPM）来衡量变革效果，如表 5-5 所示。

表 5-5　华为 TPM 评估标准

推行程度	级别	推行效果	级别
0.1 ～ 1.0	试点级：试点运作，市场与研发存在断点	0.1 ～ 1.0	试点级：有成效，流程存在较大的缺陷
1.1 ～ 2.0	推行级：在局部、个别产品线中开始推行	1.1 ～ 2.0	推行级：关键衡量指标有部分改进，流程缺陷较小
2.1 ～ 3.0	功能级：在大部分产品线得到应用	2.1 ～ 3.0	功能级：大部分衡量指标得到改进，实施有成效
3.1 ～ 4.0	集成级：推行完成度超过 80%	3.1 ～ 4.0	集成级：大多数衡量指标有很大改进，实施非常有成效
4.1 ～ 5.0	世界级：完成推行，及时与新的 IPD 理念保持一致	4.1 ～ 5.0	世界级：实施质量不断提升，竞争力领先

例如，华为的 IPD 变革在采用 TPM 指标来评变革效果时，主要从业务分层、结构化流程、基于团队的管理、产品开发、有效的衡量标准、项目管理、异步开发、共用基础模块、以用户为中心的设计等九个方面来评价。

TPM 是运用开放式提问的方式来评估 IPD 的推行情况的。通过问卷得出 TPM 得分，该分数就可以说明公司的 IPD 处于哪个阶段。经过 20 年的努力，华为 IPD 的 TPM 得分早已达到了当初制定的 3.5 分目标。这表示 IPD 的推行已经跳出研发内部，与周边相关流程实现了集成并有效运作，为企业实现持续性发展提供了坚实的支撑。

通过变革效果评估，就能了解公司的流程变革项目目前处于哪个阶段。华为每年会在评估后制定有针对性的改进计划，然后持续追踪改进计划的实施，在下一年评估时再回顾当年改进计划的实施效果，制定新一年的改进计划，形成闭环。如此循环往复，持续改进。我们可以借鉴华为的做法，遵循科学的变革步骤推进流程变革，并做好流程变革效果的评估与持续改进，推进流程体系运作形成长效。

5.5.3 以流程为导向推进信息化建设

随着信息技术的发展，信息化成为组织建设的重要一环。企业信息化建设不能为了信息化而信息化，导致业务与信息化脱节。

笔者曾给某企业做咨询服务，该企业客户反馈说，企业建立的信息系统并没有带来业务效率的提升。经过一番调研发现，该企业的信息化建设与业务是脱节的。例如，在企业还未信息化前，企业业务人员的订单管理已经形成了一套成熟的运作流程。为了提升企业信息化水平，该企业引进了销售管理系统，但未做本土化改造。这就导致业务人员按照订单管理流程线下操作一遍后，又要按照系统上的要求线上操作一遍。原来只需要做一次的工作，现在需要按照两套不同的方式操作两遍。该企业的信息化改造不仅没带来业务效率的提升，反而增加了业务人员的工作负担。

上面的案例告诉我们，在推进信息化建设的过程中，必须坚持以业务流程为导向，即在分析企业运作流程的基础上，结合企业的业务特点及对信息化的基本要求，开展信息化的规划、系统建设及系统维护等工作，实现 IT 对流程管理的有效支撑。

以流程为导向的信息化建设可以采用 PDCA 循环法，通过规划、落实、维护和持续改进四个步骤循环推进，如图 5-6 所示。

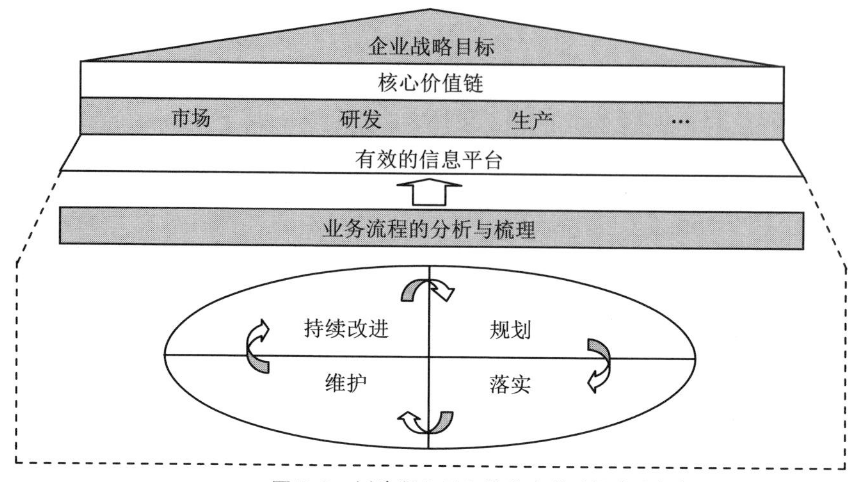

图 5-6　以流程为导向的信息化建设内容框架

步骤 1：事先规划

规划是信息化建设的先期任务。在规划阶段，管理者必须从业务模式入手，对即将着手的信息化建设予以整体规划，梳理出需要运用信息化手段支撑的具体业务流程。同时，结合当前流程现状，描绘出信息化建设的蓝图。另外，管理者还应对信息化建设子项目予以分解，为后续工作排定具体的计划，并结合子项目建设的需要，探讨适合企业管理要求和特点的信息化管理架构，以确保信息化建设期间的有序管理。如果企业已经建成部分信息系统，那么为了保证资源有效利用，管理者应考虑如何让建设中的信息管理系统与已有信息管理系统之间实现有机整合，确定内部数据的流通。

步骤 2：落实信息化管理系统

逐一落实信息化管理系统的所有细节是信息化建设的关键阶段。基于前期信息化建设的规划，企业应根据实际需要来引进最适合自己的信息化管理系统。在此阶段，企业主要有两方面工作需要完成：一是选择合适的信息管理系统，即在明确具体建设内容的基础上，进一步明确相关的系统需求，给出相关信息管理系统的选型指标；二是对信息化建设的过程加以监控，即为保证系统建设的有序和对业务流程的有效支撑，实施贯穿信息化建设全程的实时监控。

步骤 3：维护信息化系统的运作状态

在信息化系统基础建设完毕后，企业必须开始关注信息化运作情况，保证已建系统的有效运行。在此阶段，与该系统相关的所有人员必须完成两项工作任务：一是对信息系统的运营维护，即从系统运作有效性的角度出发，保证系统能够持续稳定地支撑业务开展，并对系统运作过程中发现的问题予以及时调整；二是信息系统的验收评估，即在系统建设完成，并有效运作一段时间之后，进一步对信息系统建设情况予以评估，确认系统与业务流程的匹配度如何，进而提出可行的改进意见。

步骤 4：信息化建设的持续改进

整个信息化建设的过程不是一蹴而就的，为保证当前的 IT 对业务流程提供持续而有效的支撑，管理者必须对信息化建设进行持续跟踪。一旦发现问题，及时调整，保证信息化建设在事先规划好的方向上不断前进。

第 6 章 定位组织权责

清晰的权责划分，能促使流程中的各主体各司其职，保障流程通畅运行，极大地提升组织内部的工作效率。在流程化组织的形态确定后，下一步就要界定部门职责、设定岗位、明确岗位用人标准。

6.1 部门设置与职责

在流程化组织中，部门的使命是为流程创造价值。公司要基于战略规划和业务流程来澄清和细化各部门职责，让组织成员更好地理解部门职责、自身职责与公司战略、业务流程的关系。

6.1.1 部门的使命是为流程工作

流程化组织的部门设置是沿着流程确定的。部门运作的理想效果是每个部门、部门中的每个人都以实现流程目标为动力，高效协作。然而，如果部门中的人员只在本部门体系内进行擢升或降职，久而久之，部门中的人会只对本部门的本职工作有所了解，缺乏对业务的全局性认识，进而出现思想上的"部门墙"，对流程的通畅运行产生阻碍。

笔者在为某公司做组织变革咨询服务时就遇到了因部门人才板结而出现流程拉通困难的问题。该公司共有五个业务部门分别负责公司的某块业务。一直以来，该公司各业务部门内部人才只在本部门体系内流动。长此以往，各部门都形成了"只管自己一亩三分地"的思想，经常互相"抬杠"，跨部门的协作变得非常困难，这也不可避免地带来了流程运转的低效。

为了打破员工思想上的"部门墙"，拉通各业务流程，华为内部注重内部轮岗。对此，任正非强调："我们要加快干部的选拔和流动，避免地方主义保护，避免烟囱。"

华为董事长梁华曾经分享了他在华为的职业生涯和奋斗历程。梁华曾是高校的老师，读完博后于 1995 年加入华为。在华为，梁华先是在研发的结构设计部门工作，华为给梁华安排了导师，导师在设计行业非常有经验，梁华从导师那里学到了许多东西。五年之后，梁华被调到供应链部门，对制造、采购、订单、物流等工作都有接触，并在供应链部门兢兢业业干了六年。六年后，他又被调到财经体系工作了四年。四年后，他就被调到了目前供职的全球技术服务部。通过多次轮岗，梁华开阔了视野，更深刻地理解了公司的业务运转逻辑。

华为几乎所有员工都有过轮岗的经历。在华为，轮岗并不是简单的岗位轮换，它包括两种状态，第一种是业务轮换，第二种是岗位轮换。华为的业务轮换是单纯地从提升原有业务能力的角度出发，如让研发人员从事中试、生产、服务等，使研发人员掌握和领会技术商品化的内涵，并用于实践，同时这种交流也使技术人员对其他领域有所了解，以消除技术至上引起的偏见问题。

通过轮岗管理，一方面可以让员工全方位理解公司的整体业务流程，使员工清楚地认知到自己的工作在公司价值链中的定位，时刻牢记部门的使命是服务流程。另一方面，可以防止因部门内部人才板结而出现的"部门保护主义"，不让部门利益凌驾于公司整体利益之上，让部门始终围绕流程运转。

6.1.2　澄清与细化部门职责

为增强部门为流程服务的有效性，必须清晰界定部门职责。部门职责是指部门在企业中必须承担的工作范围、工作任务和工作责任，是由其所从事的活动、完成的任务决定的。部门职责的设计主要遵循以下三条原则。

（1）要确保企业的运作顺畅，一项工作在部门间的流转要尽可能短；一个部门能够处理好的工作不要让多个部门来共同负责，否则可能会出现名义上全部负责，实际上却无人负责的情况。

（2）部门职责不能有缺失或重合。每项职责要能够找到一个主要的责任人，不要没有员工负责某项工作，也不要有过多的人员对某项工作负责。

（3）部门职责要实现闭环，让一项工作有始有终。

在明确部门职责设计的基本原则后，接下来需要对部门职责进行梳理分析。首先需要梳理公司主业务流程（价值流）；然后基于主业务流程，拆分并梳理各业务流程的关键价值活动，明确各价值活动的责任部门、协作部门等；最后把落实到部门的各项关键价值活动进行提炼，形成部门的核心职责（如表 6-1 所示）。

表 6-1　M 公司对准业务流程澄清部门职责（示例）

主业务流程	关键价值活动	销售发展部	市场部	会员互动中心	大区 / 省区	人力行政部	财务部
产品	市场调研及竞品研究		★		√		
	产品研发与设计		★				
	销售目标预测	★			√		√
	生产计划（订单 / 质检 / 仓储 / 运输 / 试用装）	★					
	价格体系	√	★		√		√
	利益链设计	★	√		√		
	制定团队激励及考核方案	★				√	
	……						
会员	会员教育		√	★	√		
	制定新客开发政策			√	★		
	会员活动	√		√	★		
	新客开发			√	★		
	会员信息管理			★	√		
	……						

注：★表示主导，√表示协同

表 6-1 中 M 公司是通过梳理各流程关键价值活动并确定相应的主导部门与协作部门来澄清部门职责的。实践中，我们也可以借助前文提到的 4R 工具进行部门职责的澄清与梳理。在梳理部门职责时，对上要为公司业务流程创造价值，对下要服务和指导下属部门等，对周边要体现协同配合、高效协作的价值，对内要体现打造内部运作效率和组织能力的价值。

总之，在分析与设计部门职责时，要以企业战略为导向，突显部门在流程中的独特价值，培育其核心竞争力。此外，部门间的职责边界必须明确、清晰，以避免出现部门职责交叉、重叠、弱化或缺失的现象。

6.1.3　编制部门职责说明书

通过梳理业务流程，提炼关键价值活动，澄清部门职责后，需要编制部门职责说明书。编制部门职责说明书的目的是以书面形式将部门职责确定下来。部门职责说明书通常包括部门基本信息、部门使命、部门主要职责等内容。其中，部门基本信息包括部门名称、上级部门、下级部门等；部门使命是指部门在组织中存在的理由和价值。

【管理研究】编写部门使命需要明确的三个问题

（1）该部门在组织中承担什么组织功能？

（2）该部门的主要工作行动是什么，即主要做什么？

（3）该部门最终要达成什么目标？

确定部门使命后，将根据业务流程梳理的部门关键价值活动进行汇总与提炼，输出部门的主要职责项，最终形成部门职责说明书。我们可以先对部门的主要职责进行功能模块的划分，再进行编写。

笔者曾为某公司做过组织权责体系的深度咨询。笔者团队从业务地图、业务流程的梳理出发，优化了该公司的组织结构，并划分了各部门关键权责，输出了部门的职责说明书。笔者团队结合了该公司的业务需求、原始的部门职责说明书、业务流程关键价值活动梳理结果等，将各部门的主要职责分为战略与目标管理、团队管理、体系能力建设、协同指导四个模块，然后将部门的关键价值活动分配到这四个模块中，如表 6-2 所示。

表 6-2　某公司市场拓展部职责说明书

部门名称	市场拓展部	汇报上级	副总经理
下辖部门	无		
部门使命	根据公司战略目标，进行客户开发与业务拓展，保证公司销售业绩结果达成		
部门职责			
战略与目标管理	1. 围绕战略方向和经营目标，制定年度业务规划，分解出关键任务，落实责任		
	2. 围绕公司下达的销售目标，进行市场分析与规划，拟定并实施营销方针和策略计划		
	3. 开展市场调研及竞争对手分析，参与产品与解决方案的利益链设计		
	4. 整合公司市场资源，有机组合各类营销手段，有序开展市场营销及服务工作		
	5. 制定、组织实施客户开发政策，并有效管理营销线索		
	6. 负责市场开发与拓展费用的预算，严格控制费用支出与合理运用		
	7. 负责客户资料收集、整理、分析与运用，并进行分层分级管理		
	8. 负责客户关系维护，做好售后服务与客户生命周期管理，定期调查客户满意度		
	9. 定期组织相关人员召开项目评审会，并根据评审会议结果做好后续项目管理工作		
	10. 管控项目交付风险，负责项目验收及回款，挖掘二次销售机会		
	11. 负责客户热线管理工作，受理公司客户建议意见，提供客户售后服务解答，受理客户投诉并保障投诉的提交、处理与回馈		
	12. 按照部门经营目标和重点工作，组织阶段性经营回顾和偏差分析		
团队管理	1. 负责部门绩效指标分解、过程实施、沟通辅导，建立部门内部激励机制		
	2. 组建专业化市场拓展团队，负责部门梯队人才培养，并通过培训等方式提升团队专业化能力，支撑公司销售任务达成		
	3. 负责部门党风廉政建设工作，确保部门员工廉洁从业		
体系能力建设	1. 构建并完善销售管理各项流程，制定销售激励机制，支撑销售业务高效运作		
	2. 构建符合企业实际与需求的客户关系管理系统		
	3. 建立部门工作管理制度，梳理和完善部门工作流程和工作标准，协同信息平台建设		
协同指导	1. 配合产品与信息化中心，为新产品开发提供参考数据与可行性建议		
	2. 协同交付部门，做好项目化运作管理工作		
	3. 协同职能部门，开展相关工作		

表 6-2 只是编制部门职责说明书的示例。实践中，我们可以在很好地指导部门工作的前提下，根据企业的实际需要，选择部门职责说明书所包含的内容及部门主要职责的模块划分方式。例如，除了部门使命、部门基本信息、部门职责外，还可以将部门的工作汇报关系、关键业绩指标、部门权限等内容写进部门职责说明书中。

但是，在编制部门职责说明书时要注意几点：语句采用动宾结构；各条部门主要职责不能重复；部门职责的描述要清晰，不能采用模糊不清的字眼；部门职责主要针对具体的部门，而非个人。

6.2　岗位设计与职责

明确了部门设置与部门职责后，下一步要将部门职责分解、转换到岗位及岗位职责上，分析、澄清各项工作在执行过程中匹配的相关岗位之间的职责关系，以实现有效的组织分工与职责匹配。

6.2.1　分解部门职责，进行岗位设计

将部门职责分解到岗位上的方法我们可以采用流程法，即将部门的职责转换成流程，并将流程层层分级到最小单元；这时，最低层级流程的每个流程活动都对应一个职位。流程法能有效促进岗位与流程的匹配，因为部门本身就是企业层面一级流程分解的结果，是企业内部价值链中具有特定使命的独立环节。在借助流程法设计岗位后，岗位就相当于是企业一级流程分解下的某一个流程的再分解。一般来说，部门最低层级的流程活动越多，部门职位也越多。

图 6-1 显示了根据流程法将部门职责层层分解后，进行岗位设置的思路。实践中，并不一定严格按照最低层级流程活动数量设置职位，企业可以根据工作量、工作内容等因素酌情进行职位整合、合并。

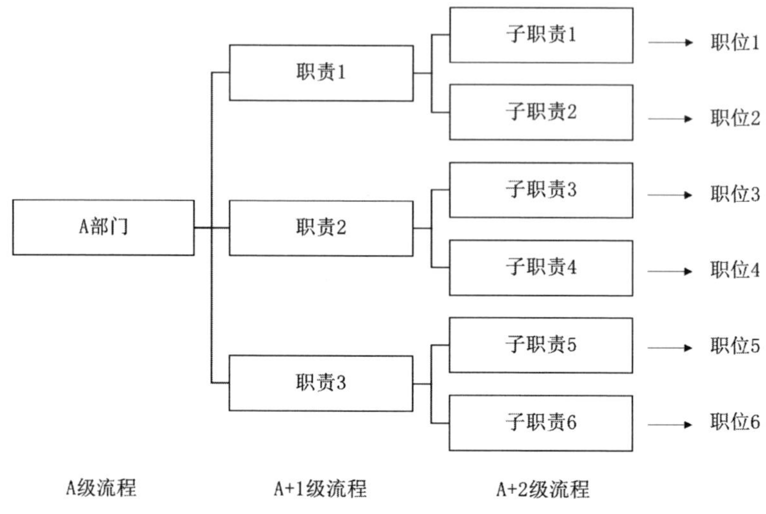

图 6-1　借助流程法将部门职责分解到岗位

【管理研究】部门内岗位设置原则

学术界对部门内岗位设置应遵循的原则，做了丰富的研究，主要包括：

（1）战略导向原则。部门内部的岗位设置应立足于战略目标实现的需要。即从企业业务流程出发，将职位与流程对接，使业务流程更加顺畅、精简、高效。

（2）分工协调原则。在企业组织整体规划下，实现职位的清晰、合理分工，并在分工的基础上展开有效的协同，以提高组织效能。

（3）因事设岗原则。部门中的岗位设置要基于战略目标实现的需要、流程运作的需要，按照部门职责范围划定，不能“因人设岗”。

（4）最少岗位数原则。在设置岗位时，要结合最大限度节约企业人力成本、尽可能缩短岗位之间信息传递时间的要求，设定最低数量的岗位，以此避免组织中出现“人浮于事”“相互推诿”的现象。

（5）一般性原则。在设置岗位时，主要考虑的是例行的情况，即例行情况下岗位需要承担的工作量、工作内容、工作强度等，无须过多考虑极端情况。

在分解了部门职责，初步设置了岗位后，可以借助前文提到的 RACI 模型进行职责匹配性验证。通过 RACI 模型定义部门各流程活动中的执行者、负责人、咨询者、被通知者，并通过纵向、横向分析审视岗位设置的合理性。与此同时，借助 RACI 模型分析，还可以进一步明确部门内部各岗位的汇报关系，确定部门内部的组织结构。

6.2.2 以岗位说明书落实岗位责任

为书面落实岗位责任，要着手编制岗位说明书。岗位说明书是对岗位基本信息、岗位存在的目的、工作关系、工作职责及素质要求等做出明确规定的人力资源管理基础文件，是部门职责说明书的细化。

【管理研究】岗位说明书的内容构成

（1）岗位基本信息。岗位基本信息包括岗位名称、所属部门、岗位定员、上级岗位、下级岗位等内容。

（2）岗位目的。岗位目的是对岗位设置的目的、工作内容与工作范围等的概述性描述，一般包括目标、限制条件、做什么三个部分的内容。

（3）工作职责。工作职责是基于部门职责分解结果，按照流程或职责重要性依次列出。

（4）工作关系。工作关系是指该岗位在日常工作中需要与组织内外部进行联系沟通的对象及该岗位的汇报对象、督导对象。

（5）关键业绩指标。关键业绩指标是指公司对该岗位最关注的工作内容的考核指标。

（6）任职素质要求。岗位任职的素质要求包括胜任该岗位所需的最低条件，包括教育程度、工作年限、年龄、性别、健康要求、专业资质等基本要求及岗位技能要求、素质标准等。

根据岗位说明书的内容构成，编制岗位说明书，如表 6-3 所示。

表6-3　某公司人才发展专干岗位说明书（示例）

<table>
<tr><td>岗位名称</td><td>人才发展专干</td><td colspan="2">岗位编号</td><td></td></tr>
<tr><td>所属部门</td><td>人力资源部</td><td colspan="2">直属上级</td><td>部长</td></tr>
<tr><td>直属下级</td><td>无</td><td colspan="2">岗位人数</td><td>1 人</td></tr>
<tr><td>岗位目的</td><td colspan="4">根据公司发展需要，构建并不断完善人才培养体系，协同开展人力资源规划、招聘、部门团队建设等工作，支撑公司的可持续发展</td></tr>
<tr><td colspan="5">工作职责：
1. 根据部门安排，完成个人重点工作和考核指标，协同完成本部门工作阶段性回顾及偏差分析；
2. 根据公司发展需要，协同编制公司年度人力资源规划；
3. 协同建立公司招聘管理体系，编制年度招聘计划。根据要求，做好招聘需求汇总、审核、报批及管理工作，并做好招聘方案起草、呈批、实施及招聘结果的汇总与反馈工作；
4. 执行公司人才培养管理制度，建立关键岗位任职资格体系，开展人才盘点，建立干部标准，建立并管理人才库；
5. 执行公司年度培训计划，完成培训课程设计、讲师管理及培训过程管理，搭建内训师团队，不断创新和改进培训管理工作；
6. 协助部长做好部门团队建设，具体包括参与外部学习与交流等；
7. 协助部长完成周边协同工作，包括协同各部门开展重大活动接待工作，并履行“传帮带”职责，协同产品部门开发人力资源管理产品，协同业务部门开展其他相关工作等；
8. 完成上级交办的其他工作。</td></tr>
<tr><td colspan="5">工作关系：
内部汇报：人力资源部部门负责人
内部协同：人力资源部在岗在编员工；公司其他在岗在编员工
外部汇报：子公司人力资源部
外部协同：人力资源服务公司、外部培训服务提供机构等</td></tr>
<tr><td>关键业绩指标</td><td colspan="2">指标项目</td><td>量化目标</td><td>指标权重</td></tr>
<tr><td>培训执行率</td><td colspan="2"></td><td></td><td></td></tr>
<tr><td>人才梯队</td><td colspan="2"></td><td></td><td></td></tr>
<tr><td>劳动争议与工伤事故</td><td colspan="2"></td><td></td><td></td></tr>
<tr><td colspan="5">任职素质要求</td></tr>
<tr><td colspan="5">基本要求（教育程度、工作年限、年龄、性别、健康要求、专业资质等）：
1. 具有人力资源管理、工商管理等相关专业本科及以上学历
2. 具有 2 年以上人力资源管理工作经验</td></tr>
</table>

续表

岗位技能要求（专业知识、能力与技能等）： 熟悉员工招聘管理各项流程及人才培养与发展管理的工具、方法，具备较好的沟通能力、组织协调能力、学习能力及执行力
素质标准： 道德素养好，注重工作效率，有工作责任感，能够承受一定的工作压力

注：仅作为岗位说明书的简单示意，以供参考。

岗位说明书能将组织实现战略目标的职责落实到具体的组织成员身上，可以用于人员招聘、绩效管理、培训晋升等。

6.2.3　规避岗位说明书的编写误区

企业在编制岗位说明书的过程中，因受某些主观或客观因素的影响，常常走入以下误区。

1. 职责分解不到位

在具体操作中，岗位职责说明书的编写经常出现职责缺失、职责交叉、职责重叠等问题。职责缺失问题一般是对部门职责分解不充分、不完全造成的。解决职责缺失问题需要深度分析部门职责与岗位职责的匹配性，然后找到缺失的职责并填充。职责交叉是指同一项工作任务需要不同部门、不同岗位来共同完成。如果职责说明书不能明确界定各个岗位应承担的职责范围，这就很容易出现职责不清的问题。职责重叠是指同一职位的不同工作人员的职责相互重叠。对于某个工作性质相同，但工作量大的岗位，可能会需要几个人员共同完成。如果这几个人都共用同一份岗位说明书，就会形成职责重叠的问题。这就要求企业清晰界定有职责重叠的岗位职责，并分别编写职位说明书。

2. 对人不对岗

岗位说明书是对岗位进行客观描述的。但是在实践中，常常会走入“对人不对岗”的误区，即在描述岗位职责、岗位任职要求时总以现任任职者的标准和要求来撰写，进而出现岗位说明书的内容与岗位要求相背离的情况。这就要求编制岗位说明书的人对岗位说明书的编制方法、要求有系统全面的了解，并时刻秉承客观、公正的态度，确保岗位说明书的准确性与专业性。

3. 不重视与员工的交流

岗位说明书的目的不是为了限制岗位任职者，而是为了更好地发挥岗位任职者的能力。在编写岗位说明书的过程中，主管与下属需要进行充分的沟通，充分共识岗位职责、岗位要求。如果岗位说明书的编写仅重结果，不重沟通的过程，那么岗位说明书在使用的过程中很可能会出现下属不理解、不执行的情况。要牢记：岗位说明书不是写出来的，是充分沟通出来的。

4. 常年不变、不更新

为应对快速变化的市场环境，组织往往会频繁调整组织结构。组织结构的调整，带来的是部门的变化、部门职能的变化，不可避免地也会带来岗位职责的变化，这就要求企业不断更新岗位说明书。如果岗位说明书常年不变、不更新，那么它也就失去了其本来存在的价值和意义。现在，很多企业的岗位说明书都会每一到两年修改一次，以确保岗位说明书符合业务发展的实际需要。

除了以上误区外，岗位说明书编写的误区还有职责描述过于详细或过于简单，生僻专业术语使用过多等。企业在组织相关人员编写岗位说明书的过程中，要充分认识各种可能的误区，并采取措施有效规避，保障岗位说明书的实用性。

6.3 职位体系设计

在岗位设计的基础上，我们可以构建组织的职位体系。建立并完善职位体系是组织有效促进人岗匹配、推动人才流动的关键工作之一。构建职位体系不仅要在岗位类别上进行科学的划分，还需要对岗位做合理的分层。

6.3.1　划分职位序列

职位体系是指企业内部所有不同领域的职位按照所属关系和等级关系，形成的职位组合。职位体系的设计包括两大方面：从横向上，根据业务性质对职位进行分类，形成职位序列；从纵向上，根据工作复杂程度、责任轻重、能力要求等将职位划分为不同的等级，让高、中、基层岗位的名称、数量都清晰化，形成职位通道。

在职位体系设计中，职位序列是设计职位通道的前提，是任职资格管理、人员晋升等的基础。

【管理研究】职位序列设计需考虑的因素

（1）各部门职能。职位序列设计考虑的因素之一是各部门的职能，即根据部门内部相同或相似职责的岗位性质，划分职位序列。

（2）业务流程。职位体系的设计最终是服务于组织的有效运行的。因此，职位体系需要与组织业务流程承接，即在分析组织业务流程的基础上，对流程中的关键活动进行分类，以此作为职位序列划分的重要依据。

（3）职位工作内容的相似性。职位序列划分的原理就是将工作内容、工作职责相似的职位进行归类合并。因此，职位工作内容的相似性是划分职位序列的根本。

（4）组织管理风格。如果组织的管理追求的是精益、精细化，那么职位序列一般会划分得多。反之，可能会少。

（5）企业规模。一般来说，职位及人员较少的企业，其职位序列的划分无须过细，以避免增加管理成本、降低管理效率。

实践中，职位序列还可以往上进一步归类合并形成职类、职族，往下则是具体的细分岗位，如表 6-4 所示。

表 6-4　岗位序列划分与职位归类（示例）

职类 / 职族	岗位序列	具体职位
管理族	管理类	董事长、总裁、副总裁、董事长秘书、总监、副总监、经理、副经理、主管、组长等
营销族	销售类	区域经理、销售经理、销售助理等
	销售支持类	产品培训专员、客户关系维护专员等
	市场类	市场策划、平面设计等
技术族	软件研发类	PHP 开发工程师、Java 开发工程师、C 语言开发工程师、前端开发工程师等
	产品策划类	产品经理
	信息维护类	运维工程师
行政类	人力资源类	招聘专员、培训专员等
	行政管理类	办公室主任、行政前台、部门助理等
	财务类	会计、出纳等
	法务类	法务代表

一般来说，不同的职族在公司价值创造的过程中发挥的作用是不同的。例如，管理族需要对公司发展战略，经营决策，以及管理、计划、组织和协调各种资源负责；技术族需要对公司产品技术的先进性、产品质量、生产成本等负责；营销族要对公司的品牌、市场占有率、产品销售等方面负责。当然，表 6-4 的职族、职位序列的划分并非标准，不同的企业在职位序列、职类、职族等的划分与界定上都有所不同。企业需根据自身业务实践及管理需要进行针对性划分。

华为在职位管理上划分为四个级别：族—类—子类（职位序列）—职位。华为的职族分为管理族、技术族、营销族、专业族和操作族五种，如表 6-5 所示。

表 6-5　华为公司岗位族与类别表

管理族	三级管理、四级管理、五级管理
技术族	系统、软件、硬件、技术支援、IT、制造、质量管理
营销族	销售、产品、营销策划、营销工程、市场财经、公共关系
专业族	计划、流程管理、人力资源、财经、采购、秘书
操作族	装备、调测、物料、检验、设备、技术员

通过职位序列划分，可以把不同职位类别、不同的职位区分清楚。这有利于为员工建立清晰的职业发展通道，让不同类别的人才都能得到合理发展。

6.3.2 设计职位通道

通过划分职位序列，可以明确公司的岗位可以划分为多少个岗位序列，各个岗位序列下又可以划分出多少不同的职位。接下来，就需要从纵向对每个序列上的职位进行等级划分。实践中，职位等级是基于该序列职位的职责重要性，职责范围与难度及所需知识、技能、素质等的差异性进行划分的。一般来说，一个职位序列可以划分为 4 ～ 6 个层级，具体需要根据组织的实际需要进行设置。

著名的人力资源管理咨询公司美世咨询公司建立了美世职位体系，将岗位分为管理类、专业类、非专业类三类。其中，管理类岗位分为七级，专业类岗位分为五级，非专业类岗位分为三级，如表 6-6 所示。

表 6-6 美世职位体系

职级	管理类	专业类	非专业类
L7	总经理		
L6	职能负责人		
L5	子职能负责人	资深专家	
L4	高级经理	专家	
L3	经理	资深职员	资深职员
L2	主管 / Team Leader	职员	职员
L1	Team Leader	助理	助理

美世对每个类别的职位职级层级划分标准也进行了清晰的描述，以专业类岗位为例，如表 6-7 所示。

表 6-7 美世专业类岗位职级层级划分标准

级别		主要特征
L5	资深专家	（1）在企业或行业内是公认的专家 （2）深入地掌握某一个专业领域的知识技能 （3）对多个专业领域有广泛的了解
L4	专家	（1）作为一个被认可的专家，具备领域内广泛的知识，并且具备在一个高度复杂和专业的领域内建立标准和指导原则的能力 （2）面临技术和商业领域的挑战时，能够推陈出新，在传统解决方案的基础上取得重大的进步，提出新的解决方案
L3	资深职员	（1）能熟练运用现有的、已建立的专业、技术或商业方面的系统方法 （2）所具备的知识通常需要通过数年的实际工作经验、研究调查或参与有挑战性的项目等方式来获取 （3）能够指导专业类岗位的下属开展工作，并对他们的工作质量进行评估
L2	职员	（1）在有限的监督下进行工作，需要运用较深的专业知识开展工作 （2）需要具备了解特定客户需求或技术要求的能力，以能够应用发展成熟的知识与技能
L1	助理	（1）在紧密的指导下，完成日常性工作 （2）不需要以前类似的工作经验，通常具备一定的学历

职级的划分应以支撑公司业务发展为出发点，以岗位职责为依据，与职类的划分保持一致。有时，为了对员工的能力做更细致的区分，需要在层级类别的基础上进一步分等。每一个级别又可划分为预备等、基础等、普通等和职业等四个等级，如图 6-2 所示。

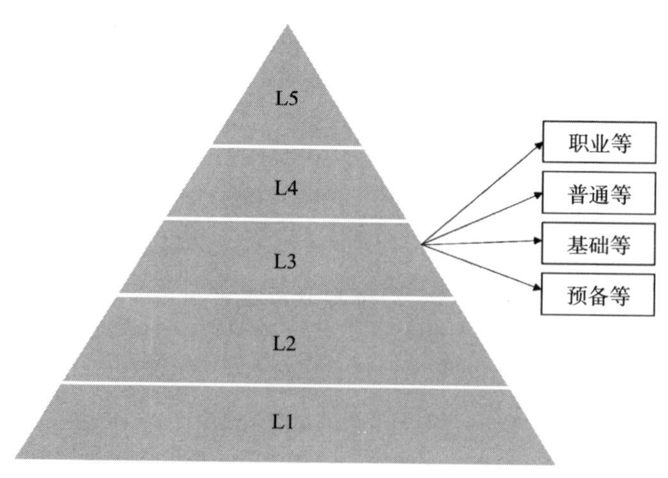

图 6-2 层级类别下的等级划分

在图 6-2 中，预备等最低，职业等最高。在具体的职级职等划分操作中，具体职级内划分多少等并没有统一的标准，需要根据公司的规模和实际情况来确认。

在确定职位职级之后，需要基于等级设计晋升标准，以拉通不同职级之间的晋升通道。通常而言，晋升标准会包括基本资格和各职级能力标准。其中，绩效和资历是员工职级晋升的门槛，也是基本资格条件；能力是决定员工能否晋升的关键因素。能否实现职级的晋升，最终要看能力能否真正达到目标职级的要求。

6.3.3　职位体系的应用

明确了岗位的职位序列和职位职级划分后，就搭建成了职位体系的基本框架。职位体系最直接的应用是设计员工职业发展通道。企业可以将职类和职级之间进行连接，结合考虑员工职业转换的方式，设计出内部员工的职业发展通道。

【管理研究】职业转换的三种方式

企业中员工职业转换的方式主要有垂直转换、平行转换和斜线转换三种。

垂直转换是指在同一个领域内转到另一个需要承担更大责任的角色。平行转换是指转换到不同领域内承担一个职责基本相似的角色。斜线转换是指转换到不同领域内承担更大职责的角色或更少职责的角色。

职类划分有助于解决平行转换的问题，职级划分有助于解决垂直转换的问题。

现实中，很多企业推行的是双轨制的员工职业发展通道：把职业发展通道分为管理类和专业类，两个通道之间不相通。管理类的职位晋升主要通过承担更多的管理责任来实现，而专业类的职位晋升主要通过提升专业岗位上的经验和技能来实现。在不相通的双轨制机制下，员工只能选择管理通道或专业通道实现个人的职业发展。

要有效解决这个问题，就需要依据各职业发展通道所要求的专业技能之间的相关性，设计职业发展通道的转换关系。在设计职业通道的转换关系时，有两个关键点需要注意：一是要确保所有专业发展通道均可向管理通道转换，也就是说至少包括两条职业发展通道，即员工岗位所处的专业序列和管理序列；二是依据专业技能水平要求的高低，明确两条通道内不同层级的对应关系。

目前，最典型的五级双通道模式就是横向上分为管理通道与专业通道，纵向上分为五个级别，不同的通道之间可以相互转换，如图 6-3 所示。

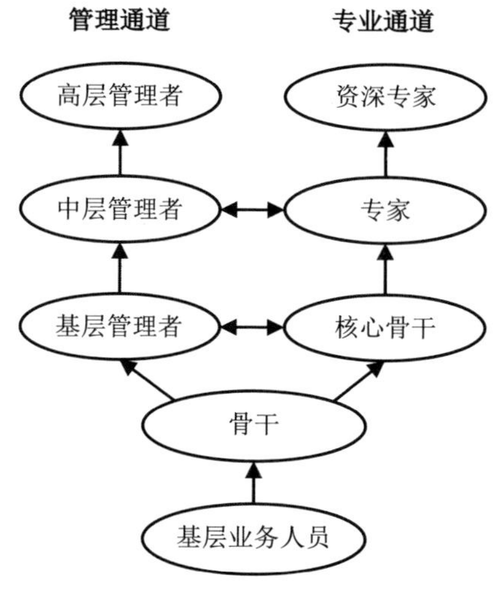

图 6-3　五级双通道模型

在五级双通道模型中，每个员工都至少有两条职业发展通道。以华为公司为例，华为公司的职业发展通道也采取的是双通道模式。

华为的员工在成为骨干，积累了一定的经验之后，就可以根据自身特长和发展意愿，选择往管理通道或技术通道发展，如图 6-4 所示。

华为员工在达到技术资格二级成为骨干之后，那些技术能力较为突出但管理能力较弱的员工，可以选择往技术通道发展，成长路径为：核心骨干—专家—资深专家—首席专家。而管理和领导能力较强的人，可以选择往管理通道发展，成长路径为：基础管理者—中层管理者—高层管理者—全球执行管理者。当然，专业通道和管理通道之间也是互通的，只要个人能力足够，原来在管理通道的员工后续可以申请转到专业通道发展，原本是专业 / 技术通道的人才也可以申请转到管理通道发展。

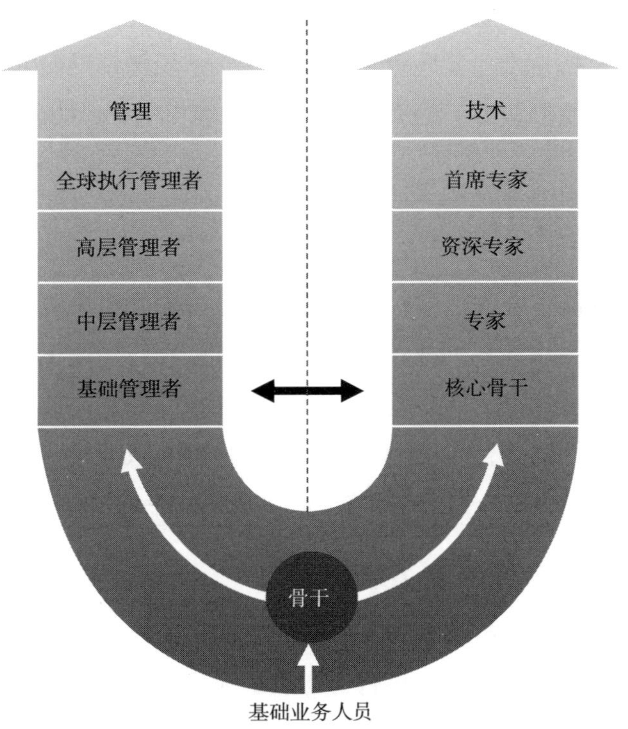

图 6-4　华为职业发展五级双通道模型

需要注意的是，员工职业发展通道的设计应考虑后期的可操作性，通道并不是越多越好。实践中，有的企业在设计员工职业发展通道时，依据工作技能的差异建立起很多的通道，如行政管理、后勤管理、形象宣传等都分别作为独立的职业发展通道，这样反而很难有效实施和应用。此外，员工职业发展通道的设计要有所侧重，应该重点关注为核心人员搭建良好的职业发展平台，以及在管理上获得较高的投入 / 产出比。

6.4 任职资格标准构建

在建立和完善员工职业发展通道后，接下来就要确定岗位对“人”的要求，建立任职资格标准。任职资格标准的建立不仅能帮助企业高效、公平地评价员工，而且能帮助员工清楚地定位自己的能力水平，明确发展目标。

6.4.1 分析岗位能力要求

在构建岗位任职资格标准，必须要深入分析岗位能力要求。分析的维度有三个：一是看组织积累的成功经验，即分析过去在岗位上取得优秀绩效的员工具备哪些素质和能力；二是看岗位的要求，即分析岗位工作任务以及目前工作上的痛点，需要何种能力来解决；三是看组织战略要求，即分析战略目标对员工能力的要求，需要哪些能力支撑战略目标实现。

1. 提炼绩优员工的核心能力素质

通过深度访谈绩优员工，将其关键成功要素反映到任职资格标准中，以固化组织成功经验，为员工提供行为指引。绩优员工的核心能力素质主要通过行为事件访谈法提取。行为事件访谈法是一种开放式的行为回顾式探索技术。通过邀请员工回忆过去半年（或一年）在工作上最具有成就感（或挫折感）的关键事件，我们可以从这些事件中挖掘出影响目标岗位绩效的关键行为。然后对收集到的具体事件进行汇总、分析、编码，并对比不同的被访谈员工（绩效优秀员工和绩效普通员工），找出胜任目标岗位所需的核心能力和素质。

在访谈中，除了通过关键事件提取任职资格外，直接询问也是一种有效方法。在完成关键事件访谈后，我们可以直接询问员工尤其是绩优员工：“您认为员工需要具备怎样的知识、能力、素质，才能胜任岗位工作？”员工关于这个问题的回答往往可以成为后期任职资格提取的重要参考。

2. 梳理岗位工作要求与痛点问题

岗位任职资格最直接的来源是岗位工作要求。一方面，我们要分解岗位工作任务，深入分析各项工作任务对员工的能力要求。另一方面，我们要重点关注岗位当前工作上的难点，分析其背后需要的能力要求。现有工作难点可通过访谈调研、问卷调研来获取。

笔者在给某企业的战略性岗位建立任职资格标准时，先对岗位的关键任务进行了全面的梳理，形成了关键任务清单。在完成关键任务梳理后，与业务部门确认共识。共识完成后，围绕关键任务设置了业务场景调研问卷，选定了岗位任职人员及上级作为调研对象，从角色责任（主导 / 配合）、工作难度（高 / 中 / 低）、对业绩提升的影响（高 / 中 / 低）三个维度对各项关键任务进行评价。最后，分析调研结果得出该岗位的工作难点（那些角色为主导、工作难度大且对业绩提升影响也大的关键任务，即为该岗位的工作难点）。我们在建立岗位的任职标准时，就重点考虑了岗位工作难点背后对应的能力、素质要求，得到了客户的认可。

3. 明确支撑组织战略实现的能力要求

构建任职资格除了要考虑当前的需求外，还要考虑企业未来的需求。企业未来的能力要求是指那些与战略相关、指向未来的能力。与战略相关的能力要求可以通过演绎法得出，如图 6-5 所示。演绎法就是通过分析公司战略要求、所面临的外部环境与内部关键挑战，明确其对公司能力的要求，以及这些能力对具体岗位人员的能力要求。

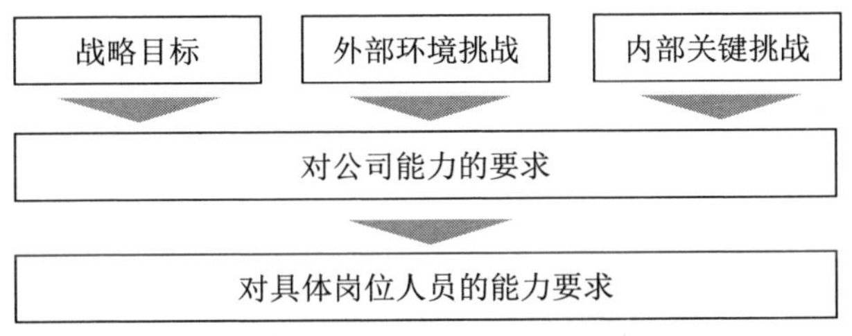

图 6-5　支撑公司战略目标实现的能力要求推导逻辑

首先，公司层面要深度解构战略目标、外部环境挑战、内部关键挑战，明确公司的人才需求。例如，当业务规模要突破一百亿元时，需要多少个具备何种核心能力的客户经理、产品经理、客户服务人员等。其次，各个部门要基于各自的业务特征，梳理具体岗位人员的能力要求。

任职资格必须符合组织未来的业务发展需求。那些与战略相关、指向未来的能力，需要我们给予关注，以有效支撑组织战略目标的实现。

6.4.2 明晰岗位任职资格

岗位能力分析完成后，要将分析结果规范化、标准化，建立任职资格标准。著名咨询公司 Hay Group（合益咨询）建立的任职资格标准如图 6-6 所示，包含基本条件、核心标准、参考项等内容。其中，基本条件包括学历、专业经验、绩效等，用于初步判断是否可以申请某一级任职资格认证；核心标准包括必备知识、素质、技能、行为等，是用于衡量能否获得资格的主要标尺；参考项包括品德、个性特征等，是资格评定的重要参考。

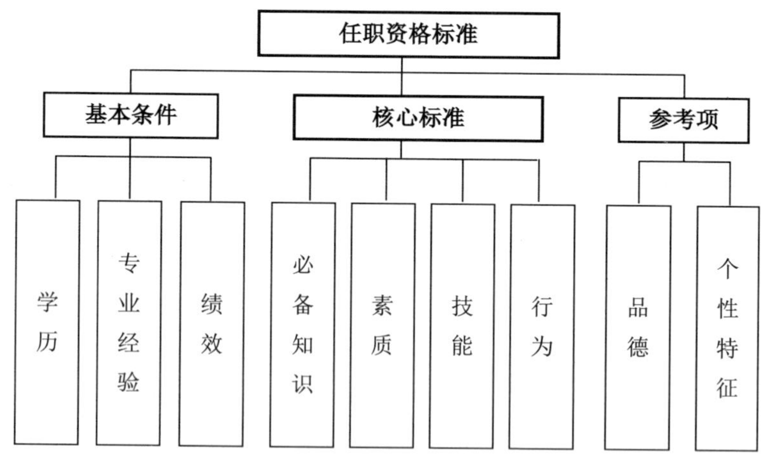

图 6-6 任职资格的构成部分

笔者曾为一家企业的关键岗位（软件研发岗）建立了岗位任职资格标准。我们将该企业软件研发岗位序列的任职资格分基本条件、核心标准、参考项三个模块来建。

我们将该企业称为S企业。S企业的软件研发岗位序列有6个等级。我们首先为S企业建立了适用于全员的通用素质模型，提取了5个通用素质项，并将每项通用素质分为5个等级。与此同时，我们为S企业的软件研发岗位序列建立了专业胜任力模型，明确了胜任软件研发岗位所需具备的6项专业胜任力，并将每项专业胜任力分为5个等级。结合通用素质模型、专业胜任力模型，我们明确了S企业软件研发岗各等级对应的基本条件、核心标准和参考项的任职要求，形成了软件研发岗位序列的任职资格标准，如表6-8所示。

表6-8 S企业软件研发岗位序列任职资格标准

职等	基本条件			核心标准			参考项	
	学历	专业经验	绩效	必备知识	核心素质	岗位胜任力	品德	个性特征
6等	满足职位说明书中任职条件里的学历要求	已获得该类任职资格5等后，继续从事本专业领域工作2年以上	近2年年度个人绩效在同职级岗位中排名前20%	包括专业知识、公司相关规章制度、流程、业务知识；通过考试、答辩、培训记录等对知识进行认证	5项均达到4级	6项均达到4级	以关键事件支撑品德的评价或者通过360度评估的方式获得对品德的评价	员工在工作中表现出来的特性，在认证复核过程中予以标识，作为参考因素
5等		已获得该类任职资格4等后，继续从事本专业领域工作2年以上			3项均达到4级	4项均达到4级		
4等		已获得该类任职资格3等后，继续从事本专业领域工作2年以上			5项均达到3级	6项均达到3级		
3等		已获得该类任职资格2等后，继续从事本专业领域工作2年以上			3项达到3级	6项均达到2级		
2等		已获得该类任职资格1等后，继续从事本专业领域工作1年以上			5项达到2级	4项均达到2级		
1等		从事本专业领域工作1年以上			3项均达到2级	6项均达到1级		

岗位任职资格标准通常包含素质、知识、技能、经验、工作行为、工作成果、贡献等内容。实践中，任职资格标准的构成内容没有统一的模板。企业往往会根据实际需要建立岗位任职资格体系。例如，对于结果易于量化、责任贡献能够直接清晰证明的岗位，则可以重点突出工作结果、贡献等。

参考华为的做法，以客户经理岗位序列为例，将客户经理分为初级、中级、高级三个等级，每个等级的定义如表 6-9 所示。

表 6-9　客户经理岗位分级

级别	定义
初级客户经理	掌握专业领域的基本知识和基础技能，在适当的指导下能够完成工作任务；能力刚达到岗位的要求，还需巩固
中级客户经理	掌握专业领域必要的知识、技能，这些知识和技能已经在工作中多次得以实践；能力完全达到岗位要求
高级客户经理	具有本专业领域全面的良好的知识和技能，在某一方面是精通的；能够独立、成功、熟练地完成本领域的工作任务，并能有效指导他人工作；各能力表现成为公司或部门内标杆

对于客户经理岗位序列的任职资格标准，可以将学历 / 从业经验要求、必备知识作为基本条件，将销售额、回款额及团队贡献作为核心标准，将品德作为参考项，如表 6-10 所示。

表 6-10　客户经理岗位序列任职资格标准

资格等级	基本条件		核心标准（年度）			参考项
	学历 / 从业经验要求	必备知识	销售额	回款	团队贡献	品德
初级	1. 有同岗位工作经验 1 年以上 2. 对不达大专学历者，相应专业经验需要超过 2 年	按要求参加公司组织的学习和培训活动，年度学习积分达标			–	未出现违反员工行为准则及红线的行为

续表

<table>
<tr><th rowspan="2">资格等级</th><th colspan="2">基本条件</th><th colspan="3">核心标准（年度）</th><th>参考项</th></tr>
<tr><th>学历 / 从业经验要求</th><th>必备知识</th><th>销售额</th><th>回款</th><th>团队贡献</th><th>品德</th></tr>
<tr><td>中级</td><td>1. 在本公司岗位工作经验 1 年以上，或有同行（公司）相应工作经验 2 年以上
2. 对不达大专学历者，岗位工作经验需要超过 2 年</td><td rowspan="2">按要求参加公司组织的学习和培训活动，年度学习积分达标</td><td></td><td></td><td>1. 案例开发与认证
输出 2 个高价值业务案例，且获得学习发展部认证
2. 经验分享
作为分享人，在公司组织的业务经验分享会上分享工作经验，分享次数≥ 2 次，且每次分享的评分≥ 80 分
（二选一）</td><td rowspan="2">未出现违反员工行为准则及红线的行为</td></tr>
<tr><td>高级</td><td>1. 在本公司岗位工作经验 2 年以上，或有同行（公司）相应工作经验 3 年以上
2. 对不达大专学历者，岗位工作经验需要超过 3 年</td><td></td><td></td><td>1. 案例开发与认证
输出 2 个高价值业务案例，且获得学习发展部认证
2. 微课开发与讲授
开发 1 门业务场景课程，通过学习发展部认证，且至少进行了 1 次公开授课
（同时满足）</td></tr>
</table>

通过建立任职资格标准，企业可以明确员工应具备的素质、知识、技能以及应体现的行为，也可以有效管理员工贡献。任职资格标准体系构建完成后，企业人力资源管理各项工作就有了一个统一的、可衡量的标准。当然，在构建任职资格标准时，应以实用、可操作为原则，结合具体岗位灵活构建，不应死板套用。

6.4.3 岗位任职资格的应用

任职资格管理实际是一种能力管理，可以用于人才选拔、绩效考核和人才培训等各个领域。

1. 人才选拔

在人才制胜的时代，选拔合适的人才对企业来说至关重要。但很多企业都面临找不到合适人才的困境。造成这样的困境的原因有很多，但是从企业内部来看，缺乏明确的人才选拔标准是一个不可忽视的原因。

要想选拔出高质量、合适的人才，必须要有一个科学且明确的标准，任职资格标准是助力企业选人用人的有效工具。根据待聘岗位的任职要求来选择候选人，可以帮助企业科学地进行人员筛选，保证从内外部选拔的人才符合岗位需求，最大限度地做到人岗匹配，如图 6-7 所示。

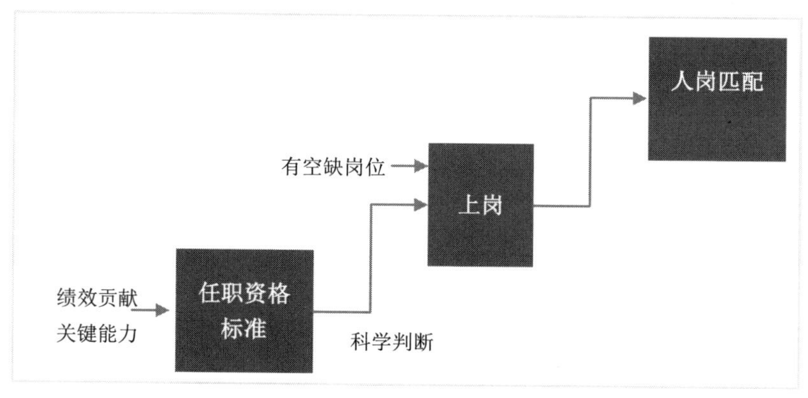

图 6-7　基于任职资格标准选人用人的思路

2. 绩效考核

任职资格标准也可以用于绩效考核，让绩效考核更具针对性和引导性。具体来说，就是将任职资格作为考核的重要工具，以其为标准对员工进行考核，根据员工在各方面的表现判断其是否达到岗位要求。

1996 年，华为的员工人数发展到了 2000 多人，秘书也有三四十个。这些秘书的学历参差不齐，有大专生、本科生，也有研究生，但是从工作的结果来看，学历越高者，反而工作干得越差。经过调查分析后发现，研究生进入公司以后常常会忙于发展与领导的关系，或者希望去研发、销售等其他部门，对本职工作反而不上心。这种情况下，华为的管理者们开始思考：秘书们到底应该做什么？究竟什么样的秘书才是一个好秘书？

经过一番研讨，华为为秘书制定了胜任标准，分为 1 ～ 5 级。例如，秘书打字的速度每分钟必须超过 80 字以上；熟练掌握 Word 文本的设计、Excel 表格处理等最基本的技能。除此之外，华为还为会议通知、组织会议、布置会场、会议纪要、文档归档等与秘书相关的工作设计了详细的标准，让秘书工作有了具体的胜任要求。

建立胜任标准之后，华为还依据这些要求来考核秘书工作。例如，一级秘书需要考试，没有通过者需要再次考试。从一级秘书到二级秘书可以涨工资，到五级秘书可以升职为部门经理。基于任职要求考核秘书，并将考核结果作为岗位晋升、薪酬调整的依据，这样秘书不仅能够清楚自己在哪些地方可以提升，也有动力提升自己。

通过建立任职资格标准，可以有效激励和保留优秀员工。对于绩效不够理想的员工，企业可以根据任职资格标准，找到员工的胜任差距，并通过针对性培训提高其胜任能力、改善工作绩效。

6.5　能力模型构建

除了任职资格标准外，能力模型也是明确岗位对“人”的要求的重要工具。能力模型可分为三类：第一类是适用于全员的通用素质模型，第二类是适用于承担管理职责群体的领导力模型，第三类是适用于特定岗位族群的专业胜任力模型。

6.5.1　构建通用素质模型

前文提到，能力模型又叫素质模型、胜任力模型或资质模型，它明确了员工胜任工作、实现企业战略目标所需要的知识、技能和素质。能力模型可以用于招聘、培训、绩效等人力资源管理领域。那么，能力模型与任职资格标准又是什么关系呢？

【管理研究】能力模型与任职资格标准的关系

能力模型与任职资格两者既有区别，又有密切关联。对于能力模型与任职资格的关系，学术界存在不同的观点。

（1）两者本质相同，只是应用场景不同。持有此种观点的人认为任职资格更多的是关注岗位的基本要求，即岗位员工达到合格水平应具备的各种要求的集合。而能力模型则描绘了能够鉴别绩效优异者与绩效一般者的动机、特质、技能和能力等，强调的是高绩效。

（2）两者是包含与被包含的关系。持有此种观点的人认为任职资格标准包含了能力模型。因为任职资格包括胜任力标准（素质、知识、技能）、行为标准、贡献标准、学历、经验、品德与价值观等内容，其构成要素要比能力模型的构成要素广。与此同时，任职资格的分级也兼顾了鉴别绩效优异者与绩效一般者的作用。所以，能力模型是任职资格标准中的一个关键部分。

（3）两者“你中有我，我中有你”。持有此种观点的人认为任职资格中的学历、经验等要求项是能力模型中没有的。能力模型中个性与品质要求、自我形象与社会角色特征等隐性能力要求也是任职资格中比较薄弱的。但是二者又有共通之处，具体体现在对知识、技能的要求上。

任职资格与能力模型都是确定用人标准的重要工具，两者可以结合运用。任职资格体系是企业基本管理体系中的一部分，理论上无论中小型还是大型企业都应当有。对于任职资格的作用，任正非曾指出：“任职资格体系的建设管理是华为过去三大成功变革之一。对华为成功迈入全球市场居功至伟。”能力模型在企业处于快速扩张时，可以让组织的人才选拔不拘泥于知识、经验等特定的要求，促使组织的人才流动更具效率。此外，能力模型更适用于管理人员的选用和培养。但是，能力模型的落地相对困难。实践中，要根据企业的实际情况，结合应用。

能力模型中的通用素质，也叫核心胜任力，是指超越于岗位、专业和职责之外的，企业全体员工所需要的关键素质，包括企业期望的员工个性特征、向标杆企业学习得来的素质，整体代表了企业对全体员工的品德要求，是企业能够基业长青的基因。构建通用素质模型，就是将企业的价值观具体化和行为化，为企业选人用人提供可衡量的标准。

阿里巴巴将企业的核心价值观转变成了对应的素质项和行为标准，建立了通用素质模型，如表 6-11 所示。例如，在阿里巴巴的“新六脉神剑”中，有一条核心价值观是“客户第一，员工第二，股东第三”。在通用素质模型中，这条价值观转化成了“客户第一”的素质项，并做了具体的诠释和行为描述。

表 6-11　阿里巴巴通用素质模型

通用素质项	客户第一
诠释	· 这就是我们的选择，是我们的优先级 · 只有持续为客户创造价值，员工才能成长，股东才能获得长远利益
行为描述	· 心怀感恩，尊重客户，保持谦和 · 面对客户，即使不是自己的责任，也不推诿 · 把客户价值当作我们最重要的 KPI · 洞察客户需求，探索创新机会

阿里巴巴没有对通用素质项的行为进行分级，而是列出了一个素质项的多条行为描述。但是行为描述从上到下也有程度上的不同，如在“客户第一”这个素质项的行为描述中，“心怀感恩，尊重客户，保持谦和”是最容易做到的，而“洞察客户需求，探索创新机会”是最难做到的。

阿里巴巴这种不区分等级的能力素质模型在构建和应用操作上相对简单。我们也可以将通用素质区分等级，不同等级对应不同的行为描述。等级版的通用素质模型其结果易于量化，便于观察与分析，但构建难度较大，对构建人员要求较高。

本质上来说，通用素质模型是企业文化的反映。将通用素质模型作为人才招募和选拔的标准，可以确保选拔出的人才与企业文化相符，有利于企业的长期稳定发展。

6.5.2 构建领导力模型

能力模型的另一个重要类型是领导力模型。一个完善、合理的领导力模型，是培养和发展领导人才的前提。领导力模型的核心内容是领导力素质，就是企业对管理人员的素质、能力、态度和行为方面的要求，更多的是体现在未来支撑战略目标实现所需的领导力要求。

领导力模型广泛应用于管理人才的挑选甄别、职业管理、工作晋升和培训等方面。世界上在人才领导力开发方面表现卓越的公司都会建立符合公司发展的领导力模型。例如，GE公司的"4E+P"模型，即活力（Energy）、鼓动力（Energize）、决断力（Edge）、执行力（Execute）和激情（Passion）；宝洁公司的"5E"模型，即高瞻远瞩（Envision）、全情投入（Engage）、鼓舞士气（Energize）、授人以渔（Enable）和卓越执行（Execute）；IBM公司的三环模型，即对事业的热情处于环心，致力于成功、动员执行和持续动力这三大要素围绕环心运转。

早在2005年，华为就建立了领导力模型，用来牵引干部领导力的发展。华为领导力模型被称为华为领导力九条模型（如图6-8所示），是华为通过深度访谈内部几十位成功的高级领导，提炼他们具备的核心素质后，结合公司长远发展对领导力的要求后得出的。华为将九条领导力各分为四个等级，高层、中层、基层管理者在各领导力上要达到的等级和行为标准是不同的（如表6-12所示）。

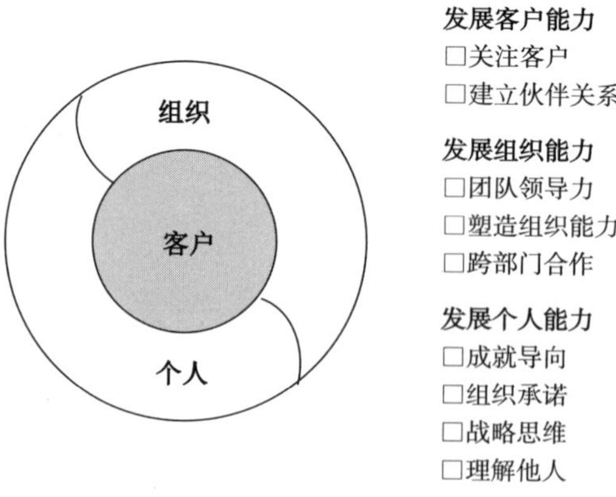

图6-8 华为领导力九条模型

表 6-12　华为领导力九条行为分级及描述

领导力	定义	等级	行为描述
关注客户	一种致力于理解客户需求，并主动用各种方法满足客户需求的行为特征。“客户”包括现在的、潜在的、内部的、外部的客户	1 级	响应明确的客户需求
		2 级	解决客户的担忧，主动发现并满足客户未明确表达的需求
		3 级	探索并满足客户潜在的需求
		4 级	想客户所未想，创造性地服务客户
建立伙伴关系	一种愿意并能够找出公司与其他精心选择的合作伙伴之间的共同点，与他们建立互利共赢的伙伴关系来更好地为公司的客户服务的行为特征	1 级	对外开放，建立联系
		2 级	开展对话
		3 级	共同发展伙伴关系
		4 级	寻求共识，实现共赢
团队领导力	一种运用影响、激励、授权等方式来推动团队成员关注要点、鼓舞团队成员解决问题以及运用团队智慧等方法来领导团队的行为特征	1 级	任务式领导
		2 级	设定高绩效团队的行为期望
		3 级	授权团队
		4 级	鼓舞士气，影响团队
塑造组织能力	一种辨别并发现机会，以不断提升组织能力、流程和结构的行为特征	1 级	理解执行组织、流程，并识别需要改进的领域
		2 级	指导团队
		3 级	匹配人力资源，发现、培养后备干部
		4 级	进行组织或流程的重新设计，建立干部梯队，以持续提升绩效
跨部门合作	一种为了公司整体利益而主动与其他团队合作、提供支持性帮助并获得其他部门承诺的意愿和行为特征	1 级	尊重他人，并贡献自己的观点
		2 级	处理冲突，愿意妥协
		3 级	主动理解其他部门需要，采取行动提供帮助，寻找双赢
		4 级	整体利益最大化
理解他人	一种准确地捕捉和理解他人没有直接表露或只是部分表达出来的想法、情绪以及对其他人看法的行为特征	1 级	识别情绪和状态
		2 级	理解情绪和表达
		3 级	理解真实意图
		4 级	理解深层问题
组织承诺	一种为了支持公司的发展需要和目标，愿意并能够承担任何职责和挑战的行为特征	1 级	努力融入组织
		2 级	展现公司形象
		3 级	认同及传播公司核心价值观，以实际行动支持公司
		4 级	为公司利益做出牺牲

续表

领导力	定义	等级	行为描述
战略思维	一种在复杂模糊的情境中、用创造性或前瞻性的思维方式来识别潜在问题、制定战略性解决方案的行为特征	1 级	通过发展趋势来实施战略
		2 级	运用复杂的理念去实施战略
		3 级	深入浅出地去洞察战略
		4 级	对业务重新构思或创造新的业务概念
成就导向	一种关注团队最终目标，并关注可以为公司带来最大利益的行动的行为特征	1 级	把事情做得更好
		2 级	设定并实现挑战
		3 级	做出成本 / 效益分析
		4 级	敢于冒经过评估的风险

华为的领导力模型建立后，被广泛运用于干部招聘与选拔、后备干部培养、干部职业规划、干部培训与发展、干部绩效管理及薪酬体系中，有效助力了干部领导力的全面提升。

企业对不同层级的领导者有不同的要求。除了像华为一样通过分级的方法区分对不同层级领导者的要求，也可以分别建立基层管理者、中层管理者和高层管理者的领导力模型。此外，企业在建立领导力模型时，除了通过领导者访谈、问题点梳理、分析企业战略等来提炼领导力素质，还可以参考标杆企业的领导力模型和有关领导力的研究成果，对企业的领导力模型进行优化。

6.5.3 构建专业胜任力模型

专业胜任力模型适用于特定岗位族群，是针对一个岗位序列建立一套胜任力标准。它反映的是每一条线岗位系列上的员工需具备的专业胜任力。

在建立专业胜任力模型前，要先对企业的岗位进行梳理，明确各岗位所归属的专业条线和岗位序列。再以岗位序列为单位，通过访谈特定岗位序列上的绩优员工、梳理岗位序列的共性工作难点和问题点、识别公司战略对岗位序列专业能力的要求，提取专业胜任力和行为标准，构建专业胜任力模型。

阿里巴巴将产品经理岗位分为 P4 ~ P7 四个层级，对不同层级产品经理的岗位职责做了明确的区分，如表 6-13 所示。

表 6-13　阿里巴巴各层级产品经理的岗位职责

	职责明细	P4	P5	P6	P7
产品经理岗位职责	独立负责用户调研，竞品分析，需求规划，交互设计	√	√		
	深入用户研究，需求挖掘与拆解，独立负责一条产品线从 0–1 规划上线			√	√
	较强的逻辑分析能力，用数据驱动产品		√	√	√
	较强的沟通表达能力和团队协作能力，协同 UI、开发、测试等部门，推动项目上线		√	√	√
	较强的学习和分享能力，将创新模式能融入业务中			√	√
	配合运营、市场等部门业务策略的产品化落地			√	√
	行业前瞻性和洞察力，对公司业务战略决策提供帮助				√
	团队管理和组织建设能力，带领和激励团队达成目标				√

阿里巴巴依据产品经理岗位序列的胜任要求，建立了专业胜任力模型，明确产品经理必须具备“需求管理”“产品规划”“项目管理”“团队管理”“商业思维”五项专业胜任力。由于不同层级产品经理的岗位职责不同，阿里巴巴对他们在各项专业胜任力上的行为要求也不同，如表 6-14 所示。

表 6-16　阿里巴巴各层级产品经理专业胜任力要求

序号	专业胜任力	常见行为描述	层级			
			P4	P5	P6	P7
1	需求管理	用户调研、竞品分析，通过各渠道和方法收集整理需求	Ⅱ	Ⅲ	Ⅳ	Ⅳ
		对需求的分析、理解和判别	Ⅱ	Ⅲ	Ⅳ	Ⅳ
		将用户需求转化为产品的能力	Ⅰ	Ⅱ	Ⅲ	Ⅳ
		根据业务规划对需求的拆分和优先级排序	Ⅰ	Ⅱ	Ⅲ	Ⅳ
		深入挖掘需求，提炼产品价值点	Ⅰ	Ⅱ	Ⅲ	Ⅳ
2	产品规划	定义产品范围，明确产品结构，产品原型及文档输出	Ⅱ	Ⅲ	Ⅳ	Ⅳ
		梳理产品架构，规划业务模块	Ⅰ	Ⅱ	Ⅲ	Ⅳ
		通过系统化思考，明确产品定位，输出产品线策略及规划	Ⅰ	Ⅰ	Ⅱ	Ⅲ
		分析行业竞争态势，提炼产品核心价值点	Ⅰ	Ⅰ	Ⅱ	Ⅲ
		通过数据分析，洞察发现问题，推动产品优化迭代	Ⅰ	Ⅱ	Ⅲ	Ⅳ

续表

序号	专业胜任力	常见行为描述	层级			
			P4	P5	P6	P7
3	项目管理	组织项目立项和需求评审，协同 UI、开发、测试等部门，推动项目上线	Ⅱ	Ⅲ	Ⅳ	Ⅳ
		管理项目节奏，规划里程碑节点，实现项目目标	Ⅰ	Ⅱ	Ⅲ	Ⅳ
		组织项目复盘，及时总结项目得失，形成工作方法论	Ⅰ	Ⅱ	Ⅲ	Ⅳ
4	团队管理	组织团队学习和团队分享	Ⅱ	Ⅲ	Ⅳ	Ⅳ
		帮助人才成长、参与梯队建设、促进组织进步	Ⅰ	Ⅰ	Ⅱ	Ⅲ
		激励团队，带领团队达成目标	Ⅰ	Ⅰ	Ⅱ	Ⅲ
5	商业思维	配合运营、市场等部门对业务运营策略的产品化落地	Ⅰ	Ⅱ	Ⅲ	Ⅳ
		通过业务统筹分析，制定产品的长期规划	Ⅰ	Ⅰ	Ⅱ	Ⅲ
		行业的前瞻性，对未来方向探索研究，对公司业务战略决策提供帮助	Ⅰ	Ⅰ	Ⅰ	Ⅱ
		行业外优秀模式研究，并融入行业内创新	Ⅰ	Ⅰ	Ⅱ	Ⅲ

注：
Ⅰ为了解，指意识与概念的知晓
Ⅱ为掌握，指在了解的前提上，能够进行基本的执行与运用
Ⅲ为熟练掌握，指掌握并能完全运用
Ⅳ为精通，指的是运用高手，具有榜样的作用

从了解、掌握，到熟练掌握、精通。总体来讲，阿里巴巴产品经理的岗位层级越高，公司对其行为要求的标准越高。

构建专业胜任力模型就是在明确岗位序列的情况下，基于各岗位的职责，明确岗位对任职者的专业胜任力要求。在具体的操作中，专业胜任能力模型中的专业胜任力不是越多越好，数量一般不要超过 10 个。

专业胜任力模型的建立是一项庞大的系统工程，企业往往有多个岗位序列，若要建立全部岗位序列的专业胜任力模型，往往需要耗费大量的人力以及时间。因此，在实践中，企业可以结合实际管理需要，先建立关键岗位的专业胜任力模型。如有必要，再逐步将非关键岗位的专业胜任力模型建立起来。

第 7 章 管控与沟通

一个好的组织，其业务、流程、组织、机制、人等各项管理要素之间必须有机融合，相互促进。在流程化组织建设中，需合理设计组织管控体系、协同作战体系、制度体系、沟通与反馈机制等，以有效推进组织运营。

7.1 统治与分治并重

随着组织的不断发展壮大，如何处理好统治与分治的关系是组织治理面临的重要任务。一般来说，统治系统各机构间是分权制衡的关系，统治与分治系统间是授权与监督关系。

7.1.1 统分治理：业务要发展，集团不分家

企业在发展壮大的过程中，业务模式通常会从单一模式转变为多业务并驾齐驱的模式。此时，业务模式实现了从“一棵树”到“多棵树”的改变，成了“一片森林”。针对多业务模式，组织统治与分治关系的处理就变得尤为重要。对此，任正非形象地用八爪鱼做了比喻：“我们要研究八爪鱼的控制系统，它 2/3 的神经元在爪尖上，所以它的几根爪不会打架混乱。”为适应多业务的发展，华为强调，公司将逐步建立统治与分治并重的分布式经营管理体系。

从“一颗大树”到“一片森林”，华为致力于建立“共同价值守护与共同平台支撑下的分布式经营模式”，实现公司在多业务结构下持续健康发展。《华为人力资源管理纲要 2.0：总纲》对华为分布式经营模式做了清晰的描述，如图 7-1 所示。

任正非指出：

“华为未来采用‘横向分权，纵向授权’的权力结构，公司的董事会代表公司的统治权力；消费者业务管理委员会、ICT 基础设施业务管理委员会和平台协调管理委员会在下面。消费者和泛网络业务管理委员会有一定的分治权力；平台协调管理委员会支撑公司统治的协调权力，承接从董事会下来的主张与要求，做细节性的穿透工作，形成公司的共同平台。董事会的中央管控一定是强有力的，通过统治平台来管制不同业务的分治，否则就容易被架空。

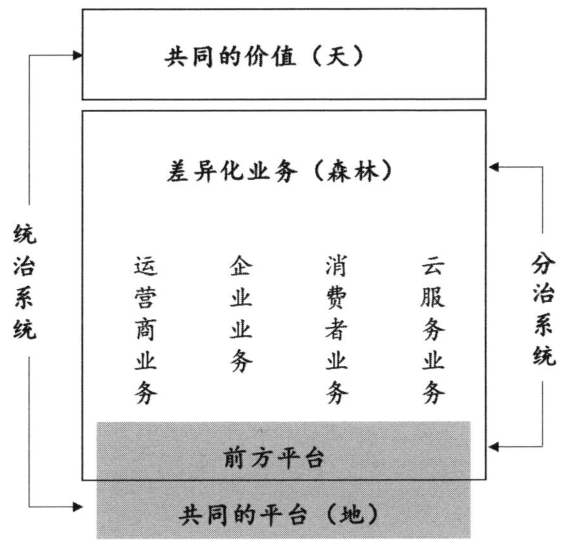

图 7-1 华为分布式经营模式

“在‘横向分权，纵向授权’的权力结构中，公司统治系统如董事会与监事会间是分权制衡的，但是统治到分治不是分权而是授权，决策权力是授给下面的，监督权仍在公司。只是分了经营决策权，没有分监管权，既然接受了授权就要接受监管。把该管的管住了，才能把要授的授下去。如果授权后管不住，那为什么还要把权授出去呢？授权就是要在合理的宏观统治下，让各 BG/BU 增加自身活力，而不是让它们脱离公司。

“公司共同价值管理就是董事会承担的总责任，主要有四条：一是战略洞察；二是建立业务边界与管理规则；三是管理高层关键干部；四是监督。董事会的支撑平台就是现在公司的主要职能部门，负有统治支撑责任；分治体系自己建设的平台是操作和监督。

“以天、地为平台进行管理的目的是允许多棵树在公司平台上共同生长，最好树和树之间不关联，只是天与地跟这些树相关联。华为是让各业务有自由运营的灵活机动，又有天、地的管控。去中心化短期内还不适合华为。换句话说，树与树之间原则不共享，各干各的，这样互不牵制，管理也就简单化了。”

随着公司的发展，业务的扩张是客观存在的。每增加一个业务就会给管理带来更多的挑战。华为强调，在统治与分治并重的经营模式构建中只有先夯实统治，才能放来分治，保持监管。首先，要先针对“一棵树”构建好基本的统治与分治模式，再扩展到“多棵树”，进行差异化管理。其次，要针对成熟业务的“大树”，在总结成功经验的基础上，聚焦业务变化与关键问题，持续优化与简化管理体系。

7.1.2　强化项目化组织运作，激发组织活力

为了处理好统分治理的关系，增强组织灵活性，企业在建设流程化组织的过程中，会改变中央集权式管理，让听得见炮火的人呼唤炮火。由于项目是组织存在的基础，也是业务管理的最小单元，多年来，华为一直在进行“从以功能部门为中心，转向以项目为中心”的模式探索，以此将公司的管理能力细化到一个个具体的项目中。任正非曾说：“华为将试点以项目为中心的管理，逐渐使作战团队拥有更多权利，监管前移，来配合授权体系的产生。”

如何具体地描述“以项目为中心”？对此，华为轮值董事长郭平从项目经理授权、项目预算管理权力、资源可获得性、项目经理角色和项目管理人员（“八大员”）角色等五个方面进行了阐释（如表 7-1 所示）。他指出华为未来的“以项目为中心”就是组织运作从功能为主、项目为辅的弱矩阵向项目为主、功能为辅的强矩阵转变，而不是完全项目化运作。

表 7-1　以项目为中心的具体描述

组织结构 项目特点	功能化	矩阵化			项目化
		弱矩阵	平衡矩阵	强矩阵	
项目经理授权	很少 / 无	少	少到中等	中等到高	高到完全
资源可获得性	很低 / 无	低	低到中等	中等到高	高到完全
谁管理预算?	功能经理	功能经理	混合	项目经理	项目经理
项目经理角色	兼职	兼职	全职	全职	全职
项目管理人员角色	兼职	兼职	兼职	全职	全职

如何成功实现“以项目为中心”？华为轮值董事长郭平表示：

从以功能为中心向以项目为中心转变是一个渐进的过程。在这个过程中，我们既要做好具体项目的管理和相应的配套机制建设，也要重视以项目为中心的转变对代表处经营管理带来的影响，对预算机制进行改革，以适应以项目为中心运作的要求。

在项目经营管理及配套机制的建设上，主要做好以下四个方面的工作。

（1）沿着项目管理主流程，认真做好交付项目基线建设，夯实项目“四算”（概算、预算、核算、决算）的基础，提升项目预算管理水平，这是以项目为中心的基础。没有这个基础，项目经营就是空中楼阁。

（2）明确项目型组织在整个管理体系中的定位，优化项目型组织的管理控制，包括项目型组织的生成、任命、责任、授权、考核以及预算如何获取与执行等。

（3）建立适应未来发展的项目资源管理规则、流程以及 IT 平台，提高资源计划水平，做好资源上架，使所有资源对项目都是可视的、透明的。

（4）在总结试点经验的基础上，进一步推动项目利益分享，逐步将利益分享推广到所有交付项目，提高基层作战组织在项目经营上的积极主动性。

从以功能为中心运作向以项目为中心运作的转变，意味着功能部门就是能力中心、资源中心，而不再是权力中心，可以将更多的权力解放出来赋予项目团队，以此增强组织及时满足客户需求的能力及速度。

7.1.3　完善监督体系，做好风险内控管理

有效的内控管理，能为“积极授权、有效行权”提供制度性的保障。企业需建立完善、有效的监督体系，做好风险内控管理。

2020 年 6 月 30 日，腾讯发布与老干妈合同纠纷案的裁定结果，要求老干妈支付广告费并申请查封、冻结老干妈及其子公司名下价值 1624.06 万元

的财产。对此，腾讯方面表示，在 2019 年 3 月，腾讯与老干妈签订了一份广告合作协议，即在 QQ 飞车手游中植入老干妈广告。但合作完成后，老干妈迟迟未支付广告费。随后，老干妈发表声明称自己从未与腾讯公司或授权他人与腾讯公司就“老干妈”品牌签署“联合市场推广合作协议”，并报了警。

2020 年 7 月 1 日，贵阳警方通报，此事系 3 人伪造老干妈公司印章，冒充该公司市场经营部经理，与腾讯公司签订合作协议。3 名犯罪嫌疑人已被刑拘。2020 年 7 月 10 日，腾讯与老干妈通过各自官方渠道发布了一则联合声明称：双方进行了深入沟通，已厘清了误解。

腾讯与老干妈的合同纠纷事件，几经反转，在互联网掀起了不小的舆论。腾讯作为互联网大厂，其内部的风险内控管理理应非常完善。为何会出现此次令人吃惊的“被诈骗”事件，背后的缘由我们无从知晓。但此次事件也反映了腾讯内部存在需要进一步优化的流程。

为健全内控体系，华为设置了内部控制的三层防线，建立覆盖点、线、面 / 场的立体监督体系。

第一层防线是业务主管 / 流程 Owner，是内控的第一责任人。在流程中建立内控意识和能力，不仅要做到流程的环节遵从，还要做到流程的实质遵从。流程的实质遵从，就是行权质量。落实流程责任制，流程 Owner/ 业务管理者要真正承担内控和风险监管的责任，让 95% 的风险在流程化作业中解决。华为要求业务主管必须具备两个能力，一个能力是创造价值，另一个能力就是做好内控。

第二层防线是内控及风险监管的行业部门。它们针对跨流程、跨领域的高风险事项进行拉通管理，既要负责方法论的建设及推广，也要做好各个层级的赋能。稽查体系聚焦事中，是业务主管的帮手，可以帮助业务主管成熟地管理好自己的业务，发现问题，推动问题改进，有效闭环问题。稽查和内控的作用是在帮助业务完成流程化作业的过程中实现监管。内控的责任不是在稽查部，也不是在内控部，是在业务主管。

第三层防线是内部审计部。它是司法部队，通过独立评估和事后调查建立冷威慑。冷威慑，就是让大家都不要做坏事，也不敢做坏事。

华为的内控体系是在发展的过程中不断优化和完善的。目前，华为已经建立起内控、内审、稽查、法务、信息安全、子公司董事会等监管部门，以确保组织在内外合规的基础上实现业务的良好发展。事实上，包括腾讯、华为在内的各大名企都非常注重建立健全以风险管理为导向、以合规管理监督为重点的内控体系。但在实践中，总会有这样那样的问题出现，这就需要企业在实践中不断发现问题、改进问题。

7.2　提高组织的敏捷性

在 VUCA 时代，组织面临的不确定性越来越大。因此，提高组织的敏捷性以应对不确定性，包括技术的不确定性、客户需求的不确定性、交易条件的不确定性以及交付条件的不确定性等，显得尤为重要。

7.2.1　一线组织精兵化，呼唤炮火

对于组织的敏捷性，任正非形象地说：“我们和竞争对手比，就像大象和老鼠。我们是老鼠，人家是大象。如果我们还要保守，就像老鼠站在那里一动也不动，大象肯定一脚就把我们踩死了。但是老鼠很灵活，不断调整方位，大象老踩不到，它就会受不了。我们必须要有灵活的运作机制和组织结构体系。”一线组织作为面向市场的窗口，需要快速感受到市场的变化，并做出正确的决定。为了实现这一点，华为致力让一线组织精兵化。

2017 年，任正非在规范职能组织权力工作组座谈会上的讲话中指出：“能产粮食、直接做事的组织是作战组织，不能直接产粮食、发文要求别人做事的就是职能组织。谁说自己不是职能组织，那就不允许你发号施令。你不发号施令，别人也能够产粮食，你就是多余组织。若你是职能组织，不发号施

令，而影响了产粮食，就是失职。未来的作战组织是‘主官+职员’的一线精兵组织，以及‘主官+职员+专家’的特战组织，再加‘新兵’带来青春和热血。”

华为建立“主官+职员+专家+新兵”模式的一线组织，是为了将一线变成能“打胜仗”的单位，从而更加敏捷地为客户提供优质的产品和服务。为应对激烈的市场竞争，众多优秀企业越来越重视一线组织的精兵化。

阿里巴巴 CEO 张勇认为，商业竞争到最后会变成组织的竞争。也就是说企业要建设适应新生产力的组织生产关系。他说：“组织结构应当形成小前端+大中台的架构；在人才上，放手让更多年轻人掌舵。”

基于此，阿里巴巴按照“大中台、小前台”理念，设立了阿里巴巴中台事业群。同时，阿里巴巴授权给淘宝、天猫的各个业务单元，以让它们更自主、灵活和敏捷，并让一线人员组成“班委”负责快速回应前端业务需求。张勇指出：“‘敏捷的前端+强大的中台’是阿里巴巴一直在思考，并已经开始实施的重要组织升级。”阿里巴巴已经挑选了一批在业务前线有突出能力的人，并授予他们充分的人事、财务、决策权力，给予充分的技术和数据支撑，同时设立目标，让他们独立领导一个小团队推进业务。可以说，这是阿里巴巴版本的精兵组织。张勇说：“一个几十人甚至十几个人的小团队，目标清晰，反应迅速，有自由决策的空间，在数据和技术的‘炮火支援’下，撬动的生产力往往可以抵上一个大型企业。”

当然，这个精兵组织的背后是强大的中台系统。阿里巴巴公司的中台最终是一个事业群，将负责管理和开发阿里巴巴公司最重要的“数据”资产。

前方人员在开拓市场，素质就要提高，实现精兵化；后方人员为了提高响应能力，应该平台化。后方的资源只有在前方得到运用，才能发挥最大价值。而前方人员则应该不断提高作战能力，有效呼唤炮火。

7.2.2　让后方向服务型组织转变

为支撑一线高效运转，流程化组织将后方由管理型组织向服务型组织转变，即后方是为一线提供服务的。在华为，后方并非传统意义上“高高在上”的管控部门，而是全力支持一线呼唤炮火的支持、服务、监控中心。任正非强调：“后方变成系统支持力量，必须及时、有效地提供支持与服务，以及分析监控。公司机关不要轻言总部，机关不代表总部，更不代表公司，机关是后方，必须对前方支持与服务，不能颐指气使。”

针对后方服务前方，任正非提出要建立后方和前方的信任体系。这个信任体系就是平台要改变过去的定位，其支持服务要联勤化、共享化，提高效率和效益。

联勤化就是要求后方联合勤务，不要让前方不停打电话，分别协调后方各种资源。而是前方只管往前冲，后方依据前方的指令，联合所有业务，联勤服务。后方之间的协调困难要留给自己，前方就是一封电子邮件，一个电话就行了。通常企业的市场人员抱怨最多的就是协调难，经常要给这个打电话，给那个打电话。任正非指出：“这就不是联勤，这样不仅效率很低，而且后方的官僚之风会越来越严重。”

共享化就是前方能够与后方平台共享资源，也就是后方在服务的同时也能够提供资源。华为针对确定性业务，如交付、服务、财务管理、供应链管理等，建立了平台制和共享制。这种联勤化、共享化为华为的前后端信息传递提供了及时、有效的支持与服务，以及分析监控。

为实现后方的高效服务支撑，需要在企业内部进行平台化改造。平台化不仅仅是各 IT 系统的简单汇集，而是通过平台整合资源、数据，为一线作战团队提供资源和数据支撑。后方构建平台中心，是基于业务团队的需求，为业务团队赋能，而非掌控。

阿里巴巴将核心业务和技术这两个不同层面的支持有机结合起来，为业务团队和战略合作伙伴提供所谓的“大中台”[1]。阿里巴巴大中台包括基础数据存储和技术平台阿里云，人工智能和机器学习引擎DTPAI（数据人工智能平台），代码、算法、模型的共创平台，项目管理和工程平台，以及应用层面的商业智能分析、调研、设计和开发应用平台等。在阿里巴巴的生态组织中，该大中台履行诸多信息、能力和资源的支持与保障职责：

（1）为不同业务团队和合作伙伴的精准市场营销提供整合的用户信息。

（2）作为技术服务平台，为业务团队提供信息技术基础设施、算法、数据库和计算支持。

（3）确立所有业务在数据和技术需求方面的共通性，并将这些具有共通性的需求转变成标准化服务模块，比如商户管理、用户管理、订单查询、支付、搜索和安全，便于团队使用。

在企业中，越是要求前方反应灵活，就越需要强大的后方支持。后方的主要职责就是协作流程高效运作，提供支持和服务。因此，后方机关单位应该自行协调好内部流程，提高流程运作效率，以及时准确地为前方作战团队提供服务。

7.2.3 坚持矩阵化管理，保持作战能力

为提高组织敏捷性，流程化组织的另一特点是坚持矩阵化管理。矩阵化管理的特点是随着环境的变化，阵列会变化，但队列之间的相互关系不变。矩阵化管理模式的优势为：当公司业务需要面对更加复杂的内外市场经济环境、更加多变的客户需求与产业趋势变化时，矩阵化运作能保障一线队伍紧随环境变化而产生适应性变化，始终保持高效作战能力，进而抓住市场战略机会，打造领先优势，赢得市场的强势地位。

现在越来越多的企业在探索实施矩阵化管理，但却困难重重。在实施矩阵化管理的组织中，华为是比较成功的典型。华为的矩阵式结构是多维矩阵

---

1 杨国安，尤里奇. 组织革新：构建市场化生态组织的路线图 [M]. 袁品涵，译. 北京：中信出版社，2019.

式。这种纵横交织成网状的结构，如同一张巨大的渔网，其网眼由不同类型组成，建成的业务支援体系各不相同。当出现一条一个网眼挂不住的大鱼时，就要充分调动各项资源，形成合力，把许多的网眼组成网团，从而将大鱼紧紧地包围并捕捉。

对于矩阵化管理，华为有着自己的理解：

（1）没有协调就没有运动。当一个部门不愿与别的部门协调，这个部门在华为就没有存在的必要。华为是有严格分工、实行矩阵化管理的公司，没有协调就没有运动。华为要求那些还在种一亩三分地的员工，要迅速转变工作作风，在组织内搞好团结。

（2）矩阵化管理要用在主航道。矩阵化管理主要用于主航道上的作战队伍。在主航道要坚持矩阵化管理，又要让矩阵变形，不断适应公司发展的新要求。公司主航道业务需要面对快速的内外商业环境、客户需求和产业变化。为了抓住机会，打造领先优势，华为强调作战队伍要在任何情况下，产生适应性变化，但是作战队列不能乱。

（3）非主航道要去矩阵化。矩阵化管理，主要用于组织千军万马上战场。不是主航道的话，大多数岗位不需要矩阵化。特别是基层操作岗位，很多是要去矩阵化的。对于基层员工要简化管理，不需要使用复杂的人力资源管理措施。

尽管矩阵化管理能使企业发展在一定时间内保持相对的稳定，但是企业发展会随着市场环境、客户以及员工等因素而变化。因此，随着企业规模的扩展和业务管理体系的成熟，应该对矩阵进行适当调整并建立新的平衡，以牵引组织持续前行。因为不打破原有的平衡，就不能抓住机会、快速发展；不建立新的平衡，就会给公司组织运作造成长期不确定性。华为的矩阵式结构，就是一个不断适应战略和环境变化，从原有平衡到不平衡，再到新的平衡的动态演进过程。

7.3 建立科学的制度体系

管理大师彼得·德鲁克曾说："没有制度，就没有管理，就没有规范。"在组织管理中，没有了流程和规范，也就没有了秩序。无论是制度，还是流程，它们都起着规范管理的作用，是让组织形成强大组织力的基础工具。

7.3.1 基于企业价值链活动建立制度体系

任何一个组织没有规则的约束都将是一盘散沙。组织只有在全员都遵守规则共同前进的基础上，才能有高效的执行力。通过建立严格的制度来约束员工的行为，是企业避免工作效率滞缓、工作秩序混乱等一系列问题的好方法。

海尔首席执行官张瑞敏在刚刚接手企业的管理时发现：海尔的制度对于员工的约束力很小，大部分员工都没有规则意识，导致管理混乱。例如，张瑞敏到工厂考察工作时发现，工人们原本是8点上班，但到9点工厂都不见人影。一位老员工说："10点钟随便往大院丢一颗手榴弹也炸不到人。"当时混乱的管理也导致海尔生产的产品质量很差，根本就卖不出去。

张瑞敏发现问题后，采取了最简单的措施：制定严格的规章制度，从小事管起，约束每一道工序、每一个环节的工作行为。没用多久，海尔就走上了正轨。

很多人对企业制度嗤之以鼻，认为制度很大程度上限定了员工的行为，是一种"束缚"。但制度的约束很多时候体现的是企业的效率、规范、秩序。重视制度建设，确保行为的有序性，是企业管理的刚性要求。为了规范企业经营管理的各个环节，我们可以系统地梳理企业的各业务流程，并基于企业价值链活动建立或完善制度体系。

某乳制品公司在企业制度体系建设工作中，为了规范公司经营管理活动的各个环节，系统梳理了战略与经营管理、财务管理、产品、大客户渠道、行政管理、监管、考核激励、门店、平台业务、渠道、人才管理、文化管理、消费者管理、战略管理、组织管理等各个主要业务流程的关键价值活动以及相关制度的建立情况，如表 7-2 所示。

表 7-2　某乳制品公司各主要业务流程的部分关键价值活动

主业务流程	关键价值活动
战略与经营管理	组织战略解码
	经营目标制定与下达
	经营规划拟制
产品管理	产品调研及竞品研究
	经销商政策
	终端政策
渠道管理	经销商合同拟定、审批
	经销商回款、调货
	产品铺市策略执行
门店管理	门店促销政策拟定
	门店赋能培训
	门店投诉处理
组织管理	流程体系优化
	优化组织结构
	责权利统一
人才管理	干部标准建立
	干部赋能培训
	人才梯队建设

该公司通过系统梳理各业务流程的关键价值活动后发现：部分业务流程的部分关键价值活动还是根据“经验管理”，并没有相关的制度条文。例如，门店管理环节，通过调研发现，不同地区、不同的门店都有自己不同的管理制度，导致部分门店的客户满意度低；此外，在人才管理环节，公司一直以来倡导的人才理念是“以实干者为本”，但是在分析“干部标准建立”时，却

发现公司干部标准建立存在漏洞。公司内部存在的人才激励性不足等问题导致部分部门的人才流失严重，且存在一些“老人”在管理岗位上占据多年却未能做出相应贡献的现象。

案例中，该公司通过系统梳理各关键价值活动的制度标准建立情况，发现了公司在哪些业务流程的哪些关键价值活动中存在制度缺失，这为公司完善现有管理制度提供了依据。

在公司制度体系建设实践中，我们可以借鉴该公司的做法，系统梳理各业务流程环节的关键价值活动，找出各业务流程环节现有管理制度的改善点。与此同时，可以检验各业务流程的各关键价值活动是否都有统一的制度标准，并针对制度缺失情况，建立和完善相应制度，以提高公司的管理水平。

7.3.2 将企业文化融入制度体系中

在建设制度体系中，要避免出现制度与文化“两张皮”的现象。企业文化是“软约束”，制度标准是“硬约束”，二者相辅相成。企业文化是制度标准的“根”和“魂”，制度标准是企业文化理念的转化载体，是文化理念到行为转化过程中不可或缺的一环，二者存在着协调共生关系。

在管理实践中，很多企业都意识到制度建设的重要性，甚至花很大代价引进国内外标杆企业现成的管理制度。然而，这些企业中很大一部分都未将制度进行本土化改造，导致引进的先进管理制度在本企业“水土不服”。

某移动通信公司的核心价值观中有“团队合作”的内容。多年来，公司内部倡导同事之间、上下级之间以及各部门之间要通力合作。但公司在制度优化革新的过程中，引入了“末位淘汰制”，即以部门为单位实行周期性考核，在每一个考核周期中，不论部门的整体业绩如何，必须有20%的优秀、75%的合格、5%的不合格；考核不合格的员工要做降级处理，连续两次考核不合格的员工将被开除。该制度出台以后，公司原本存在的团队合作的优良传统不复存在。同事之间不再互相关怀、互相帮助，而更多地将对方视为竞争对手，造成同事关系极度紧张。

这样的例子在制度体系建设过程中非常常见。如果无法实现企业文化与制度体系的有机融合，那么制度与文化都很难得到贯彻落实。要实现企业文化与制度体系的融合，可以分别梳理企业文化与制度体系，取两者之间的并集，实现文化与制度的融合，如图 7-2 所示[1]。

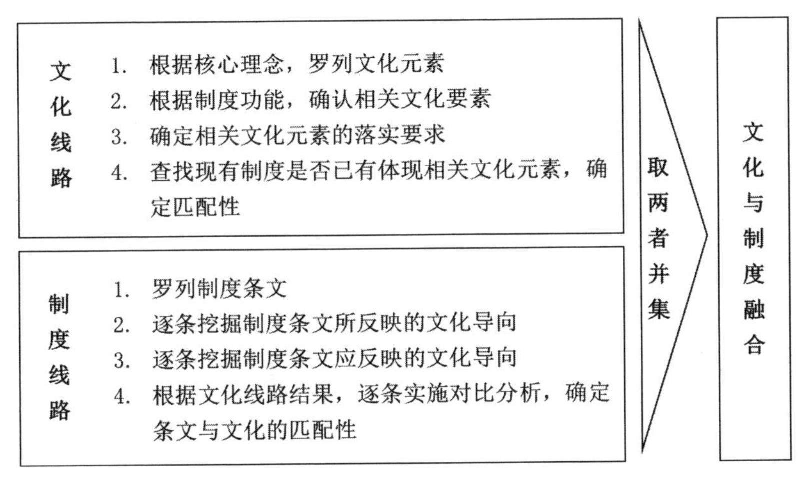

图 7-2 文化与制度的融合思路

首先，在文化梳理方面，罗列本企业的文化元素并确认相关元素，明确每一项元素的落实要求，查找现有的制度中是否已体现出这些要求。其次，在制度梳理方面，罗列制度条文，逐条挖掘制度所反映的文化导向，并逐条对比分析、确认制度条文反映的文化导向是否与企业文化要素相匹配。最后，取文化梳理结果与制度梳理结果的并集，保留与企业文化匹配的制度条文，改进与企业文化不匹配的制度条文，以实现文化与制度的融合。

7.3.3 结合组织实际，定期更新制度

制定制度要把握好“度”，好的制度不仅能约束员工，还能促进员工和企业共同成长。然而，制度的制定通常是有一定的背景的，当企业经营环境、

1 王祥伍，谭俊峰. 华夏基石方法：企业文化落地本土实践 [M]. 北京：电子工业出版社，2013.

企业价值链活动、企业文化等发生改变时，制度也应随之改变。但是在现实中，很多企业却不愿轻易改动既定的制度。企业制度体系多年未变的现象在很多企业中存在。

某汽车涂料公司（J公司）的业务遍及全国多个地区。因业务发展的需要，J公司常常需外派员工到全国各地。为了激发员工申请外派的积极性，J公司制定了非常健全的外派员工补助制度，包括外派生活补贴、工资补贴、奖金福利等。

近年来，J公司发现，越来越多的员工不愿驻外。为了识别问题所在，J公司在全公司范围内组织了一次员工调研。调研结果显示，大部分员工不愿驻外的原因都是觉得外派的待遇低。原来，J公司的外派员工补助制度是8年前制定的。在当时，该补助制度对员工起到了很好的激励效果。但在通货膨胀、生活成本升高等因素的影响下，原先的员工补助制度的性价比正在逐年降低。

从J公司的案例中我们可以发现：制度必须因时而变。如果脱离实际，再好的制度也只会成为“过去时”，企业需结合当下组织发展的实际情况，定期更新制度体系。

IBM创始人老托马斯·沃森之子小托马斯·约翰·沃森在一次公司高层经理会议上宣布，IBM公司的所有员工都必须穿非常正规的职业套装，即黑色正装和白色衬衫，以迎合客户的着装情况，达到尊重客户的目的。随着时间的流逝，客户已经改变了工作时的着装，可IBM公司的员工仍然保持着当初的着装规范。因此给客户留下了呆滞、死板的印象，极大地影响了IBM公司的外在形象。

1995年，时任IBM公司总裁的郭士纳做出这样的决定：员工可以根据时间、场合以及要见的人（如客户、政府领导或者是同事）来决定自己的着装。这个简单的调整，在不违背当初沃森先生初衷的情况下，使IBM公司的着装制度更加符合员工的实际工作要求，从而完成了对不合时宜的制度内容的合理调整。

通过 IBM 公司的案例，我们可以看出，在不违背管理初衷的前提下，适时更新制度，会使这项制度得到进一步升华。在流程化组织建设过程中，制度不是为了约束而约束，它是为流程的高效运作服务的。因此，我们需结合流程高效运作的实际需要，不断更新、改良、优化组织制度体系。

7.4 构建沟通与反馈机制

实现分工后的高效协同是组织建设中面临的重要挑战，即如何让公司内部各部门、员工都在履行各自分工的基础上朝着共同的方向“力出一孔”。这首先需要组织建立良好的沟通与反馈机制以达成全员思想上的统一。

7.4.1 建立多维度信息沟通渠道

在一般的组织管理活动中，沟通会在很大程度上决定组织的管理水平，影响组织的运行效率。在现代组织中，人与人之间、部门与部门之间、上下级之间等都特别需要彼此进行充分沟通，互相理解、互通信息。美国著名组织管理学家切斯特·巴纳德认为，“沟通是把一个组织中的成员联系在一起，以实现共同目标的手段。”没有沟通，也就没有管理。为了引导组织内的良好沟通，需要建立多维度的信息沟通渠道。

为了有效传递管理导向，促进各部门的有效打通，腾讯在内部设置了多个沟通渠道。

一是设立便捷的电子化沟通渠道。腾讯内部除了使用 QQ、微信，还有一个即时通信工具 RTX（腾讯企业版即时通信产品），它可以展示出不同员工的在线、离线等状态，拉近员工之间的距离。

二是搭建内部论坛与总办交流平台。员工可以在内部论坛上发布各种问题，内容涵盖工作、业余活动等各方面。管理层通过查看内部论坛上的内容，可以及时了解员工的想法。对于一些关注度较高的问题，管理层也会进行回复和解答。除此之外，腾讯还专门搭建了员工与高管之间的交流平台，即总办交流平台。所有员工都可以在总办交流平台上向高管提问，高管会对这些问题进行解答。

三是举办“总办午餐交流日”。为了让员工有与高层对话的机会，腾讯每两周会进行一次“总办午餐交流”活动。员工可以自由报名，公司通过抽签选择12名员工与总办领导共进午餐，就餐期间员工可以与总办领导进行面对面的交流。

四是设立交流信箱。在办公区的每层楼里，都放置一个“总办信箱”，员工可以将自己的意见、投诉或者检举信息放入信箱。

通过建立一系列自由开放的沟通渠道，腾讯在内部架起了一座畅通无阻的沟通桥梁，有效实现各层级员工思想上的统一。华为也很重视企业内部的沟通，建立了多维度的信息沟通渠道。

华为在公司内部建立了系统的沟通体系，具体如下。

基于员工成长的点对点沟通：包括奖金沟通、调薪沟通、绩效辅导与考评沟通、任职资格评议沟通、奖惩沟通、工作岗位变动沟通、签署劳动合同沟通、新员工转正沟通、离职沟通、人岗匹配沟通等。

基于员工业务成长的团队沟通：包括年度市场大会、年度/季度述职、部门例会、流程规范学习等。

基于团队成长和氛围建设的沟通：包括年度颁奖晚会、团队拓展活动、新员工入职欢迎会、协会活动、节假日慰问等。

基于管理改进的沟通：包括自我批判、政策学习、管理沙龙、民主生活会、突发事件沟通等。

此外，华为还设置了专门的员工投诉渠道，员工有任何需要投诉的事情都可以通过公司的投诉渠道（投诉电话、投诉邮箱等）发起投诉。公司会组织专人受理员工投诉，组织相关利益人进行事件调查，结合公司的相关政策给出初步意见，并负责与投诉人沟通处理结果。

优秀的企业都非常重视企业内部信息沟通机制是否畅通有效。对于沟通的本质，杰克·韦尔奇曾说过："沟通不像是一场演讲或者录音谈话，也不是一种报纸，而是一种态度、一种环境，是一种持续的互动过程，目的在于创造共识。"而共识正是组织实现"力出一孔"的前提。

7.4.2 营造平等的沟通环境

如果没有充分的沟通，就不可能轻易建立共识。沟通的重要性在组织管理中不言而喻。但并不是说只要建立了相应的沟通渠道，就能达成组织内的共识。共识达成的重点在沟通的有效性上。管理学中的"漏斗效应"可以对此做出解释。

【管理研究】漏斗效应

漏斗效应是指信息传递会呈现出一种像漏斗一样从上至下的衰减的趋势。对于信息传达者而言，心里盘算着 100% 的信息要表达。当表达出来的时候，由于语言、环境等影响，所要表达的信息已经漏掉 20%，这意味着传递出来的信息只剩下 80%。而这 80% 的信息传入到信息接收者那里时，由于认知水平、知识背景、理解能力或外部环境等影响，信息只剩下 60%。信息接收者在听到信息后，经过加工理解，只剩下 40%。等他们执行的时候，已经变成 20%。这种漏斗效应存在于人际交往、职场管理的各个方面。

通过"漏斗效应"我们不难看出，信息从发出到被接收的过程中，有很多重要的信息可能已经被过滤掉了。除了我们自身的主观因素对信息的过滤，还有外界环境对信息传达的影响。为了尽可能减少因外界环境因素引起沟通中的"漏斗效应"，我们需在组织内部营造平等的沟通环境。正如彼得·德鲁克所言："管理者要不遗余力地减少沟通的障碍。"

前通用电气CEO杰克·韦尔奇为了保障企业内沟通的自由，提出了“无边界理念”，他要求公司将各个职能部门之间的障碍全部清除，工程、生产、营销及其他部门之间的信息能够自由流通，完全透明。这种“无边界理念”为通用电气的员工提供了平等沟通的平台。

平等沟通能减少员工的沟通顾虑，让员工不“保留”，畅所欲言、准确表达，进而减少沟通中的“漏斗效应”。当然，在组织中造成沟通漏斗的重要因素是职级关系。“从普通岗到高级岗”的级别差异，使员工无形中容易产生无法平等表达见解、提出想法的错误观念，从而阻碍有效沟通。

美国加利福尼亚州立大学通过实验研究得出：不平等的沟通会使沟通效果变弱。当沟通双方处于不平等地位时，信息就像被漏斗过滤的东西一样，在沟通的过程中逐渐减少。这就是著名的“位差原理”。

“位差”往往会造成沟通中的信息失真。基于此，跳出沟通中的“等级壁垒”，消除“位差”现象，在组织管理工作中显得尤为关键。这就要求组织内部建立平等沟通的环境，实现员工与员工之间、上级与下级之间的沟通“零距离”，以此提升组织内部沟通的有效性。

7.4.3 完善汇报与反馈机制

沟通从来都不是单行的，是双向进行的。因此，组织需要完善汇报与反馈机制。如果不重视汇报与反馈，就无法及时了解、掌握工作实施过程中的计划落实情况、遇到的执行问题等，进而造成对上层的规划执行不到位、对下层执行情况监控不到位的情况。

在华为，所有员工都被要求定期向自己的项目负责人汇报工作进度。员工在汇报工作进度的过程中，至少应该确保自己涉及了“A、I、D”三个方面的内容：

A 即“Action（行为）”，指汇报自身哪些事情做得好，哪些事情做得不好。

I 即“Impact（影响）”，指这些好或不好的行为所产生的影响。

D 即“Desired Outcome（希望的结果）”，指可以通过哪些办法来更有效地完成自己的工作。

及时的工作汇报，除了能让领导随时了解你的工作进度，还能让领导从工作汇报中发现你的优点与不足，促使你不断地进步。很多企业内部都建立了包括例会、周报、月报、季度报告、年终总结等在内的汇报机制。事实上，一个完整的沟通过程既包括倾听想法，也包括对想法做出反应或反馈。因此，管理者需要针对员工的汇报情况做出及时的反馈。

在美团大大小小的场景中，包括述职、晋升、日常工作汇报等，管理者都被要求给予员工建设性反馈。建设性反馈与阿里巴巴的“裸心会”有点相似，要求大家“敢于说真话，愿意听丑话”，即反馈人要坦诚地说出事实，不能怕得罪人；被反馈人要保持开放的心态，虚心接受他人的意见。

那么如何做建设性反馈呢？美团住宿事业部总结出了一套双向反馈法，即管理者先依据事实给予员工激励性反馈，再给予建设性反馈，每种反馈不能少于 3 条。通过双向反馈，一方面帮助管理者更加全面地观察员工，另一方面也逐渐让管理者和员工的视野更加开阔。

对于管理者而言，有效的反馈不仅是为了改善员工的某些行为，它更是一种有效的激励手段，比如绩效的即时反馈有时能够增加员工的积极性。因而，管理者要对反馈问题加以重视。

【管理研究】提供反馈信息的注意事项

管理者在向下属提供反馈时，应关注以下四个方面：

第一，在沟通过程中，管理者对沟通对象所表述的观念、想法和要求要给予态度上的回应，让对方明白自己的态度和想法，即便是批评性的反馈。这也符合心理学家赫洛克提出的赫洛克效应。赫洛克效应指出：对某人的工作情况进行及时评价，能推动工作的进展；此外，受表扬的效果要比受批评的效果好，受批评的效果又要比什么评价都没有的效果好。

第二，管理者要通过多种多样的手段及时地搜集和评价活动效果，如观察交谈、现场提问、效果评价等，这样所得到的信息才是全面的。

第三，对存在的问题，虽不必马上实施惩罚性的措施，但也要有针对性的解疑手段。管理者要避免全盘否定性的评价，或向员工泼冷水，即使要批评下属，也必须先赞扬下属工作中积极的一面，再针对需要改进的地方提出建设性的建议。

第四，反馈也是讲究时机的，管理者对员工的反馈要及时。一旦过了最佳时机，反馈也失去了应有的效力。

在组织中，管理者与员工之间的及时汇报与反馈应成为一种常态。企业应该建立覆盖全员、全过程的汇报与反馈机制，切实加强各级单位、全体员工之间的沟通、对话、协调，做到事事有回音、件件有落实，以此确保各项重要工作有条不紊，推进适度。

7.5 组建流程管理团队

在流程化组织中，流程管理团队是影响组织有效运营的重要因素。流程管理团队在推动建立以流程为主线的管理体系、流程执行监控、流程优化、跨部门流程问题解决、流程文化建设等工作中都能发挥举足轻重的作用。

7.5.1 确定流程管理团队运作模式

实践中，有的企业会成立独立的流程管理部门，并在相关业务部门设置流程管理专员。有的企业则不设立独立的流程管理部门，而是将流程管理工作划分到诸如信息管理部、战略规划部、行政部、内部控制部等部门。可以说，流程管理团队的运作模式在不同的企业内，甚至在同一企业的不同发展阶段中都可能存在差异。流程管理专家陈立云、金国华在《跟我们做流程管理》一书中提出一种具有普适性的流程管理团队运作模式，如图7-3所示。

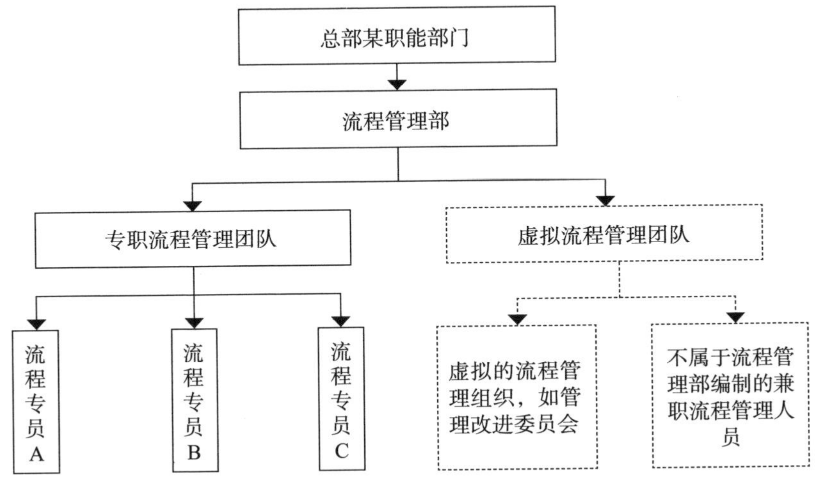

图7-3 流程管理部在组织结构中的位置

《跟我们做流程管理》一书中指出，专职流程管理团队可以采取项目经理制的模式，即根据流程管理工作的不同模块以及端到端流程的不同，将流程管理工作下放给流程管理专员，由其全盘负责相关工作的策划与执行；而虚拟流程管理团队则包括专门为流程管理工作设立的虚拟团队（如管理改进委员会）、专门为流程管理项目成立的临时性虚拟团队、各部门为解决内部需要自发成立的虚拟团队、隶属于各业务部门长期兼职从事流程管理工作的人员等。

在华为的LTC（从线索到回款）、IPD（集成产品开发）流程运作和优化中，管理团队一致认为流程优化的未来一定是沿着客户导向进行的。以客户为中心，按照IPD流程开发产品，按照LTC流程实施交付，通过健全的ITR（从问题到解决）售后服务流程体系实现对客户服务的高效闭环。通过这三个流程的拉通互动，为客户提供高质量产品、高效率服务，从而提升客户满意度。

因此为了拉通三个业务流程，做到同步高效运作，华为建立起一个推动流程建设的综合组织，以此避免组织内出现业务流程的拆分执行：只追求局部流程的顺畅，忽视拉通流程网的长期作用。

流程管理团队的建立有利于整个管理工作的简便高效执行，从而发挥流程的最大价值。流程管理团队对流程管理的推动作用如图 7-4 所示。

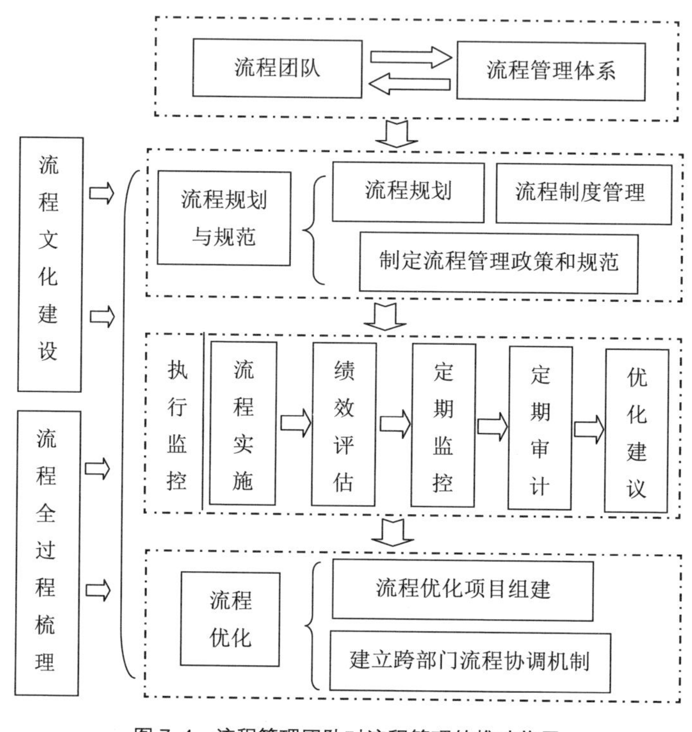

图 7-4　流程管理团队对流程管理的推动作用

由图 7-4 可知，流程管理团队在流程规划、执行、监控、优化等流程管理全过程中都会发挥优势作用。

7.5.2　明确流程管理人员能力要求

值得注意的是，流程管理团队在流程管理中发挥的推动作用大小与流程管理人员的能力息息相关。一般来说，流程管理人员应必备一定的基础能力、知识架构与工作素质。

1. 必备的基础能力

对于流程管理人员来说，必备的能力包括业务洞察能力、沟通协调能力、系统思维能力、项目管理能力、问题分析与解决能力和创新能力等，如表 7-3 所示。

表 7-3　流程管理人员必备的基础能力

能力项	具体解释
业务洞察能力	流程管理人员必须熟悉本组织的业务、客户需求、行业特点，能通过现象看本质，洞察业务问题。流程管理人员如果不了解企业业务，那么他们也只能让流程管理工作局限于流程文件的管理上
沟通协调能力	流程管理工作横跨各职能、业务模块，经常需要解决跨部门的协调问题，这就要求流程管理人员具备良好的沟通协调能力
系统思维能力	所谓系统思维能力就是要能站在端到端的高度看待问题和分析问题，避免片面
项目管理能力	流程管理工作多数是以项目的形式推进，例如流程规划项目和流程梳理项目等。这就要求流程管理人员具备一定的项目管理能力
问题分析与解决能力	流程管理人员需具备解决较高、较复杂问题的能力，使流程得到顺畅运作
创新能力	流程管理工作经常出现各种新问题，这要求流程管理人员具备创新能力，能够针对出现的问题灵活设计出有效的解决方案

2. 必备的知识

必备知识是指对岗位工作中所需掌握的基本知识、专业知识、环境知识以及与工作相关的知识等。对于流程管理人员来说，必备知识包括流程管理知识、企业管理知识、信息系统知识等。

第一，流程管理知识是流程管理人员必须掌握的知识之一，具体包括流程规划、流程执行、流程监控、流程优化知识等。

第二，流程管理是企业管理的重要组成部分。要做好流程管理工作需要具备战略管理知识、人力资源管理知识、客户管理知识等。

第三，数字化时代下，现代企业管理已经越来越离不开信息系统。企业内部的流程也需借助信息系统固化，这就要求流程管理人员具备一定的信息系统知识。

3. 必备的工作素质

工作素质指个人的固有个性，即个人习惯或潜意识所表现的行为。对于流程管理人员来说，必备的工作素质包括务实精神、尽职尽责的工作态度和勇于挑战的精神等。其中，务实精神要求流程管理人员关注工作产出，在现有条件下尽可能多做出成绩；尽职尽责的工作态度要求流程管理人员在工作中任劳任怨，具有强烈的服务意识；勇于挑战的精神要求流程管理人员对于一些非常棘手的问题或者新出现的问题，有接受挑战的勇气，并努力地解决它。

以上只是列举了一些流程管理人员必备的能力、知识和素养。在实践中，流程管理人员的能力要求会随着企业流程管理水平的提升而不断提高。流程管理人员需要不断更新知识结构、提升能力，最大程度发挥自身在流程管理中的价值。

7.5.3 培养一支高效的流程管理队伍

流程化组织要建立一支“懂业务、懂管理、懂流程”的高素质、多功能的专业流程管理队伍，需要对流程管理人员进行必要的培训。我们可以通过实践演练、分层次培训等多样化的培训形式为流程管理人员赋能。

1. 实践演练

实践演练培训是在培训过程中一边听讲师讲解，一边结合自身问题来实际操练，并通过自身总结来自觉地获取相关知识。这种培训通常以团队的形式进行，通过团队间的协作、学习，创造性地解决问题。实践演练培训具有以下特性：

一是由一群不同技能和经验的人组成团队，分析解决某个实际工作问题或制定一个具体的执行方案。

二是培训建立在反思和行动相互联系的基础之上，是一个“计划→实施→总结→反思→制定下一步计划”的循环学习过程。

三是小组成员间的互动非常重要，通常是带着问题探讨答案。

实践演练培训的开展一般遵循如表 7-4 所示的这些步骤。

表 7-4　实践演练培训步骤

步骤		操作内容
1	分组活动	在培训之前，有针对性地把学员分成几个小组
2	设立题目	向每个小组传授一些方法，教他们识别问题
3	问题汇总	每个小组将问题公布出来，共同探讨各组所找到的流程是否合适
4	问题分析	分析面临的问题，确立流程的目标，并就此达成共识，运用已给出的方法来考虑如何逐步优化
5	重组问题	在对各项难题进行分析之后，经讲师指导，小组将在亟待解决的关键问题、需改进的重点环节上达成共识，并确定改进的难点
6	采取行动	深入流程内部，思考解决问题的行动计划，绘制甘特图；通过小组内部的交流和沟通，制定行动计划；然后，采取合作或独立工作的形式，收集相关的流程信息
7	工作循环	除了流程内部的改进点，从更广阔的视角去发现更多的改进点；并建立一种长效机制，保证将来还能在这个流程上再发现问题，并及时予以解决
8	总结	考虑是否能将学习结果进行 AAR（任务后检视）

通过以上步骤，能使流程管理人员在学习中得到实实在在的流程管理经验。

2. 分层次培训

组织要对流程管理人员进行有针对性的、分层次的培训，主要包括以下内容：

第一，为流程管理者培养接班人。重点在于提高其素质和能力，至于经验方面的不足，可以留待日后的具体实践中去提高。

第二，提高流程管理人员的专业能力。努力培养专家级的流程管理人员，确保其经验丰富，能够出色完成流程管理任务。

第三，培养新员工。对于业务不熟练的员工，要了解其个体特性，让他们尽快掌握目前某流程的基本状况和操作规范。

通过这种分层次的培训，有利于形成一支金字塔形的人才梯队，为组织流程管理提供坚实的人才支撑。

此外，我们不仅可以利用在线课堂的形式鼓励流程管理人员自学，激励其不断提高自身工作能力及综合素质，也可以让流程管理人员在直接领导或所属职能部门领导的双重帮助下，在日常工作中学习，助力组织培养出一支“懂业务、懂管理、懂流程”的流程管理队伍。

第 8 章 组织绩效管理

绩效管理能让战略目标落实到组织日常经营的各个环节中，是连接战略目标与组织日常经营的桥梁。没有科学合理的绩效管理，组织战略目标就难以真正落地成现实。

8.1 绩效管理要围绕战略达成

绩效管理是使个人和组织绩效与组织战略目标保持一致的持续性过程。组织绩效管理要始终牵引全体员工朝着企业战略目标共同奋斗，最终保障企业战略目标的成功实现。

8.1.1 让全员充分共识战略目标

让员工充分理解战略目标，是组织绩效管理的前提。彼得·德鲁克认为："企业中的每一个成员都有不同的贡献，但是所有贡献都必须为着一个共同目标；他们的努力必须全部都是朝着一个方向，他们的贡献必须互相衔接而形成整体——没有缺口，没有摩擦，没有不必要的充分劳动。"只有将公司的战略目标传达到各个部门、各个员工，让所有员工都理解，才能让组织形成合力朝着一个方向前进。

新西兰著名战略规划师和沟通专家布鲁斯·霍兰德说："企业员工需要理解企业的使命、愿景和价值观以及战略，这样才能'高效、专注、灵活地开展工作'。"如果组织成员没有对战略达成共识，他们就会不由自主地按照各自的想法展开行动，各自为政。企业在制定战略后可以通过战略澄清研讨会、目标通晒等方式让全员共识战略。

1. 战略澄清

战略澄清就是要通过适当的内外部调研，在与公司高层和部分中层进行适当沟通之后，厘清思路，共识战略目标。战略澄清一般是以战略澄清研讨会的形式来开展。战略澄清研讨会的主要参与者是高管，可以适当让一些中层管理者参与。参与人数通常控制在 30 人左右，企业可以结合自身情况酌情增减。会议过程可以通过集体研讨、头脑风暴等方式让参会人员对公司的战略目标和战略举措达成共识。如果参加的人员较多，可以通过分组的方式，由各组组长牵头组织讨论，然后每组选派代表进行发言，其他组可以自由点评和提问。

战略澄清研讨会让不同层级、有不同经验的中高层基于同样的框架去思考和探讨战略。在会议过程中，哪怕有部分人在现场没有贡献什么，但是参与了这个过程，也能激发他们对战略实施的承诺。战略澄清很难通过一次研讨会就达到效果，一般都需要经过若干次研讨，并且在会后进行多轮次沟通，才能达成共识。

2. 目标通晒

战略澄清研讨会主要是让中高层对战略达成共识。中高层达成战略共识后，还需要以适宜的方式将战略目标传达给每个员工。

阿里巴巴会采用目标通晒法来将战略传达给每个员工，确保人人知道、人人理解、人人相信、人人支持。在目标通晒中，晒的是战略方向、组织能力、衡量指标的信息（上下左右）、今年的关键议题、与自己有什么关系、客户价值实现过程中不可缺少的协同伙伴是谁、自己可以成就他的是什么等。比如，在双十一的活动场景中，站在业务的角度，业务线负责人需要讲清楚自己所在部门在双十一中，到底要创造什么样的价值，目标是什么，解决路径是什么。

通过晒目标，可以让每个人都能理解战略，了解各自所在部门的目标、实现目标的路径以及各自的工作对战略的贡献度，从而牵引全体员工朝着企业战略方向共同奋斗。

8.1.2 将企业战略解码到组织目标中

几乎每个企业都会制定企业的战略目标，但是却只有少数企业能将其落地执行。全球最具影响力的杂志《财富》曾针对企业战略落地情况做过一项调查，结果显示：仅仅只有不到 10% 的企业能真正实现战略规划落地。战略无法落地执行的重要原因是没有做好战略解码。

战略解码是绩效管理的前提，绩效管理是战略落地的闭合。所谓战略解码就是将公司的战略规划分解到产品线、销售线（行业或客户），再分解到公司各个部门、岗位的过程。换言之，战略解码是把企业的战略目标逐层分解到各个组织变成各个组织的 KPI 与重点工作，再分解落实到岗位成为员工的绩效目标，让员工去实现。

【管理研究】战略解码的原则

企业在进行战略解码时，需要遵循以下四个原则。

（1）垂直一致性原则。以公司战略与业务目标为基础，自上而下垂直分解：从公司到部门，再到岗位，保证纵向承接一致性。

（2）水平一致性原则。以企业端到端流程为基础，建立起部门间的连带责任和协作关系，保证横向一致性。

（3）均衡性和导向性原则。指标选取应均衡考虑，同时要体现部门的责任特点：指标选取可以结合平衡积分卡的四个维度，与公司导向、部门责任进行均衡考虑。

（4）责任层层落实。建立 KPI 指标责任分解矩阵，以落实部门对上级目标的承接责任，并为制定个人绩效承诺书提供依据。

通过战略解码，可以实现战略目标的层层传递与执行，确保战略自上而下的落地。可以说，战略解码是战略得以落地执行的关键。

华为会对公司战略进行解码，自上而下垂直分解。首先通过战略澄清，明确战略目标。其次，从平衡记分卡的四个维度选择可衡量的关键指标，构建关键绩效指标 KPI，并分解落实到相关组织（部门或岗位）KPI，甚至主管个人 PBC（如图 8-1 所示），以确保战略规划落地。

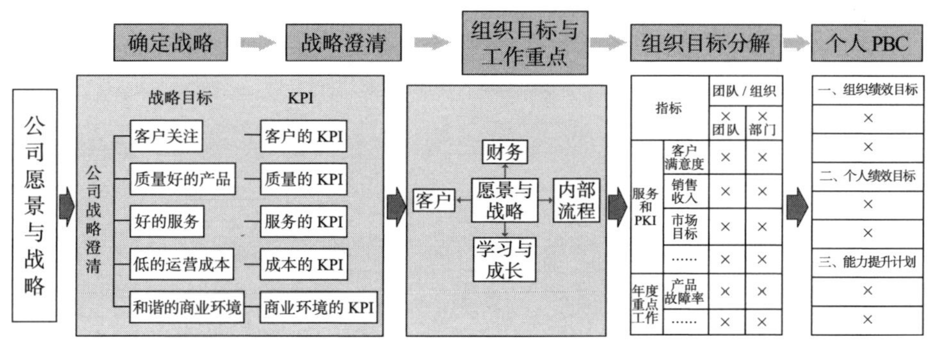

图 8-1　华为战略解码逻辑

对于战略解码，任正非指出："KPI 要围绕公司总的战略目标来分解和贯彻，各部门一定不能孤立地去建立 KPI。每个部门与产品的覆盖率、占有率、增长率都要有一定的关系。在战略目标引导下的管理与服务目标分解，才会起到'力出一孔'的作用。"清晰科学的战略规划，细致可行的战略解码，是公司战略从规划到执行的保障，也是绩效管理的前提。

8.1.3　打造价值创造链管理循环

通过战略解码确定组织目标、部门目标、个人目标后，还需要建立相应的考核与分配机制。正如任正非所言："一个企业的活力，除了机会和目标牵引之外，在很大程度上取决于利益驱动。一个企业的经营机制说到底就是利益驱动的机制。"利益驱动机制是促使全员将战略落实到极致的驱动力。

构建有效的利益驱动机制，就意味着企业的价值分配系统必须合理，而价值分配系统合理的充分条件则是价值评价系统必须科学合理。价值评价是价值分配的前提，价值评价做好了，有了客观公正的评价，价值分配才会更加科学合理。价值分配合理了，员工才会充满动力地去创造更大的价值。

华为在内部建立了打通价值创造的管理链（如图 8-2 所示），并实现了价值创造、价值评价、价值分配的正向循环，促使华为成为一个充满效率、活力和战斗力的高绩效组织。

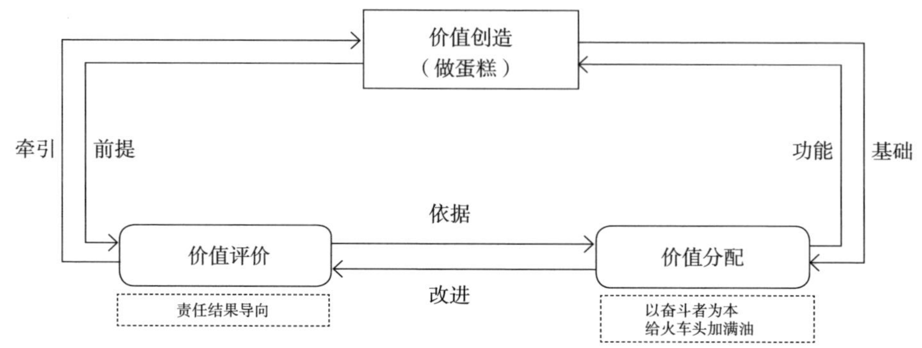

图 8-2 价值创造管理循环

华为高级管理顾问吴春波教授认为华为的价值链管理模式是一个金刚石的结构化模型。

首先是价值创造，调动一切可以调动的因素，以客户为中心，为客户创造价值，挖掘这些价值创造要素，激活要素。正如任正非说的：“华为没有可以依存的自然资源，唯有在人的头脑中挖掘出大油田、大森林、大煤矿。”华为把这些能量调动起来，就能创造更多的价值。

价值评价是什么？是论功行赏，干得好、干得坏都要评一评。

价值分配，给干得好的人、奋斗者多发，叫激励；给干得一般的人发合适的，叫回报；给那些干得不好的少发，这就叫约束。比如说，对于愿意去海外的员工，华为会给予其驻外补贴，而且补贴是工资的 75%，这时，就会有一部分人愿意去。但是有人愿意去海外，并不等于他一定愿意去更加艰苦的地方。于是，华为又规定了艰苦地区补贴，从每天 50 美元到 200 美元不等。同时，华为还会给予愿意去海外的员工更多的升职机会，让他们比在机关的人更容易升职。通过使用价值分配的杠杆，华为实现了组织冲锋的目的。

价值创造、价值评价、价值分配是三位一体的。企业只要把价值创造、价值评价、价值分配这个循环打通了，就如同从生理上把任脉、督脉打通了，就能持续激发组织活力。

8.2　将流程绩效融入绩效管理体系

在流程化组织中，流程是企业价值活动的依据和指导，也是企业高绩效管理的基础。流程化组织要做好绩效管理，需要将流程绩效融入组织绩效管理体系中，让流程管理以战略为导向，让绩效管理服务于流程体系的有效运作。

8.2.1　流程绩效是连接组织与员工绩效的桥梁

组织绩效是面向整个企业的任务和目标；员工绩效是纵向的基于部门的绩效，是管理“人”的绩效；流程绩效就是横向的基于流程的绩效管理，目的是根据企业战略规划要求，分析业务流程绩效的表现，确定业务流程哪里出了问题或什么地方需要进一步改进，以针对性地解决业务中出现的问题。组织绩效要落实到员工绩效，就必须依靠流程绩效这座桥梁。

组织中的员工虽然受纵向的职能管理，但是他们的日常工作大都是横向的跨职能、跨部门、跨岗位的接力赛，如果没有横向的流程绩效管理，那么工作产出何时能到达客户手中，就没有衡量标准，而且质量没标准、成本也没标准。所以组织绩效要依靠流程绩效管理才能落实到员工绩效。

笔者曾受邀给某企业做组织绩效激励体系的优化项目。在项目开展前，笔者团队首先就该企业内部的绩效激励现状进行了深入调研，调研结果显示该企业内部的绩效激励体系存在一个重要问题：各业务单元的绩效指标是孤立的。这一方面导致组织内部出现“各部门绩效表现良好，但组织整体的绩效表现却不尽如人意”的怪象，另一方面也让各部门只愿意保守地做好自己现有的成熟业务，不愿创新。

例如，生产部当年上半年的两项主要考核指标是质量与生产率。其中，生产率是指让车间满负荷运作，在转换产品型号时把机器停工时间降至最短。在考核中，生产部上半年这两项指标都完成得非常出色，但是公司上半年的销售额却未见增长。原来，上半年同行业的其他竞争对手都相继推出了新品，而该公司却还是主推“老款”，这在一定程度上导致了部分客户的流失。深究原因发现，是生产部认为新产品的投产会影响部门绩效，便将新产品的生产任务延迟到了年中考核后。因为新产品的质量达标费时费力，而且生产率也无法保证。虽然生产部知道延迟新产品的投产会对市场销售部甚至整个公司的绩效不利，但其上半年的绩效目标只是保证产品质量和生产任务的完成，无暇顾及其他。

在该公司中，类似生产部这样只顾完成自己的绩效目标而不顾大局的问题在各部门普遍存在。为了解决这一问题，笔者团队从全流程的角度出发，基于该公司的业务流程设计了 KPI，为该企业量身定做了流程绩效体系，以此解决各业务单元的绩效指标孤立问题，让业务流程中相关的部门和所有相关的活动都共同作用于组织目标的达成。

该公司的绩效考核指标仅以部门为基本单元孤立设计，导致各业务单元的绩效目标相互之间存在横向失衡，严重阻碍了组织目标的实现。我们应站在全局视角看绩效，运用流程 KPI 对流程绩效进行考核，而非从部门视角来看绩效，以此有效解决组织绩效设计过程中部门各自为政的问题，做到全公司“力出一孔”。

8.2.2 量身定做流程绩效体系

迈克尔·哈默认为，如果要让一线人员和管理人员重视流程，公司至少应将他们的一部分绩效薪酬与流程绩效挂钩。要衡量流程绩效，需建立明确的流程绩效指标。

【管理研究】供应链运作参考模型（SCOR）

SCOR 是由美国供应链协会发布的跨行业标准供应链参考模型，该模型将供应链界定为计划（Plan）、采购（Source）、生产（Make）、配送（Deliver）、退货（Return）五大流程，并清晰界定了各流程的标准定义、各流程绩效的衡量指标。SCOR 模型为企业建立本企业供应链流程绩效衡量标准。

SCOR 模型基于供应链的可靠度、响应度、弹性度，以及成本和资产，分类进行考核。每个维度均设置了相应的下层考核指标。例如，供应链可靠度维度的下层考核指标包括按承诺准时配送的百分比、完成率、完好订单的履行；响应度维度的下层考核指标包括订单完成提前期；弹性度维度的下层考核指标包括供应链响应时间、生产的柔性；成本维度的下层考核指标包括供应链管理总成本、产品销售成本、退货处理成本等；资产维度的下层考核指标包括现金周转时间、供应链库存总天数、净资产周转次数等。

美国生产力与质量中心（APQC）也建立了流程绩效指标库。企业在建立自身的流程绩效体系时，可以参考 SCOR 模型、APQC 流程绩效指标库等权威的流程绩效研究结果，并做好本地化改造。

需要明确的是流程绩效体系的建立不仅是为了促进流程的执行，还要促进流程管理体系的建立和运行。如果企业的流程管理工作尚处于理念引入与体系建设阶段，那么企业就不适合只评价流程执行效果，还应思考从哪些维度来做流程绩效评价以促进流程绩效体系的建立。此外，流程绩效评价应聚焦企业发展关注的重点。如果企业当前重点关注的是流程的效率，那么绩效评价就应侧重效率。

总体而言，企业流程管理的成熟度决定了流程绩效体系的定位，而企业发展所关注的重点决定了流程绩效体系的导向。

某移动公司在实践流程绩效评价的过程中经历了如下三个阶段的演变。

第一阶段，该移动公司为应对日益激烈的竞争环境，对内部流程进行了梳理，并实施了内部服务体系建设项目。该项目的核心是通过建立流程管理机制，明晰与优化流程，提升全员服务理念与水平。项目的主要内容包括理念的引入与学习、流程管理组织与机制建立、重点流程诊断与优化等。在这个阶段，该移动公司的流程绩效考核重点是促进流程管理体系的建立，兼顾后续部分重点流程运行效果及内部服务满意度的评价。

第二阶段，该移动公司的企业流程管理工作渐入正轨。于是，该移动公司取消了促进流程管理体系建立的考核指标，延续了第一阶段的关键流程运行效果监控、流程优化和服务满意度考核。此时，该公司关注的流程绩效考核重点主要在效率方面。

第三阶段，该移动公司的流程效率、服务理念已深入人心。于是，该公司引入端到端流程理念，提倡流程创新和流程电子化，并针对性地设置了相应的考核指标。此时，流程绩效考核的重点也由效率转向了质量。

案例中的移动公司在建设自身流程绩效体系过程中，始终坚持以流程管理成熟度与企业发展重点为导向。企业在建立流程绩效体系时不能只依葫芦画瓢，套用通用性的流程绩效体系，而要基于自身特点和发展重点，围绕企业的战略目标量身定做流程绩效体系。

8.2.3 让流程绩效管理制度化

流程绩效管理不能只停留在表面或是某个时期，应制度化、流程化。国际流程教父吉尔里・A. 拉姆勒和艾伦・P. 布拉奇在他们所著的《流程圣经》中指出，在一个已经将流程管理制度化的企业中，每个关键流程都应包括如下内容。

（1）一张流程图：详细记录流程各步骤和执行各步骤的职能部门。流程图需要涵盖流程的六个要素，包括输入资源、活动、活动的相互关系、输出结果、价值以及客户。

（2）一系列客户驱动的测评指标，这些指标是和组织层面的考核指标存在关联的，并能驱动职能部门的指标。在一个流程管理已经制度化的组织中，是不会允许职能部门在追求自身绩效目标达成时，让其他部门及整个流程受损的。

（3）一个流程 Owner，即流程所有者，其负责流程的整体绩效，确保流程不会因跨部门而割裂。

（4）一个稳定的流程团队。流程团队定期开会，对流程绩效进行评审，以有针对性地进行流程改进、优化。

（5）一个针对所有核心流程的 BP（年度业务计划），包括期望的结果、目标、预算、非财务资源需求。

（6）有持续流程绩效监控机制，以及时发现流程偏差。

（7）流程问题解决及流程机会投资的程序（如根源分析）和实体（如流程小组）。

不少组织为了确保流程符合绩效标准，还建立了流程认证评定体系。例如，在福特汽车公司，流程要达到 4 级中的最高级，那么它必须满足 35 项认证标准。流程 Owner 则对流程评估与认证承担主要管理责任。

当企业的流程绩效管理制度化后，企业就能对现有流程的建立、执行以及完善程度进行绩效评价。这能促进企业内部形成“重视流程、使用流程、管理流程”的良好氛围，进而推动组织绩效的提升。

8.3　设计组织绩效指标

组织绩效指标设计不仅要上下对齐、分层担责，还要基于不同单元的价值定位差异化设计，同时指标的目标值设计还要能牵引组织目标达成，以保障组织绩效管理的有效性。

8.3.1　上下对齐，分层担责

组织的绩效目标要上下承接，实现对公司总体战略的有效支撑，如图 8-3 所示。首先，KPI 指标要围绕公司战略目标来层层分解。其次，必须要从上到下明确每一个干部的目标与责任，并通过考核保障目标与责任的落实。

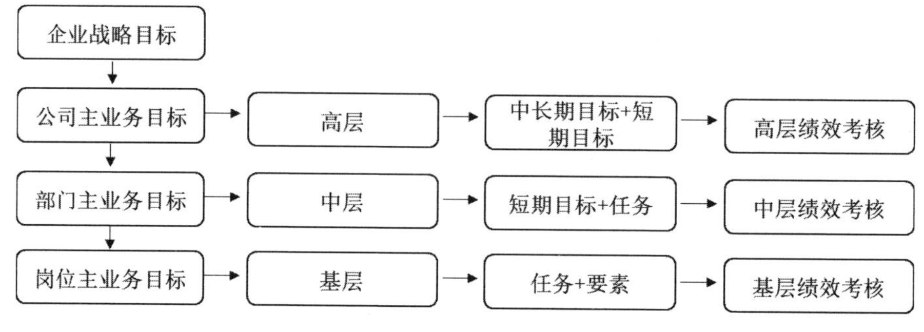

图 8-3　绩效目标上下承接

目标逐级分解至每一个管理层次，甚至分解到个人，目的是使企业战略目标、部门绩效目标、个人绩效目标上下对齐，各级管理者与所有员工对目标与责任一目了然，分层担责。当然，企业在设计组织绩效指标前，应先明确组织绩效指标的来源。

第一是战略解码，是指通过解码战略，得出每一个部门的关键任务以及 KPI 指标，然后再分解到岗位。在对公司战略进行解码的过程中，无论是按职能部门进行横向分解，还是按管理层次进行纵向分解，最终都能实现企业战略目标和部门绩效目标、部门绩效目标和个人绩效目标的上下对齐。

第二是部门责任中心定位，也就是每一个部门都有一个来自企业最原始的诉求。换句话说，每个部门在端到端的流程里应履行的职责和定位也是组织绩效的关键输入。比如某公司成立研发产品线的目的是希望产品线能和销售线一起负责产品在市场上的商业成功。有了这个诉求与定位后，企业就要考核该产品线的收入与产品竞争力。这样，对研发产品线的收入、利润、产品竞争力等考核指标并不是直接来源于战略解码，而是来源于部门的责任中心定位。

第三是业务短木板 / 管理诉求，即与改善组织能力“短木板”相关的重点工作任务。比如说，某公司有多家子公司，其中 90% 的子公司回款没有问题，剩余 10% 的子公司回款有比较大的问题。那么销售回款就是这 10% 的子公司的短木板。在组织绩效考核时，要针对这个短木板专门去制定考核指标。

明确了组织绩效指标的来源后，再围绕战略目标制定并逐级分解绩效指标，确保上下一致。只有组织的各级目标都与战略方向保持一致，才能实现对战略目标的层层支撑。

8.3.2　基于不同单元的价值定位，差异化设计组织绩效指标

企业无论规模大小，为满足运作的需要必然会在内部基于分工成立相互独立的部门，比如产品研发部、销售部、市场部、人力资源部等，各部门都有自己不同的任务和职责。简言之，各部门的价值定位是不完全相同的。比如，如果企业以营销为主，那么销售部门作为公司的利润中心，其价值定位也会高于其他部门；如果企业是以制造为主，那么生产部门的价值定位就会高于其他部门。

然而，部分企业在设置不同部门的绩效考核指标时，通常采用“一刀切”方式。虽然这种“一刀切”的做法从某种意义上来说是“公平”的，但它却没有考虑不同部门的价值定位。这很容易让组织出现扯皮打架，互相不买账、不支撑的问题。

一个好的机制可以让“坏人”变成“好人”，一个坏的机制可以让“好人”变成“坏人”。如何科学评价不同部门的绩效表现，始终是困扰企业的难题。企业在设置组织绩效指标时应适配部门在公司的价值定位，基于公司对部门的价值定位差异化设计组织绩效指标。

华为研发部门是负责开发产品的，而销售部门是负责开拓客户并把产品销售给客户的。基于它们不同的职责和定位，华为差异化设计了它们的绩效考核指标，如表 8-1 所示。

表 8-1 华为研发部门与销售部门的组织绩效考核指标

部门	考核指标	
	相同	不同
研发部门	战略目标、新产品销售、客户满意度、网络运行质量、市场份额、收入/订货、利润率、存货周转效率	产品竞争力、产品进度偏差、产品规格实现、技术断裂点、专利覆盖率、产品质量（返修率/事故）、研发降本
销售部门		客户关系、客户成功、回款/现金流、资金周转效率/服务成本率/销售费用率

华为的研发部门与销售部门虽然一个在内，一个在外，但华为通过基于部门价值定位设计的差异化的绩效指标，促使两个部门均以客户为中心，“力出一孔”为客户创造价值。

组织绩效管理的根本目的是确保每个业务单元都发挥其最大的潜力，发挥其独特价值，为组织做出应有的贡献。

阿里巴巴中台有一个核心是共享服务体系。例如，淘宝、天猫等平台都有各自的订单创建流程，而各平台订单创建所需要的会员信息、支付记录等均由共享服务中心提供。

服务前端业务是阿里巴巴中台共享服务中心的核心价值。因此，阿里巴巴也基于中台的价值定位针对性地设计了其组织绩效指标。其中服务是中台绩效考核的重中之重，占比 40%，其指标包括事故等级及次数等；通过服务创新推动业务发展的考核占比 25%；服务接入量占比 20%；客户满意度考核占比 15%。可以说，阿里巴巴中台的绩效指标设置都是为了促使中台不断提高其服务能力。

我们可以借鉴和参考华为、阿里巴巴针对不同业务单元的价值定位，差异化设计组织绩效指标的方法，让各业务单元充分发挥其在组织中的价值，共同助推组织整体绩效的提升。

8.3.3 组织绩效指标设计牵引绩效目标达成

组织绩效指标设计不仅要体现不同单元应负的职责和独特贡献，还要能牵引而不是抑制业务发展和绩效目标的达成。为了牵引绩效目标达成，企业设计的组织绩效指标要有挑战性且可达成。

企业可以通过设定“底线值”“达标值”“挑战值”来牵引绩效目标的达成。其中，达标值要反映企业正常发展诉求，是维持管理的基本水准，是绩效指标的正常目标值；底线值是绩效指标达成结果的最低要求，是公司战略落地的最基本保证，通常为达标值的 80%；挑战值是在达标值基础上设定的挑战目标，要体现目标强有力的牵引，是需要付出很大努力才能达成的，一般为达标值的 120%。

每年年初，华为会根据上年实际完成的各项指标制订新一年的工作目标。各部门负责人必须根据公司指标的分配情况，对自己部门下年度的计划指标立下“军令状”，承诺内容根据目标的高低，分为持平、达标、挑战三个等级，进行内部 PK。一个财年结束后，公司会根据每个干部目标的实际完成情况进行评估，不能完成承诺目标的部门会受到处罚。

设置有牵引性的绩效指标，可以有效激发员工的工作动力。华为在设计绩效指标时，始终强调牵引作用且兼具挑战性，这也是华为之所以能实现快速增长的一个重要原因。

笔者曾受邀为某企业做绩效薪酬体系的咨询服务。为了解决该企业绩效激励性不足的问题，我们结合该企业的实际情况，遵循平衡计分卡的原则设置了组织绩效指标库，每个指标在考核时都有相应的目标值、基础分值和考核权重。为了让该企业的组织绩效指标兼具牵引性与挑战性，我们设置了一定的考核规则。

例如，财务类的绩效指标实际完成值为目标值时，则为满分；未完成目标值时，每低于目标值 2%，扣该指标基础分值的 3.75%，最多扣 50%；完成值超过目标值时，每超过目标值4%，加该指标基础分值的2%，最多可加10%。客户类的绩效指标实际完成值为目标值时，为满分；低于目标值，扣分不超过该指标分值的30%；完成值超过目标值时，最多可加该指标基础分值的15%。内部运营类的绩效指标实际完成值达到或超过目标值为满分，低于目标值时，扣分不超过该指标分值的30%。通过设置兼具牵引性与挑战性的考核规则，并辅助相应的绩效激励措施，有效解决了该公司绩效激励不足的问题。

总之，组织绩效指标设计要围绕企业的战略目标来设置：企业真正想要的是什么，要什么就牵引什么；同时，设计的绩效指标还要有挑战性且是可达成的，这样才能有效支撑组织绩效目标的达成。

8.4 绩效考核评估

绩效考核评估是一个强有力的杠杆，只要朝合理的方向稍稍撬动一下，它就会释放出巨大的能量。企业要坚持以聚焦业务战略与发展诉求、牵引价值创造与组织协作为导向，以效率优先、兼顾公平为原则，科学实施绩效考核评估。

8.4.1 要牵引价值创造与组织协作

当前，有不少企业的绩效考核只是停留在“秋后算账”的层面，让绩效考核的作用无法得到发挥。事实上，一个科学合理的绩效考核既要聚焦业务战略与发展的核心结果诉求，又要能牵引价值创造与组织的协同共进。

1. 聚焦不同业务 / 市场的战略与发展诉求

为了让绩效考核牵引组织业务的发展，需要根据处于不同发展阶段的业务需求差异化设置考核内容。

【延伸阅读】华为组织考核的导向

《华为人力资源管理纲要 2.0：总纲》中指出，公司的组织考核导向要回归不同业务的战略与发展诉求，即在公司业务组合边界内，成熟业务的组织考核要导向精细化经营，不断提高效益、稳定运营；成长业务的组织考核要导向积极发展，增加规模、构建格局；发展初期业务的组织考核要导向战略落地，抓住机会、布局未来；要积极探索支撑“先开一枪，再开一炮”探索性创造工作的合理考核机制，促进对主航道范围内的领先尝试。

在实践中，企业也可以根据不同的市场类型设置不同的考核指标。一般来说，成熟市场会重点考核销售收入、利润贡献、现金流、市场份额等；增长市场会重点考核销售收入、利润贡献、市场份额等；拓展市场则会重点考核市场格局等。

2. 绩效考核要能持续牵引价值创造

组织绩效考核不能流于形式，为了考而考，要以“多产粮食”“增加土地肥力”为目标，持续牵引员工的价值创造。

笔者在为某企业提供绩效体系优化服务的过程中，发现该企业大部分员工的绩效目标完成度较差。针对这种情况，笔者针对性地制定了绩效体系优化方案。然而，在与该企业中高层就方案进行讨论时，有管理者提出：“在员工或部门绩效目标的考核中，如果他们的绩效目标没有达到及格线（低于60%），那么此项绩效考评结果最好不要给零分，应该按照转换比例来核算他们的绩效。”他认为，一旦员工的绩效目标没有过及格线，就给他们的绩效评价为零分，那么员工很可能会认为绩效评价就是打分、扣分、扣钱，进而打击员工的工作热情。

事实上，该企业存在案例中类似想法的管理者有很多。如果不管员工的绩效目标完成得如何，他都能获得一定的价值回报，那企业的目标压力就无法层层传递给员工，而优秀员工也会慢慢失去持续奋斗的动力。长此以往，企业的竞争力会越来越差。

3. 绩效考核要促进组织协作

绩效考核要能塑造共同奋斗精神，激发组织协作的积极性。《华为人力资源管理纲要 2.0：总纲》中指出：要合理设置组织考核颗粒度，避免作战组织过多关注自身局部目标完成而淡化对全局目标实现的支持。为了牵引组织协作，华为充分借助类似“双算虚拟考核”“周边协同评价”“作战一线评价支撑服务机构”等管理考核手段，促使各级各类组织左右同心、上下同欲。

8.4.2 坚持效率优先，兼顾公平

现实中，很多企业常常本末倒置，一味强调公平而忽视效率，这就导致企业内存在“大锅饭”现象，即干多干少一个样。“大锅饭”现象会让那些绩优员工产生强烈的不公平感，进而导致他们士气低落、工作消极，甚至产生离职倾向。因此，组织绩效评价要坚持效率优先，兼顾公平。

经济学家阿瑟·奥肯指出：“平等和效率双方都有价值，而且一方对另一方没有优先权。那在冲突的方面，就应该达成某种妥协。”“效率优先，兼顾公平”强调的是当公平与效率发生矛盾与冲突时，应遵循效率优先原则，暂时性地牺牲公平，以保障组织的可持续发展。

以华为的绩效评价为例。在华为的价值评价中，奉行的主要原则是效率优先，兼顾公平：鼓励员工在真诚合作与责任承诺的基础上展开竞争，并且为员工的发展提供公平的机会和条件。这样一来，员工就需要通过自身的努力和才干争取公司给予的机会，依靠创造性地完成与改进本职工作来满足自己的成就愿望。

为了进一步提高组织效率，华为在价值分配上注重基于公平按贡献拉开分配差距。譬如说，华为的一般职能部门与业务部门同职级的工资水平是一样的，但是奖金是根据个人业绩水平和对组织的贡献大小决定的。这样就拉开了普通员工与对组织有突出贡献的员工之间的差距，保证了分配上的公平。

在效率优先、兼顾公平的前提下做好绩效考核评估与价值分配，能有效激发员工的工作动力。值得注意的是，所谓的公平并不是说让组织中每个人都干多干少一个样，而是给予员工公平的机会、公正的评价。正如著名心理学家斯塔西·亚当斯所说："工资报酬分配的合理性、公平性对职工生产积极性有重大影响，企业在绩效管理上应该科学运行绩效评价体系，让员工对自己和参照对象（即同事）的报酬和投入比例的差距感觉到合理且公平。"

【管理研究】员工利益差距与公平理论

20 世纪 60 年代，美国心理学家斯塔西·亚当斯提出了公平理论。公平理论的基本观点是：当一个人做出了成绩并取得了报酬以后，他不仅关心自己所得报酬的绝对量。也就是说，员工不仅会思考自己的收入与付出的劳动之间的比率，还会将自己的收入和付出之比，与相关人员的收入和付出的比率进行比较。当人们把自己的报酬与做同样工作的他人报酬相比较，发现二者是相等的，他会感到这是正常的、公平的，因而心情舒畅地积极工作；当他发觉二者不相等时，内心就会产生不公平感，于是有怨气、发牢骚，继而影响到工作积极性。

和华为一样，腾讯、阿里巴巴、摩托罗拉等世界知名企业，都非常关注绩效考核评估的公平公正问题。在腾讯的绩效管理体系中有一个原则就是"三公"原则，即"公正、公开、公平"，绩效管理各环节目标公正、过程公开、评价公平。

在摩托罗拉，如果有员工认为绩效考核的结果不公正，可以拒绝在评估结果表上签字。每个员工的评估表都需要他的主管与主管的主管签字，力求考评结果的公正性、合理性。如果员工觉得自己的付出与获得的回报不匹配，也可以填写申诉表进行申诉。

企业的绩效考核评估要明确几点：第一是评价规则相对明确；第二是评价整体是公平公正的；第三是评价规则要能保障组织效率的提升，以此促使全员不断奋进。

8.4.3 差异化评价不同人群

在组织中，不同的职位有不同的负载量和工作任务，不同的层级有轻重不同的责任，不同的部门有不同的工作重心。因此，组织在进行业绩评价时要根据员工层级与职能的不同，差异化考核。

早在 2007 年，华为公司在名为《绩效管理暂行规定》的文件中，首次明确提出了“对不同层级的员工，考核和评价部门要以岗位职责为基础，以客户需求为牵引，关注不同的考核关注点”。区分考核的具体内容是：对于公司高层领导的业绩评价要关注其长期综合绩效目标是否达成，以及对公司长期利益的贡献；其是否重视团队和干部后备队的建设；是否不断提升自己的领导力素质，以助力公司的可持续发展。对于公司中高层主管的业绩评价，要关注其是否兼顾公司和部门中长期绩效目标的达成；是否重视业务规划的有效落实；是否关注团队管理、干部员工培养和业务运作；是否有效提高了业务和干部培养的成功率，以带领自己的团队持续地产生更大的绩效。对于公司中基层员工的业绩评价，要关注其在本职岗位上的短期绩效目标是否达成；是否注重规范自己的过程行为，以促进个人实际任务的完成和绩效的不断改进。

之后，华为一直在不断探索和完善分层分级的考核制度，以牵引高层更加着重对公司战略目标的关注，中基层员工兼顾中长期目标的达成和战略规划的落实，基层作业员工则追求多劳多得、精益求精。

除了在不同层级员工的考核上有区分，华为还根据员工职能的不同建立了差异化的考核制度。2019 年，任正非在运营商 BG 组织变革方向汇报会上指出：“要建立不同人群的差异化评价机制。作战类人员要以作战结果来评价；资源类人员以 UR 和项目评价来衡量；能力类人员要体现战略导向，要考试加考核，增加一线评价；管控类人员要通过数字化减少中间传递层，定岗定编，通过考军长等方式识别南郭先生。”

和华为一样，腾讯也在内部强调组织绩效考核要因职位层级而异，差异化评价不同人群。

在腾讯的绩效管理制度中规定，要对不同层级的人设置不同的绩效考核标准。例如，对于部门负责人主要关注以部门工作效果以及关键绩效指标的达成率；对于一般工作人员主要考核工作计划的完成度；对于例行工作人员如出纳、文员等，主要根据工作量及准确性、及时性、规范性等来设置考核指标。

差异化评价不同人群的绩效考核制度的建立，不仅能促使组织更科学准确地识别哪些员工做了贡献、做了多少贡献、做了什么贡献，也能增加组织绩效考核的公平性，牵引不同层级、不同类型的员工正确地做事。

8.5　注重绩效激励设计

矢不激不远，人不励不奋。要让组织内全体员工“力出一孔”创造价值，就要建立完善的、导向冲锋的绩效激励机制实现“力出一孔”。好的绩效激励机制能为企业注入源源不断的发展动力。

8.5.1　价值分配向奋斗者倾斜，导向冲锋

每个员工对组织的贡献是不同的，是“不平衡”的，这也就意味着企业在价值分配上要“打破平衡”。

笔者在为 R 公司做组织变革服务时，调研时发现该公司绩效激励体系的设计不是很合理，员工的薪酬没有拉开合理差距。比如信息部门做程序开发工作的和修设备的拿一样的工资。虽然两者为公司创造的价值不一样，但是两者在价值分配上没有差距。类似这种现象在 R 企业中普遍存在，这也让企业员工存在心理上的不平衡，对收入分配感到不满。于是，笔者团队针对性

地对该公司的绩效激励体系进行优化，让创造不同价值的人的薪酬拉开合理差距，让愿意干活的人更有动力。

企业应发挥价值分配的杠杆与导向作用，绩效激励要向创造更多价值的绩优者和奋斗者倾斜，多劳多得，以让干得好的人拿高收入、干得差的拿低收入，避免出现劣币驱除良币的现象。华为、阿里巴巴等企业在价值分配上是坚定不移向优秀奋斗者倾斜的。

阿里巴巴信奉的是给结果付钱（奖），给努力鼓掌（励）。马云对于“奖励”的观点是：“奖励不是福利，奖金是通过努力挣来的。它不可能人人都有，也不可能每个人都一样。它不是工资的一部分，而是因为你的业绩超越了公司对你的期望值。奖金是对昨天工作的肯定和明天工作的期望，而奖金发放要是一味讲求平均主义，就是对辛勤劳动且绩效优秀的员工的最大的不公平。建立在有劳有获、相对公平基础上的奖励，会极大程度提升员工的积极性和能动性。”

因此，阿里巴巴在奖金分配上坚持“271”原则，即将员工划分为20%的优秀员工、70%的骨干员工、10%的普通员工，再根据员工的等级进行奖金分配。阿里巴巴的一位普通员工介绍：“我们的年终奖没有定额，当年贡献多的可以多拿6个月工资，要是没有贡献，一分钱没有也是有可能的。”[1]

华为也和阿里巴巴一样，会根据奋斗者的实际贡献来决定他们能得到的价值权重。任正非曾说：“要把奖励和机会向成功者、奋斗者、业绩优秀者倾斜，大胆倾斜。我们要拉开差距，后进者就有了奋斗的方向和动力，组织才会被激活。”

（1）华为的激励分配会向组织中的绩优者倾斜，逐步打破分配的过度平衡，强调激励资源向一线倾斜、一线关键岗位职级要高于支撑服务岗位、一

---

1 考拉看看. 阿里巴巴管理法 [M]. 北京：机械工业出版社，2020：48-52.

线获得更大的价值分配比重等。

（2）华为为承担重大业务和管理责任的人员建立了重大责任岗位津贴、高管奖金方案等机制，体现“给火车头加满油”的导向。

（3）华为激励资源分配强调向艰苦地区或艰苦岗位的员工倾斜，加大了在海外艰苦地区工作员工的外派补助和生活补助标准，并实施艰苦地区的职级高于非艰苦地区职级1～2级的倾斜政策。

任正非说：“企业管理最难的工作是如何分钱，把钱分好了，管理的一大半问题就解决了。”让多劳者、贡献者“发财”，这也是企业重视人才、以人为本的具体体现。要让奋斗者有动力、持续不断为公司做贡献，就必须在各方面都给他们“加满油”。

8.5.2 推行获取分享制，多劳多得

获取分享制是企业可以在内部推行的重要激励措施。通过推行获取分享制，企业不仅能把市场的经营压力在内部层层传递，还能在内部营造多劳多得的氛围，激发员工的奋斗动力，牵引他们持续为企业创造价值。

【管理研究】获取分享制

“获取分享制”是与“授予制”相对的。“授予制”是按照上级意愿来分配公司利益，容易导致企业高管、中层以及基层间的利益分享不均。获取分享制是指任何组织与个人的物质回报都来自其创造的价值和业绩，作战部门（团队）根据经营结果获取利益，后台支撑部门（团队）通过为作战部门提供服务分享利益。华为在内部就推行了获取分享制。

华为“获取分享制”有几个特点：

第一，强化后台对前台一线的支撑力度，加强前后台岗位配合和流程效率提升，实现前后台业绩挂钩。

第二，增加薪酬弹性，将员工利益与个人价值实现和贡献产出合理衔接，提高激励的有效性。

第三，导向对客户需求的满足和客户体验的提升。

第四，实行“自下而上”的激励方式，倾向对基层业务单元的直接激励。

获取分享制可以使员工的回报和业务发展结合得更加紧密：部门的薪酬包和业务产出相挂钩，部门的奖金包也与收入和利润相关联。这样一来，由获取分享带动业绩突破，业绩突破反过来又促成获取分享的双向良性互动得以形成。

D公司是一家新能源动力电池企业，成立于2011年。经过几年的快速发展，D公司已经成为新能源动力电池行业的头部企业。D公司之所以能实现快速发展，关键原因包括：(1)核心创业团队的艰苦奋斗与以身作则；(2)公司拥有能驱动公司发展的核心技术；(3)伴随公司的高速发展，公司人均奖金不断增长，甚至远远超出员工对奖金的期望。

这家企业的奖金激励机制主要做法是：公司年初没有具体的奖金方案，而是等到每年年末，董事会根据年度经营结果，确定公司年度总奖金包。然后再根据员工个人绩效等级，将奖金分配给员工，奖金额度为1～6个月工资不等。公司、部门、个人层面都没有事前奖金规则，全部是事后根据上级意愿分配。但从2017年开始D公司的增长开始放缓，原有的奖金激励机制也逐步失效。

D公司的增长放缓后，其奖金激励机制之所以没有起到明显的激励效果，关键原因在于D企业的奖金机制属于授予制，是自上而下进行业绩评价与利益分配。此外，D企业的奖金机制本质上是分钱机制，让员工去“分饼”，而不是“做大蛋糕”。在增长放缓后，为了牵引全公司积极地进一步“做大蛋糕”，D公司可以在企业内部实施获取分享制。

当然，获取分享制也不是在所有企业都适用。企业如果想推行获取分享制，需要具备几个条件：第一是发展进入相对稳定期。对于业务不稳定的创业企业来说，是不太适宜推行获取分享制的。因为获取分享制推行的一大前提是“蛋糕”够大，有足够的利益可分；第二是具有一定的规模，规模太小的企业无法充分展现获取分享制的价值；第三，企业最好是有多区域、多产品线。

8.5.3　用好精神激励，为组织提供持久动力

任正非说：“光是物质激励，就是雇佣军，雇佣军作战，有时比正规军厉害得多。但是，如果没有使命感、责任感，没有这种精神驱使，这样的能力就是短暂的。只有正规军有使命感和责任感，驱使他们能长期作战。”与物质激励带来的直接刺激不同，精神激励能激发员工的成就感、价值感，进而转化为工作的内驱力。

1. 敢于表彰

行为学研究表明，每个人都需要获得自我和他人的肯定及赞美，在收获荣誉和称赞之后，人们往往会按照荣誉标准来要求和规范自己的行为，变得更加规范。因此，企业可以重视表彰，以表彰激发员工更大的荣誉感和责任感。

哔哩哔哩于 2009 年 6 月 26 日创建，被广大网友亲切地称为“B 站”，深受年轻用户的喜爱。哔哩哔哩早期是一个以动画、漫画、游戏为主的内容创作与分享的视频网站。如今，哔哩哔哩已经建立了一个涵盖番剧、国创、放映厅、纪录片、电影、电视剧、课堂、动画、音乐、舞蹈、游戏、科技、汽车、生活、鬼畜、漫画、时尚等多个分区的内容生态系统。2018 年 3 月 28 日，哔哩哔哩在美国纳斯达克上市。2021 年 3 月 29 日，哔哩哔哩正式在香港二次上市。

每年，哔哩哔哩都会吸引大量的“UP 主”进驻，并发表优质内容。为了激励 UP 主，哔哩哔哩推出了系列创作激励计划。除了用户打赏、创作激励收益等物质激励外，哔哩哔哩还十分重视表彰激励。哔哩哔哩会举行年度 UP 主颁奖，向优质内容创作者（即 UP 主）颁发年度百大 UP 主、年度最佳作品、年度黑马 UP 主、年度最佳投稿等众多奖项。UP 主颁奖的颁奖典礼也会全网

直播，最大程度激发 UP 主的荣誉感和创作积极性。

任正非多次在华为内部强调，华为应该敢于表彰，把英雄的盘子划大，正所谓“遍地英雄下夕烟”。UP 主虽然不是哔哩哔哩的内部员工，但是以表彰激发 UP 主荣誉感和创作积极性的逻辑是与华为相似的。通过表彰不仅可以激发先进者保持优秀，也能向落后的人传递一些压力，促使他们去奋斗、去改善、去争当先进。

2. 加强人文关怀

人文关怀可以提升员工的幸福感和归属感。企业要做好人文关怀需要从员工的心理感受出发，真正去体会员工需要什么、渴望什么。

腾讯公司作为互联网大厂，其对员工的人文关怀是做得很到位的。例如，腾讯会为每一位入职腾讯的新员工发一副“福利扑克”。54 张扑克牌，每一张都代表一种福利。“福利扑克”包括家属开放日、30 工作日全薪病假、腾讯带薪假期、家属保险、生育庆贺礼包、15 工作日半薪事假、员工救助贷款及重疾就医协助、安居计划等，涵盖员工工作与生活的方方面面。

人文关怀是给员工最好的福利，它会激励员工全身心投入工作，积极为公司创造价值，最终转变为企业的生产力。

第 9 章 组织的进化

组织的发展是一个漫长、螺旋向上的进化过程。通常来说，组织的进化可以分为若干阶段，包括创业阶段、机会成长阶段、系统成长阶段、多元化成长阶段、重构成长阶段。

9.1 企业成长与组织建设

管理学界认为，组织像任何有机体一样，是有生命周期的。在不同的成长阶段，组织的特征、面临的风险、管理建设的重点都有所不同。企业要结合自身的发展阶段，针对性地做好组织建设。

9.1.1 有关企业成长阶段的理论研究

有关企业的成长是有生命周期的观点得到了学界很多学者的认同。但是不同的学者对企业的成长阶段划分有不同的看法。

【管理研究】企业成长阶段

从20世纪60年代开始，学者们就开始系统研究企业的生命周期，并提出了很多不同的观点。

（1）1962年，美国著名管理学家钱德勒在《战略与结构》一书中，通过研究杜邦、通用汽车、西而斯等公司的成长过程，提出企业扩张通常经历创业、横向合并、纵向一体化、海外扩张和多元化五个阶段。

（2）1969年，管理学家斯坦梅茨通过系统研究企业成长过程，发现企业成长过程呈S形曲线，一般可划分为直接控制、指挥管理、间接控制及部门化组织等四个阶段。

（3）1972年，哈佛大学教授格雷纳通过分析研究提出了企业成长与发展的五阶段模型。他认为，一个企业的成长大致可以分为创业、聚合、规范化、成熟、再发展或衰退五个阶段。

（4）被美国主流媒体誉为20世纪90年代“唯一一名处于管理尖端领域的人”的管理学家伊查克·爱迪思曾用20多年的时间研究企业如何发展、老化和衰亡。他在《企业生命周期》一书中把企业生命周期分为十个阶段，即：孕育期、婴儿期、学步期、青春期、壮年期、稳定期、贵族期、官僚化早期、官僚期、死亡，并详细描述了企业生命不同阶段的特征。

除了西方学者对企业的成长阶段有系统的研究，我国国内学者也在结合本土企业特色的基础上，不断提出有关企业成长阶段的新研究。例如，学者陈佳贵在西方学者对企业生命周期研究的基础上，将企业生命周期分为：孕育期、求生存期、高速发展期、成熟期、衰退期和蜕变期。

2019年，国内知名管理咨询专家施炜、苗兆光在研究华为、美的、海尔、TCL等中国领先企业成长过程和成长经验的基础上，提出了企业成长的五阶段模型。他们认为企业成长可以分为创业阶段、机会成长阶段、系统成长阶段、分蘖成长阶段、重构成长阶段，并提出了每个阶段的特征与管理建议。本章将借鉴施炜、苗兆光的五阶段模型，综合其他学者的研究成果，按照创业阶段、机会成长阶段、系统成长阶段、多元化成长阶段、重构成长阶段对企业的发展进化过程进行详细阐述。

9.1.2 成长阶段、战略行为与组织特征

企业在不同的成长阶段，其关注点是不同的。例如，在初创期企业主要关注的是如何生存下来，在高速发展期关注的是如何更好地进行组织运营，在成熟期则会更多地关注组织创新。那么，企业在创业阶段、机会成长阶段、系统成长阶段、多元化成长阶段、重构成长阶段等五个发展阶段，具体会有怎样的关键战略行为与组织特征呢？

在创业阶段，企业的主要任务是寻找、探索生存机会。此时的企业，还谈不上正规组织，但有了组织的雏形，建立了基本的治理规则、利益结构以及文化基因。创业阶段组织建设的主要战略任务是选择市场机会、建立业务模式、构建核心创业团队以及制定基础的组织运转规则等。

在机会成长阶段，企业往往会因获得很好的外部市场机遇而摆脱生存风险。此时，企业的主要战略任务包括巩固现有的业务模式，抓住市场机会实现规模突破；寻找并聚集关键资源构建组织的关键能力；初步实现从“人治”

到“法治”的转身。企业在这一阶段的组织形态一般是集权型组织模式或者职能制。

在系统成长阶段，企业一般建立了相对规范的管理模式，拥有清晰的战略和核心价值观。在这一阶段，不管优越的外部机会存在与否，企业都可以依托自身的整体能力实现成长。此时企业的主要战略任务是巩固市场地位、扩大主业优势、进行战略性扩张、构建系统的组织能力等。在系统成长阶段，企业一般会进行“流程型”变革以实现卓越业绩。

在多元化成长阶段，主业务已经成长到一定的高度，企业会尝试进行多元化业务扩张以及行业与产业链整合。此时，企业的主要战略任务是：开辟新的业务领域，并拉升新业务增长曲线；构建支撑多业务发展的管理体系；培养经营型人才队伍；等等。这一阶段企业的组织形态通常是事业部制或矩阵制。

在重构成长阶段，企业会逐渐面临“大企业病”的问题，此时企业要想打破组织衰亡的宿命、实现再成长，就要进行战略重构。在这一阶段，企业的关键战略任务是企业价值链重塑、商业模式创新、核心能力重建、核心价值观重塑等。此时，企业的发展充满不确定性，企业的组织形态会呈现出“边界模糊化”的特点：既是机动灵活的小企业，又是能聚集资源的大企业；既能激活个性，又能实现联合；既有组织边界，又无组织边界。

企业的成长是一个漫长的且没有终点的航程。每个企业面临的业务模式、所处环境、技术要求等都有不同，并不是所有企业都会经历创业阶段、机会成长阶段、系统成长阶段、多元化成长阶段、重构成长阶段等五个发展阶段。但是我们可以结合企业发展五阶段模型，深入分析自身发展过程中的特征、组织要求，探索出自己的成长路径，实现组织的持续发展。

9.1.3 企业成长与组织管理的演进

企业在不同的成长阶段，其组织形态、战略重点、管理模式等均有所不同，是一个不断演进的过程。

美的集团 1968 年成立于中国顺德，目前在世界范围内拥有约 200 家子公司、60 多个海外分支机构及 10 个战略业务单位。走过五十几年风风雨雨的美的集团，其发展历程可以分为创业阶段、机会成长阶段、系统成长阶段、多元化成长阶段、重构成长阶段等五个发展阶段。

创业阶段（1968—1979 年）。1968 年何享健带领 23 人集资 5000 元在顺德北滘创业，尝试生产销售塑料瓶盖求生存。而后，何享健又尝试生产销售药用玻璃瓶、五金制品、汽车橡胶配件、发电机等各种各样的产品，可以说整个公司都处于“有机会就上，一切为了生存”的状态。

机会成长阶段（1980—1996 年）。1980 年，正值家电行业的风口期，美的开始生产电风扇零部件，并自行研制电风扇。至此，美的开启了在家电行业的发展历程。1981 年，“美的”商标被正式注册。1985 年，美的成立空调设备厂，正式开始空调的组装生产。美的也正式确立电风扇和空调两大主营业务，并不断增长。1993 年，美的进行内部股份制改造，并成功上市。之后，借助改革开放的红利，美的迎来了爆发式增长，其产业链也不断延伸。在组织经营上，美的摆脱了小企业的经营逻辑，不断提升企业的管理能力和管理规范性。

系统成长阶段（1997—2002 年）。1997 年，美的全面推行事业部制改造，以支撑多品类业务的发展。在事业部制的改造下，美的将权力下放给职业经理人团队，并建立了与事业部制相匹配的组织内控体系。从 1997 年到 2002 年，美的的销售收入突破了百亿元，产品品类向商用空调、微波炉、饮水机、洗碗机等领域扩张，产业链上向空调压缩机、洗衣机电机、微波炉磁控管、微波炉变压器、物流领域延伸。[1]2002 年，在事业部制推行 5 年后，美的内部出现机构臃肿、效率下降等问题。为了解决这些问题，美的进行了战略性结构调整。

多元化成长阶段（2003—2011 年）。在经过 2002 年的组织优化之后，2003 年美的收购了云南、湖南的客车企业，进军汽车产业，开启了多元化发展之路。之后，美的又先后收购荣事达、华凌、春花、小天鹅。随着业务的

---

1 施炜，苗兆光. 企业成长导航 [M]. 北京：机械工业出版社，2019.

不断发展，美的开始在全国各地建立生产基地，并在巴西、印度、俄罗斯等地布局生产基地。此时，美的不断进行管理变革，集合事业部建设二级平台的同时规范内部制度和流程，持续提升内部管理水平。

重构成长阶段(2012 年至今)。2012 年，美的创始人何享健卸任董事长，方洪波接任。此后，美的进行了一系列大刀阔斧的变革。为了适应智能化、数字化的发展，美的先后与小米、华为、阿里巴巴、京东、腾讯等企业展开战略合作，并启动"智能制造"战略，成为一家集智能家居事业群、机电事业群、暖通与楼宇事业部、机器人及自动化事业部、数字化创新业务五大板块为一体的全球化科技集团。

美的从草根企业经过一系列演变，成长为一家全球化的科技集团。从美的求生存、求发展、求创新的这一路发展历程中，我们也可以发现：企业成长必然是一个在解决新的矛盾和问题中螺旋上升的过程。企业必须清晰认知自己处于什么发展阶段、战略任务是什么、面临哪些问题和挑战等，并做好组织建设，以推动企业不断向前发展。

9.2 创业阶段：直线制

创业是从 0 到 1 的过程，充满着风险和不确定性。处于创业阶段的企业，其主要任务是寻找生存机会，组织形态一般是高度集权、权责分明、协调容易、反应快速的直线制组织。

9.2.1 寻找生存机会活下去

创业的过程具有不确定性。大部分创业企业可能缺资金、缺人才、缺技术，首要目标是寻找生存机会、千方百计活下去。

1987 年华为成立的时候，中国通信设备市场几乎被国际电信巨头的产品所垄断，其中包括日本的 NEC（电气股份有限公司）和富士通、美国的

AT&T（电话电报公司）、加拿大的北电、瑞典的爱立信、德国的西门子、比利时的贝尔以及法国的阿尔卡特，这在业内被称为“七国八制”。华为作为一家无资金、无技术、无资金、无背景的民营企业，其产品在北京、上海、广州等一线城市，几乎没有立锥之地。于是活下去成为华为需要首要考虑的问题。

为了避免被国际电信巨头扼杀，华为采取了一条“农村包围城市”的销售策略：先将产品投放至国际电信巨头没有精力深入的广大农村市场，以求得生存空间。在农村包围城市的战略下，全体华为人经历了一段艰苦奋斗的历程。

任正非在《天道酬勤》一文中介绍道：“创业初期，我们的研发部从五六个开发人员开始，在没有资源、没有条件的情况下，秉承 20 世纪 60 年代‘两弹一星’艰苦奋斗的精神，以忘我工作、拼搏奉献的老一辈科技工作者为榜样，大家以勤补拙、刻苦攻关，夜以继日地钻研技术方案，开发、验证、测试产品设备……，没有假日和周末，也不分白天和夜晚，累了就在地板上睡一觉，醒来接着干，这就是华为‘床垫文化’的起源。虽然今天床垫主要已是用来午休，但创业初期形成的‘床垫文化’记录的是老一代华为人的奋斗和拼搏，是我们宝贵的精神财富。”

靠着“农村包围城市”的销售策略以及独有的奋斗文化，华为在西方电信巨头的夹击下顽强地生存下来了，并实现了快速扩张。当然，创业时期寻找生存机会也不能完全凭机会主义，需要在众多机会中抓住有战略意义的机会，并坚定地投入。任正非当初创业时没有什么方向，是后来瞄准了通信市场的巨大发展前景后，坚定地带领华为人往前冲，才奠定了华为的发展基础。

在创办阿里巴巴前，马云有两次创业经历。1992 年，马云创办了杭州第一家专业的翻译机构：海博翻译社。一开始，马云主要靠推销内衣、医药等杂货来维持翻译社的生存。直到 1995 年，翻译社才开始盈利。同年，马云参观了一个美国的网络公司后，意识到互联网未来广阔的发展空间。于是他带领团队创办了中国第一家网站：中国黄页。中国黄页主要的业务是将企业或单位介绍、图片做成网页，上传到网络上。后来，由于种种原因，马云退出了中国黄页。但这次创业经历，更让马云坚定了要把握互联网发展机会的决心。

1999年，马云带着团队创立了阿里巴巴。一开始，阿里巴巴和中国黄页类似，只是一个简单的企业信息发布平台。数以千计的中小企业在这里发布产品信息，以期获得订单。此后，阿里巴巴摸着石头过河，解决自身生存问题。2002年，阿里巴巴全面盈利后，开始进入C2C、B2C领域，并逐渐建立了“电子商务帝国”。

为了生存，很多创业企业的方向多变，“今天做这个，明天做那个”的现象是经常存在的。但是，创业企业要发展壮大，最终必须是要聚焦一个战略方向，持续投入的。如果一直处在漫无目的、多方投入的状态中，组织资源就无法集中，企业也难以获得有效增长。

9.2.2 创业阶段的企业风险

有数据显示，只有30%的初创企业可以存活三年以上。初创企业面临的风险各式各样，包括商业模式问题、资金链问题、创业团队问题等。

1. 商业模式问题

能否实现商业模式的闭环是决定初创企业生存发展的关键要素。海尔集团创始人张瑞敏曾说：“现代企业的竞争是商业模式的竞争，如果寻求不到一个合适的商业模式，一个企业很难做强。”商业模式问题是初创企业面临的内在生存风险。

例如，“互联网＋餐饮”是互联网企业竞争的一个大型战场。但是，如今除了我们熟知的美团、饿了么，几乎已经听不到其他企业的声音。事实上，在早期“互联网＋餐饮”的竞争领域中，出现了饭是钢外卖、蹭饭网、菜谱网、好好吃、呆鹅早餐、有饭局、Q点外卖等多种类型的公司，但是它们绝大部分都因商业模式问题早亡。

2. 资金问题

资金是创业的必要条件。资金问题是创业公司面临的另一重要生存风险。在创业企业中，因资金问题死亡的公司不计其数。

2015 年，熊猫直播成立。熊猫直播是由上海熊猫互娱文化有限公司创办的一家弹幕式视频直播网站，创始人为王思聪。在王思聪的规划中，直播平台是其布局泛娱乐 O2O 市场的一个核心环节。成立初期，熊猫直播就大把烧钱，不仅高价签下多个明星主播，还签约 Angelababy 等当红明星。短短几个月内，熊猫直播就凭借其华丽的资源阵容迅速确立了行业领先地位。但是，伴随主播价格的持续攀升，熊猫直播面临沉重的资金负担。2018 年，熊猫直播陷入拖欠 500 多位主播上亿元薪水的负面新闻中。2019 年 3 月 30 日，熊猫直播官网发布公告，宣布熊猫直播正式关站。可以说，资金问题是熊猫直播倒闭的重要原因。

3. 创始人团队问题

创业期的企业一般是创始人团队冲在业务最前线，带领团队向前发展。一旦创始人内部团队出现问题，整个企业也就变得岌岌可危。

2014 年，国内首家以平台共享方式运营校园自行车业务的新型互联网科技公司 ofo 小黄车成立。ofo 小黄车一度累计向全球 20 个国家、超 2 亿用户提供出行服务。曾经如此辉煌的 ofo 小黄车，如今已黯然退场。有关 ofo 小黄车失败原因的讨论有很多。其中一个重要的说法就是创始人团队内部的“一票否决权”机制。有业内人士分析称，“一票否决权”机制本身是平衡资本方的合理机制，但是要看创始人如何平衡。有消息指出，此前 ofo 小黄车创始人团队成员之一朱啸虎察觉到共享单车行业的危机，积极撮合 ofo 小黄车与摩拜合并，但年轻气盛的核心创始人戴威强烈反对。最终，朱啸虎选择离开，将股份卖给滴滴和阿里巴巴。引入滴滴和阿里巴巴后，创始人戴威在平衡资本方利益与公司发展方向上显得异常吃力。“一票否决权”机制也对有多个资本方博弈的 ofo 小黄车限制颇多。

创始人团队能否有效磨合、创始人团队的核心成员是否有足够能力指引公司发展等都会对初创企业的发展产生重要影响。除了商业模式问题、资金链问题、创业团队问题外，创业阶段的企业还面临过于激进、缺乏长远的战略布局、管理过度死板、法律法规风险、业务过于分散、营销不足、定价问题等其他风险。这一系列风险都需要企业积极关注，防患于未然。

9.2.3 创业阶段的组织建设

创业阶段的组织一般没有复杂的结构且有简洁清晰的管理规范和机制，这也构成了创业期企业成长的基石。

1. 直线制组织结构

企业刚成立时，员工数量较少、部门功能单一，一般都会采用直线制的组织结构。直线制组织结构能让公司的所有决策都能第一时间由公司高层管理者直接传导到一线，让一线快速反应。

1987 年，华为刚成立时，包括股东在内只有 14 名员工。直到 1991 年，华为员工数也才发展到 50 多人。在这种情况下，所有员工直接向任正非汇报。这种权责分明、协调容易、反应快速的组织结构，使得华为在创业初期迅速完成原始资产的积累。

直线制组织结构的特点是简单、权力集中。在直线制组织结构下，高层管理者能对市场做出快速反应，迅速统一调配资源参与竞争。

2. 基本的利益机制

对于创业期的企业来说，必须要建立基本的利益机制，以此激励员工为企业的长远目标共同奋斗。

任正非曾说：“华为发展到今天，自己没做什么实质性的贡献。如果一定要说有什么贡献的话，就是华为在分钱的问题上没有犯大的错误。”华为在创业初期就采取了开放的股权激励机制。1990 年，华为第一次提出员工持股的概念。当时，华为员工的薪酬由工资、奖金和股票分红组成。华为创业初期的股票激励，增强了员工的归属感，极大地激发了员工的工作动力。

利益机制是企业发展的动力引擎，它包括股权、工资、奖金等。创业阶段的企业如果不能建立科学合理的利益机制，是注定无法走得长远的。

3. 基本的文化机制

创业阶段的企业其文化尚未定型，但是创始人及团队初始的价值理念、行为方式会积淀下来，形成企业的文化基因。华为创业阶段之所以能突出重围，与其创业文化息息相关。

华为创业阶段的"狼性文化"为大众熟知。创业阶段，华为人在"攻城略地"的过程中，训练出了敏锐的嗅觉以及为目标不顾一切的决心。华为人从不放过任何一个机会，不管这个机会出现在哪里。华为最初也没有说过自己的企业文化是"狼性文化"，只是他们的奋斗精神，与狼性精神相似。除了"狼性文化"，华为在创业阶段还形成了"床垫文化"以及"胜则举杯相庆，败则拼死相救"的团队文化等。这些文化都是华为人在创业阶段自觉认同和践行的。

创业阶段形成的基本文化机制能帮助公司挺过最困难的岁月，支撑公司的生存、发展。当然，除了组织结构、基本的利益机制、基本的文化机制，创业阶段的企业其组织建设还包括基本的治理机制、基本的制度规范等。

9.3 机会成长阶段：职能制

走过创业阶段，企业就会进入机会成长阶段。在这一阶段，企业会因为外部的市场机会走向高速成长。企业的战略任务就是将机会转化为现实增长，组织形态一般以职能制为主。

9.3.1 将外部机会转化为现实增长

处于机会成长阶段的企业面临良好的市场机会，企业成长也是以机会驱动的。那么，什么是机会呢？

【管理研究】什么是机会

国内知名管理咨询专家施炜、苗兆光在《企业成长导航》一书中指出，对于企业来说，机会是来源于外部市场及产业的，有利于其业绩增长以及发展壮大的特定情境。这些情境，其内容包括市场容量增长、竞争环境改善、关键顾客资源出现三类。

机会往往是稍纵即逝的。当机会来临时，企业的战略任务就是在目标市场上实现规模突破，将机会转化为现实的业绩。

1990 年，我国固定电话的普及率为 1.1%，华为预估到 2000 年我国电话普及率也仅仅会提高到 5% ~ 6%。事实上，到 2000 年，我国的电话普及率已经达到 50%。

面对急剧爆发的市场，华为迎来了机会成长期。在机会成长期，华为几乎是“野蛮生长”。由于市场增长远超预料，华为的研发远远落后于西方电信运营商。在技术相对落后的情况下，为了抓住市场机会，华为一边在研发上艰难突破，一边在营销上发力。

例如，1996 年，由信息产业部、邮电部举行的全国交换机订货会在北京召开。在这次大型订货会上，全国各个省市电信系统的主要负责人到场。与华为一起参加此会的都是在行业内响当当的企业，如上海贝尔、青岛朗讯等。为了销售自家产品，在几天时间内，华为从各个办事处和总部抽调了近 400 人的高素质队伍来支持这次大会。当时，参加会议的领导才 40 人，华为为此派出了近 10 倍的人力来攻关。最终，华为成功拿下了一大份订单。

在机会成长阶段，在技术相对落后的情况下，华为靠营销驱动实现了惊人的增长。事实上，对于机会成长阶段的企业来说，在营销上发力是将外部机会转化为现实增长的有力手段。

白酒市场一直以来都有庞大的市场需求，但竞争也十分激烈。在白酒市场存活下来的白酒品牌并不多，江小白是其中之一。江小白诞生于 2012 年，凭借病毒式营销，其在白酒市场上杀出了一条“血路”。江小白的营销方式主要是以持续打造“我是江小白”品牌 IP 与用户进行互动。“我是江小白，生活很简单”“走过一些弯路，也好过原地踏步”“大部分的烦恼都是因为经历得太少”等营销文案风靡一时。此外，江小白推出“表达瓶”，让用户自己生产文案，定制瓶身，并借助微博等自媒体形成“病毒式传播”。

如何抓住市场机会，获取市场红利，是处于机会成长阶段的企业面临的关键课题。国内知名管理咨询专家施炜指出：“处于机会成长阶段的企业，战略的重心在于营销，其竞争优势主要来自营销策略。”当然，在营销驱动企业将外部机会转化为现实增长的同时，组织建设也要不断完善，以此为未来的发展奠定坚实的基础。

9.3.2　机会成长阶段的企业风险

机会成长阶段的企业如果只顾一味“野蛮生长”，忽视组织风险，很可能昙花一现。机会成长阶段的企业面临的风险主要包括以下几个方面。

1. “爆红”一时后，缺少持续竞争能力

当良好的外部机会来临时，企业通过营销驱动迅速打开市场后，如果后续的产品、服务、运营、组织能力建设等无法及时跟进，企业的发展必然出现“后劲不足”的情况，甚至“销声匿迹”。

随着网络、智能手机的发展，短视频开始“爆发”。小咖秀、快手、抖音等短视频产品通过创意营销迅速打开市场。它们有的发展得越来越好，有的却“黯然退场”。小咖秀于2015年5月13日正式上线，用户可以借助它提供的字幕创作搞怪视频，包括对嘴、合演、原创、鬼畜等。上线两个月后，小咖秀就成为App Store中国区免费下载排行榜第一。

然而，一时“风头无两”的小咖秀于2020年9月14日被工信部下架。小咖秀在“爆红”后未能持续发展的原因有很多，包括内容持续创新力不足、后续营销不足等。例如，小咖秀中的搞怪视频素材主要来源于影视剧。起初，小咖秀通过明星演绎这些影视剧本吸引大量用户入驻。但时间久后，内容同质化严重的问题变得异常突出。一些相同的影视剧本被不同的人演绎无数次后，就失去了新鲜感，进而导致用户的流失。

2. 组织快速膨胀后，管理失控

机会成长阶段的企业最显著的特征就是快速扩张。这既包括业务的快速扩张，也包括组织规模的快速扩张。在快速扩张的过程中，如果组织无法及时规范管理，企业很可能出现管理失控。

三株集团成立于1993年，以代理保健品起家，后逐渐发展成为集药品、保健品、化妆品生产与销售为一体的企业。三株集团自成立后，发展速度惊人。1994年至1996年，三株集团用短短三年将销售额从1亿元增长至80亿元，创造了销售奇迹。在业务快速扩张的同时，三株集团的组织规模也大幅扩大。有数据显示，到1997年，三株集团共有300多家子公司、2000多家县级办事处、13000多家乡镇工作站。然而，在组织规模快速扩张的同时，三株集团的管理水平却迟迟未能跟进。高度集权的管理体制、混乱的管理制度让三株集团出现官僚主义盛行、“部门墙”厚重、沟通效率低下、机构臃肿等一系列问题，组织内部的管理渐渐失控。

3. 企业领导人决策失误

处于机会成长阶段的企业，很多都还未实现职业化，企业的重大战略决策也往往是企业领导人“一言堂”。在这种情况下，企业领导人一旦因为判断失误、冒险激进等原因做出错误的战略决策，企业的发展也会受到影响。

沈阳飞龙保健品有限公司由姜伟于 1990 年 3 月 23 日成立。1993 年，飞龙实现产值 10 亿元。但几年后，飞龙就由盛转衰。飞龙衰落与企业领导人姜伟的几次决策失误有重要关系。

1995 年，姜伟一意孤行将飞龙旗下的延生护宝胶囊的产品定位由男性改为女性，引起产品销售下滑。不久，姜伟又将延生护宝胶囊的产品定位改回男性。如此反复不定的决策一度让全国各地的经销商和消费者陷入混乱，飞龙的产品形象也严重受损。同年，姜伟匆忙决定要让飞龙在香港上市。在市场销量下滑明显的情况下，为了成功上市，姜伟决定向市场大量铺货延生护宝液，此举严重破坏了市场秩序。最终，飞龙上市计划破产。姜伟匆忙上市的决策给飞龙带来了不小的损失。此后，飞龙也逐渐由盛转衰。

对于未实现职业化转型的机会成长阶段的企业来说，企业领导人的素质、能力完全决定企业的命运。因此，在企业规模快速扩张的同时，企业必须要着手进行职业化转型，打造职业化团队，以此避免因企业领导人个人决策失误带来致命影响的情况出现。当然，除了缺少持久竞争力、管理失控、企业领导人决策失误等风险，触碰法律法规的底线、企业文化过于激进、人才团队能力不足等风险也需要企业去识别与防范。

9.3.3　机会成长阶段的组织建设

为了让企业顺利进入系统成长阶段，企业在机会成长阶段必须做好组织能力建设。

1. 职能制组织结构

在机会成长阶段，企业规模快速扩张。此时，简单的直线制组织已无法满足企业发展需要，必须要开始完善职能部门，由直线制向职能制转变。

1994 年，华为员工人数增长至 600 多人，销售收入突破 8 亿元人民币大关，同时公司的产品也从单一的交换机转向其他数据通信产品以及移动通信产品，市场范围遍及全国各地。此时，华为开始建立直线职能制组织，由任正非直接领导公司综合办公室，下辖中研总部、市场总部、制造系统、财经系统以及行政管理系统等五个大的系统。主管人员在其职责范围内，有绝对的职权或完全的职权；各系统中任何一个部门的管理人员只对其直接下属有直接的管理权；每个部门的员工都只需向自己的直接上级报告。

职能制组织能充分发挥职能机构的专业管理的作用，减轻直线领导人员的工作负担，减少组织对“个人英雄”的过度依赖，支撑企业的快速发展。

2. 着手构建规范的管理体系

进入机会成长阶段，企业不能再继续延续创业阶段的简单管理模式，需要进行标准化、规范化转型，着手构建规范的管理体系。通过规范的管理，有效应对企业风险。

华为的成功，与其不断创新的管理体系建设是分不开的。例如，1995年，华为开始构建属于自己的质量管理体系。体系建立后，华为通过了ISO9000质量管理体系认证。之后，ISO9000规范化管理思想也被华为运用到了行政、基建、财务等多个支撑性业务领域。此外，在创业阶段，华为主要采取的是“粗放式”人力资源管理，基本上是“招人靠讲故事、评价靠拍脑袋、分配靠凭感觉”。1997年，华为引入4P人力资源管理系统，即职位评价系统、薪酬管理系统、职业训练体系、绩效评价系统，促使人力资源管理从“无序”走向“有序”。

一直以来，华为都非常重视通过管理创新来拉开与竞争对手的差距。因为只有规范管理才能把企业的核心技能聚合起来，形成企业整体力量与系统优势，为企业实现可持续发展提供稳固且长远的基础。

3. 明确企业文化，统一思想

对企业来说，最重要的不是谁在带领队伍，而是要有正确的方向和目标，拥护价值观，并让每个员工为之奋斗。机会成长阶段，企业快速扩张后，会导致核心思想分散。各个部门思想混乱、具备鲜明的“自我意识”。此时，如果不统一员工思想，建立正确的价值观，企业凝聚力就难以形成。

1996 年，彭剑锋与黄卫伟、包政、吴春波等人大教授组成《华为基本法》起草专家组，驻扎华为公司。任正非提出，《华为基本法》要确立明确的核心价值观。《华为基本法》的筹备、起草过程历时三年，在这三年时间里，华为在内部展开了一次次浩大的价值观讨论和思想碰撞，让华为上下统一了认识，提高了凝聚力，找准了华为未来的发展方向。

《华为基本法》初衷是使企业上下思想统一。如今，《华为基本法》已经二十年了，但是它的思想、管理方法、管理内容仍然影响着华为人。

机会成长阶段的企业，除了做好以上几个方面的组织建设外，企业家也要尝试放手和转身，以更加开放的心态包容、接纳人才，迎接变革，让组织从“个人英雄”向“团队英雄”、由“人治”向“法治”转变。

9.4　系统成长阶段：“流程型”变革

如果在机会成长阶段顺利完成组织能力的发育，企业会走入系统成长阶段。系统成长阶段企业的发展已经不完全依托外部市场机会，更多地依赖组织本身。在这一阶段，企业会尝试进行“流程型”变革，以更加规范管理。

9.4.1　依托组织能力扩张有序

系统成长阶段的企业有清晰的战略，企业成长也有系统的组织能力支撑。此时，很多企业开始进行国际化布局，向国际市场进军。

1998 年，华为的销售额已经达到 89 亿元。2010 年，华为销售收入达 280 亿美元，超越诺西成为仅次于爱立信的全球第二大通信设备制造商。从

1995 年开始，华为就意识到，国内的通信骨干网络已经基本铺设完成，国内电信基础设施大规模投入期即将过去，华为必须找到新的快速增长的市场空间。于是，华为开始迈向国际化，如表 9-1 所示。

表 9-1 华为开拓国际市场的时间表

进入年份	市场区域	主要国家和地区
1997 年	独联体	俄罗斯
1997 年	拉美	巴西等国家
1998 年	南部非洲	南非
1999 年	东南亚	泰国、新加坡、马来西亚
2001 年	欧洲	法国、德国、英国、西班牙、葡萄牙、瑞典等 26 个欧洲国家
2001 年	北美	美国、加拿大
2001 年	亚太	中国香港、印度尼西亚、尼泊尔、日本、韩国
2003 年	中东北非	埃塞俄比亚、尼日利亚、肯尼亚、毛里求斯、乌干达

经过华为人近十年的努力，华为市场覆盖了亚太、欧洲、中东、非洲以及美洲地区，并于 2005 年实现海外销售收入首度超过国内销售额。华为的国际化成功离不开清晰的战略路径、以客户需求为导向的高性价比产品与服务、适应国际化要求的管理体系建设等的支撑。

在这个阶段，华为坚持持续的管理变革，不断加强管理体系和 IT 系统在全球的复制推行，实现全球一体化的管理。在这一时期，华为各职能管理部门的墙上都有一张全球落地作战图，上面实时显示各管理体系及系统的落地情况。通过业务先行，管理与 IT 的逐步复制推行，华为实现有序扩张。

在系统成长阶段，企业的主要任务就是构建系统的组织能力，巩固市场地位，并复制局部市场的成功，展开战略性扩张。

9.4.2 系统成长阶段的企业风险

通过系统的组织能力建设，系统成长阶段的企业一般有足够的抗外部风险的能力和危机管理能力。这个阶段的企业风险主要来源于内部。

1. 大企业病开始显露

在系统成长阶段，企业“大企业病”开始显露，内部滋生官僚主义，组织内耗加重，企业效率下降。

随着华为业务在海外的不断扩张，组织机构也越来越膨胀，内部出现“大企业病”。2010 年，华为员工张运辉以“五斗米”为笔名在心声社区发表了题为《华为，你将被谁抛弃》的文章，文中罗列了公司的“十大内耗”：①无比厚重的部门墙；②肛泰式（膏药式）管控体系；③不尊重员工的以自我为中心；④“视上为爹”的官僚主义；⑤令人作呕的马屁文化；⑥权力和责任割裂的业务设计；⑦集权而低效的组织设计；⑧挂在墙上的核心价值观；⑨言必称马列的教条主义；⑩夜郎自大的阿 Q 精神。

尽管这是从华为底层发出的呼声，不见得一定正确，但是确实表明当时的华为或多或少地患上了“大企业病”。

2. 不同文化之间的融合挑战

系统成长阶段的企业，很多都开始走向国际化。在国际化的过程中，如何做好不同文化之间的有效融合是企业面临的一大重要风险。

随着国际化进程的不断深入，华为也遇到了如何让不同文化进行恰当融合的挑战。例如，华为在进军欧洲市场时，招聘了不少欧洲本地员工。欧洲本地员工自身素质较高，对自身的认同感强，而派驻在当地的中方员工则深受华为企业文化的影响。在初期，不同文化背景的员工在工作中经常发生冲撞，彼此之间不信任。

在国际化之前，华为文化的表现形式主要是《华为基本法》，带有浓重的中国特色。为了解决不同文化之间的融合问题，华为对公司的愿景、使命和战略进行了重新界定，以便于海外员工、客户理解与接受。

3. 职业经理人难以有所作为

系统成长阶段的企业，大多都引进了职业经理人参与公司管理。但很多处于系统成长阶段的企业因领导人无法充分授权、人际关系错综复杂等原因，导致职业经理人失去施展空间，无法真正有所作为。

笔者曾在为某个处于系统成长阶段的企业提供组织诊断服务时发现，该企业领导人一直以来都在积极进行规范化的管理变革，并引进了职业经理人参与公司管理，但收效甚微。原来，该企业内部存在很多不同的派系。职业经理人做任何重大管理决策都需要花大量精力去协调不同派系之间的利益。很多决策做出后，在落地时也是困难重重。

企业引进职业经理人后，需要为其创造施展才华的空间，不然也只能是徒劳而已。为帮助企业顺利实现多元化成长，企业在系统成长阶段要重视内部的企业风险，及时做好组织内部的调整和优化。

9.4.3 系统成长阶段的组织建设

系统成长阶段要建立高速运行的业务流程体系，做好组织形态的调整以及专业化人才队伍的培养。

1. 构建流程型组织

管理的目的就是从端到端以最简单、最有效的方式实现流程贯通，以提高对客户需求的响应速度。处于系统成长阶段的企业，要沿着客户价值链，打通端到端的流程，构建流程型组织。

1998 年，IBM 对华为当时的管理现状进行全面诊断后，给出的解决方案是华为必须迈向流程化组织。因为职能型组织是很难支撑华为走出中国、迈向世界的。同年，华为与 IBM 合作了“IT 战略规划项目”，以此为基础，规划了未来三到五年的业务变革和 IT 项目，包括 IPD、ISC、IT 系统重整以及财务四统一等相关项目，其中 IPD 和 ISC 是重中之重。此后，华为的流程化组织建设也正式起步。

流程型组织通过流程将不同的职能统一起来，借助系统化的流程管理提高组织的运作效率，支撑企业的高质量发展。

2. 做好专业化人才队伍的培养

任正非曾说："公司在发展过程中到处都缺干部，干部培养不起来，那我们就可能守不住阵地，可能要败退。"做好专业化人才队伍的培养能为企业的可持续发展注入源源不断的活力。

为保障企业走向全球化的人才供给，华为在人才培养体系方面也进行了各方面的努力：成立华为大学、和 Hay Group 开启第二次合作研发领导力模型、建立管理干部的标准等。其中，华为大学于 2005 年正式注册成立，其使命是"融汇东西方智慧与华为实践，助推企业全球化发展"。华为大学不仅为华为员工及客户提供众多技术解决方案和管理及通用技能培训，同时也是东西方文化的"搅拌机"。在华为大学，10 多万华为人不但接受华为管理哲学、制度、价值观、行为准则等的培训，还经常进行各种不同的文化与思想的激荡。

人才是企业的第一资源。企业的系统成长必然带来专业化人才需求的增加，这就要求企业要千方百计做好专业人才队伍的建设。

3. 完善高层治理机构

让企业管理做到"无为而治"是管理的最高境界，也是最好的管理状态。在系统成长阶段，企业要慢慢开始培养高层管理队伍，完善高层治理机构，避免企业陷入"成败系于一人"的困境。

2003 年，美国顾问公司为华为设计公司组织结构时，指出"华为还没有中枢机构，不可思议。而且高层只是空任命，不运作"。顾问公司建议华为建立经营管理团队（Executive Management Team，EMT）。华为 EMT 采取轮值主席制度，由八位领导人轮流执政。

华为 EMT 制度后来演变为轮值 CEO 制度。轮值制度结束了华为个人决策时代。哪怕现在任正非退休了，华为的正常运行也不会受到影响。就像没有了乔布斯，苹果也没有“偏航”。

在系统成长阶段，企业就是要通过不断地变革，不断地规范管理，提升组织能力，保障组织扩张有序。

9.5 多元化成长阶段：事业部制和矩阵制

当主营业务的市场封顶后，企业会开辟新的业务领域，不断整合行业及产业链，此时企业就进入了多元化成长阶段。企业在多元化成长阶段的组织形态一般表现为事业部制或矩阵制。

9.5.1 进行多元化业务拓展

如果企业在现有业务范围以外的领域找到了发展机会，就可以采取多元化发展战略，多元化发展战略曾将国内外许多公司送进了世界 500 强。

【管理研究】业务多元化

业务多元化包括同心多元化（以现有技术和营销资源为中心，开发与之有协同关系的新业务）、水平多元化（采用新技术在现有市场上开发新业务）、跨行业多元化（开发与现有技术、产品或市场毫无关系的新业务）。

无论企业选择哪种多元化发展战略，其前提条件都是行业吸引力足够大，且公司具备成功的各种业务力量。

2010 年，在华为云计算研讨会上，华为第一次提出了“云、管、端”一体化战略，即对公司整体战略进行重大调整，从单纯的 CT 产业向整个 ICT 产业扩展，打通网络管道，形成云、管、端三位一体化。“云、管、端”一体化战略中的“云”是企业 EBG，面向企业经营基础网络、企业通信、数据中心、行业应用等产品解决方案，并提供基于云计算技术的数据中心解决方案；“管”是运营商 CNBG，面向中国移动等运营商经营通信设备业务；“端”是消费者 CBG，面向消费者经营手机等终端业务。

华为高级管理顾问黄卫伟曾指出：“华为公司的业务领域覆盖了运营商、企业和消费者三大广阔的市场，既具有很强的技术共享优势、规模经济及范围经济性，又形成了增量市场（运营商业务）和存量市场（企业业务和消费者业务）之间的互补。特别是近年来消费者业务和企业业务的快速增长，使华为有效地平衡了电信设备市场的周期性波动和整体投资下滑对企业增长和绩效的影响。”

运营商、企业和消费者三大业务齐头并进，不断打开华为的增长空间。当然，在进行多元化拓展时，不管是现有业务，还是新业务，企业都要建立平衡的业务组合，不能盲目扩展。

9.5.2　多元化成长阶段的企业风险

多元化成长阶段的企业风险既包括传统的“大企业病”风险，也包括业务多元化带来的风险。

1. 盲目多元化

盲目扩张是多元化成长阶段的企业最容易出现的风险。盲目扩张会导致企业资源分散，削弱企业的竞争优势。

恒大集团创立于 1996 年，是一家以民生地产为基础的企业集团，曾被喻为“中国第一大房地产企业”。然而，2021 年，恒大集团深陷因到期债务和员工理财无法履行结清和兑付义务的危机。2021 年上半年恒大集团发布的中期财报显示，恒大的负债规模高达 1.97 万亿元。

从曾经的“中国第一大房地产企业”到负债累累，压垮恒大集团的一个重要因素就是盲目多元化。据恒大集团官网介绍，恒大集团是“多元产业 + 数字科技”的世界 500 强企业集团，旗下拥有恒大地产、恒大新能源汽车、恒大物业、恒腾网络、房车宝、恒大童世界、恒大健康、恒大冰泉等八大产业，其中恒大地产、恒大汽车、恒大物业、恒腾网络均已经在港股上市。可以看出，恒大集团的多元产业之间的相互协同性是不足的，且很多产业都陷入亏损。2021 年上半年，恒大地产亏损人民币约 40 亿元，恒大汽车亏损人民币约 48 亿元。庞大的多元化架构没有给恒大集团带来现金流与利润，反而使其深陷债务危机。

企业在实施多元化战略前，一定要对企业各方面的能力做好充分的评估，理性而为。

2. 收购兼并失败

收购兼并是企业做多元化拓展的重要方式。然而，收购兼并也对企业的人才准备、资源整合能力、管理能力、文化包容度等有极高的要求。

1994 年，宝马收购了罗孚汽车集团。当时，宝马长期专注于高档轿车的生产销售。为了满足不同层次的市场需求，宝马致力寻找一个平民化的汽车品牌充实其产品矩阵。于是，宝马选择收购英国的罗孚汽车。然而，此次收购却没能如预期一般给宝马带来收益。1998 年底，宝马在罗孚集团身上的亏损已经超过 30 亿美元。直到 2000 年宝马将罗孚集团分拆，短短 6 年，宝马因收购罗孚集团损失了 40 多亿美元。

宝马收购罗孚集团之所以失败，是因为宝马低估了收购后的管理难度。一方面，德英两国本身存在历史文化差异，这给宝马带来了巨大的管理挑战。另一方面，宝马与罗孚两者品牌市场地域不同、产品定位不同、销售渠道不同，这极大增加了宝马的产品研发成本与销售成本。

如何选择合适的新业务领域、如何发现并有效管理购并对象是企业在多元化扩张中面临的重要难题。此外，多元化成长阶段的企业也面临企业文化缺乏包容性和多元性、“大企业病”、领导力瓶颈等风险。

9.5.3　多元化成长阶段的组织建设

多元化成长阶段，企业面临组织战略与组织的双重变革，组织形态不断演进。

1. 事业部制或矩阵式的组织结构

随着业务多元化的扩展，很多企业会按地区或按产品类别将公司分成若干个事业部，形成责权明确、机制灵活的事业部制。也有企业会采用矩阵式的组织结构。

2009 年，华为开启了“让听见炮声的人呼唤炮火”的变革。为了让一线直接呼唤炮火，华为将原来跨业务部门的销售模式调整为按业务块划分的结构，形成按业务单元把产品、销售、服务部门完全一条龙结合在一起的，类似于事业部制的组织结构。

2010 年，华为重新梳理业务部门，按运营商业务、企业业务、消费者业务三大业务体系成立业务 BG（业务群），集团的职能平台为业务部门提供相应支持，形成矩阵式的组织结构。华为矩阵式组织结构也是动态的，是随时会跟随战略进行调整的。

2. 提高组织文化的开放度

多元化成长阶段的企业要不断提高企业文化的开放、多元程度，不断打开组织边界，激发企业活力。

伴随着公司全球化的发展，“一杯咖啡吸收宇宙能量”在华为不断盛行。任正非多次强调，要多与业界专家喝咖啡、交朋友。他要求华为的高级干部与专家要多参加国际会议，“多喝咖啡”。他指出：“与不同的人碰撞，说不定就擦出火花来了。就算没有火花，也是很有裨益的。这样的智慧交流和碰撞只要有人成功了就是很大的贡献。”

象征着开放、平等、包容的咖啡文化只是华为不断提高组织文化开放度的标志之一。如今，华为在全球一百多个国家和地区都有业务。开放、包容的企业文化让不同肤色、不同文化背景的员工融入华为，华为也因此吸收到更多宇宙能量。

在多元化成长阶段，除了变革组织形态、重塑企业文化，不断完善支撑多业务并存发展的管理体系、做好经营人才的培养与选拔、持续提升企业运营质量等都是企业组织建设的重要工作。

9.6 重构成长阶段：边界模糊化

在数字革命的大背景下，产业环境更加复杂、更加不确定。这需要企业不断整合、重塑企业，以应对未来不确定的环境。此时，实现了多元化成长的企业也会进入重构成长阶段，组织边界模糊化。

9.6.1 全力应对环境的不确定性

随着数字化时代的到来，互联网技术和新商业模式正在逐渐改变人类的生活与工作方式。新的时代不仅催生了新的产业，也给传统产业带来了危机。进入到“重构”成长阶段的优秀“头部”企业必须深刻认识未来环境的不确定性，并提前布局，做好应对措施。

《华为人力资源管理纲要 2.0：总纲》中指出，数字革命正在驱动产业的跨界与重构，业界组织与人才管理呈现多重挑战，如表 9-2 所示。

表 9-2　《华为人力资源管理纲要 2.0：总纲》提出的业界组织与人才管理挑战

维度	具体描述
商业因素	数字时代的信息透明化，使客户在需求与供给的博弈中逐步占据主导，需方更个性需求、更高服务体验，要求供方更具创造力、更敏捷高效。旧组织运作模式、资源整合方式等难以快速、个性化地适应新需求
技术因素	高新技术变革加速与企业效率提升间的"剪刀差"是企业经营业绩提升的机会差距。缩小"剪刀差"的途径是让企业员工适应技术变革速度，让企业响应技术变革的速度接近于人。因此，持续学习能力、利用新技术创新的能力成为个体与企业打造竞争力的新关键
人才因素	企业人员结构更多元，85 后开始成为职场主力军，"互联网一代"渴求更宽容的创造环境、更自主的创造过程、更激动人心的创造意义、更新鲜的创造技能

在新的趋势下，企业必须多措并举，全力应对未来的管理挑战。企业一方面要做好价值链重塑、商业模式创新，另一方面要全力抓好组织建设，以支撑企业持续成功。《华为人力资源管理纲要 2.0：总纲》中指出，未来"平台 + 业务团队"式的敏捷组织模式会盛行，这要求组织实现前端建设多功能的精兵团队，后端实现平台资源化、服务化。与此同时，组织的边界不断开放，人与机器开始共同创造。在此背景下，管理者需拥有更广泛的资源整合能力，企业发展更依赖优质人才的创新。

9.6.2　重构成长阶段的企业风险

进入重构成长阶段的企业，大部分已经进入"无人区"，面临更多的不确定风险。

1. 外部环境冲击

随着大数据、人工智能、云计算、5G 等新兴技术的广泛应用，人们的生产生活方式发生重大变化，很多行业被重新定义，传统企业的生产经营方式受到颠覆性影响。面对外部环境的冲击，身为行业"巨头"的企业如果不主动求变，也难逃市场下滑的命运。

杭州娃哈哈集团有限公司创建于 1987 年，是中国最大的食品饮料生产企业。娃哈哈自创立以来坚持走实体经济，董事长宗庆后曾先后三次成为中国首富。宗庆后曾在接受采访时表示："娃哈哈的成功要素只有一条——渠道，也就是娃哈哈的联销体。"但是，随着移动互联网时代的到来，很多传统实体企业都开始主张去渠道化，主动拥抱互联网。

然而，在过去多年的时间里，娃哈哈一度是非常抵制互联网经济的。2016年，宗庆后曾公开批判马云："马云对实体经济了解太少，玩虚拟经济的不懂制造业，妄谈只会搞乱实体经济。"尽管百般抵制互联网，娃哈哈也难抵新零售浪潮的冲击，业绩逐年下滑。为了挽救企业的颓势，娃哈哈不得不放弃专注线下的执念，主动融入电商赛道。

2. 产业重构的复杂性和不确定性

身处重构成长阶段的龙头企业，无法再追赶、验证别人，只能自己在漫漫前路中寻找方向。产业趋势和未来发展如何，谁也无法给出定论。

随着人工智能、5G等关键技术的发展，华为基于自身的业务优势和对产业的判断提出全球产业展望GIV 2025（Global Industry Vision 2025）。GIV 2025从万物感知、万物互联、万物智能3个维度展示了华为对全球ICT产业趋势和未来发展蓝图的思考，这为包括华为在内的各行业的发展提供了指引。但未来各行业的业态具体发展如何也充满着多重不确定性。

3. 文化的传承与牵引不够

文化是一个企业发展的"根"和"魂"。面对未来的诸多不确定性，企业需传承优秀文化基因。但很多企业在发展的过程中，其企业文化的传承受到了挑战。

2021年4月10日，国家市场监管总局依法对阿里巴巴集团做出行政处罚，责令其停止违法行为，并处以其2019年中国境内销售额4557.12亿元4%的罚款，计182.28亿元。自2020年12月起，国家监督管理总局开始对阿里巴巴进行反垄断调查。调查结果显示，2015年以来，阿里巴巴为限制其他竞争性平台的发展，维持、巩固自身市场地位，实施“二选一”的行为，构成滥用市场支配地位行为。此前，已经有很多商家反映阿里巴巴让天下的生意越来越难做。

事实上，阿里巴巴自创立时就提出“让天下没有难做的生意”的企业使命。阿里巴巴也通过践行这一使命，一步步成长为行业巨头。随着企业的发展壮大，阿里巴巴的垄断行为一再加深，这严重背离了其一直倡导的企业使命。被处罚后，阿里巴巴发布公开信，表示处罚是对阿里巴巴的警醒和鞭策。

此次行政处罚，对阿里巴巴的发展来说是一次规范扶正。在重构成长阶段的关键时期，企业要着眼长远，不忘初心，传承优秀企业文化，以此牵引企业实现基业长青。

9.6.3　重构成长阶段的组织建设

在重构成长阶段，企业需保持敏捷的反应能力，及时发现可行的商业模式，构建相应的组织能力。

1. 组织边界模糊化

《企业成长导航》一书中指出，不确定性的外部环境对企业组织提出了多方向进化要求，比如既要跑得快又要有耐力，既要有大块头又要有灵活性，既要有个体能力又要有组织能力等。重构成长阶段企业的组织边界更加模糊，组织形态更加灵活。

华为基于提出的“云、管、端”一体化战略，开始新一轮对华为组织结构的优化调整：打破传统的功能型组织结构，走向以项目为中心的强矩阵式组织结构。华为内部强调，此次组织结构优化需重点做好集权和分权的平衡，在公司级的战略制定和信息发布上统一步调，在小的战术实施上分散实施、自主经营、分灶吃饭。以项目为中心的强矩阵式组织结构有助于资源随业务的变化而动态匹配，促使组织更快速且准确地对市场变化做出响应。

华为的组织结构具有独特性，但其组织结构调整和优化的方向是符合重构成长阶段企业组织形态特性的：既发挥大平台的能力作用，又增强组织的灵活性。

2. 重构战略

重构成长阶段的企业面临着战略重构，包括面向未来创新商业模式、拓展新业务领域等。

为了成为云计算时代的领跑者，华为调整公司整体战略，致力从单纯的CT产业向整个ICT产业扩展，打通网络管道，形成云、管、端三位一体化。为了适应未来的不确定性，华为在业务上进行了拓展，先后进入城市、制造、医疗、汽车、金融等行业。

3. 加强技术创新

在重构成长阶段，企业成长需有强大的技术研发能力，以保持在“无人区”的竞争优势。

《华为公司人力资源管理纲要2.0：总纲》中指出，面向未来，公司要实施“技术创新+客户需求”双轮驱动，把握好业务发展的方向，构建产业竞争与控制优势。随着公司进入“无人区”，华为强调在产品创新中要坚持以客户需求为中心和以技术为中心，让两者像拧麻花一样，共同驱动企业发展。

未来，在技术革命和产业革命的深度影响下，企业必须加强技术创新，重构企业“护城河”。

参考文献

[1] 白睿，沈晶. 组织赋能 [M]. 北京：中国法制出版社，2019.

[2] 陈立云，金国华. 跟我们做流程管理 [M]. 北京：北京大学出版社，2010.

[3] 丛龙峰. 组织的逻辑 [M]. 北京：机械工业出版社，2020.

[4] 何绍茂. 华为战略财务讲义 [M]. 北京：中信出版社，2020.

[5] 考拉看看. 阿里巴巴管理法 [M]. 北京：机械工业出版社，2020.

[6] 兰涛. 华为智慧：转型与关键时刻的战略决策 [M]. 北京：人民邮电出版社，2020.

[7] 李书玲. 组织设计：寻找实现组织价值的规律 [M]. 北京：机械工业出版社，2016.

[8] 施炜. 管理架构师：如何构建企业管理体系 [M]. 北京：中国人民大学出版社，2019.

[9] 施炜，苗兆光. 企业成长导航 [M]. 北京：机械工业出版社，2019.

[10] 水藏玺. 业务流程再造 [M]. 5 版. 北京：中国经济出版社，2019.

[11] 忻榕，陈威如，侯正宇. 平台化管理 [M]. 北京：机械工业出版社，2019.

[12] 王钺. 战略三环：规划、解码、执行 [M]. 北京：机械工业出版社，2020.

[13] 王玉荣，葛新红. 流程管理 [M]. 5 版. 北京：北京大学出版社，2016.

[14] 王祥伍，谭俊峰. 华夏基石方法：企业文化落地本土实践 [M]. 北京：电子工业出版社，2013.

[15] 习风. 华为双向指挥系统：组织再造与流程化运作 [M]. 北京：清华大学出版社，2020.

[16] 杨少杰. 进化：组织形态管理 [M]. 北京：中国法制出版社，2019.

[17] 杨国安. 组织能力的杨三角：企业持续成功的秘诀 [M]. 2 版. 北京：机械工业出版社，2015.

[18] 杨国安，尤里奇. 组织革新：构建市场化生态组织的路线图 [M]. 袁品涵，译. 北京：中信出版社，2019.

[19] 朱勇国. 组织设计与岗位管理 [M]. 2 版. 北京：首都经济贸易大学出版社，2019.

[20] 达夫特. 组织理论与设计 [M]. 王凤彬，石云鸣，张秀萍，等译. 北京：清华大学出版社，2011.

[21] 拉姆勒，布拉奇. 流程圣经 [M]. 王翔，杜颖，译. 北京：东方出版社，2014.

[22] 明茨伯格. 卓有成效的组织 [M]. 魏青江，译. 北京：中国人民大学出版社，2007.